增广沈氏玄空学

[清] 沈竹礽　著
闵兆才　编校

（下册）

华龄出版社

下册目录

玄空浅说

江迂生　著

子思子曰："亲丧三日而殓，三月而葬。凡附于棺附于身者，必诚必信，勿之有悔焉耳矣。"《左氏传》曰："天子七月而葬，诸侯五月，大夫三月，士逾月。"《礼》曰："葬者，藏也，欲人弗得见也。"顾亭林[①]先生云："停丧之事，自古所无，自建安离析，永嘉播迁，于是有不得已而停者。然魏晋之制，祖父未葬者，不得服官。齐乌程令顾昌元，父法秀，北征，尸骸不反，昌元宴乐游嬉，无异常人，有司请加清议。唐朔方令郑延祚，殡母僧舍，坦地二十九年，颜真卿[②]劾之，终身不齿。宋刘

校者注　①　顾亭林：即顾炎武（1613年－1682年），明朝南直隶苏州府昆山（今江苏省昆山市）千灯镇人，本名绛，乳名藩汉，别名继坤、圭年，字忠清、宁人，亦自署蒋山佣；南都败后，因为仰慕文天祥学生王炎午的为人，改名"炎武"。因故居旁有亭林湖，学者尊为"亭林先生"。明末清初的杰出思想家、经学家、史地学家和音韵学家，与黄宗羲、王夫之并称为明末清初"三大儒"。他一生辗转，行万里路，读万卷书，创立了一种新的治学方法，成为清初继往开来的一代宗师，被誉为清学"开山始祖"。顾炎武学问渊博，于国家典制、郡邑掌故、天文仪象、河漕、兵农及经史百家、音韵训诂之学，都有研究。晚年治经重考证，开清代朴学风气。其学以博学于文，行己有耻为主，合学与行、治学与经世为一。诗多伤时感事之作。其主要作品有《日知录》、《天下郡国利病书》、《肇域志》、《音学五书》、《韵补正》、《古音表》、《诗本音》、《唐韵正》、《音论》、《金石文字记》、《亭林诗文集》等。

②　颜真卿：颜真卿（709年－784年），字清臣，小名羡门子，别号应方，京兆府万年县（今陕西省西安市）人，祖籍琅琊临沂（今山东省临沂市）。秘书监颜师古五世从孙、司徒颜杲卿从弟，唐代名臣、著名书法家。开元二十二年（734年），颜真卿登进士第，历任监察御史、殿中侍御史。后因得罪权臣杨国忠，被贬为平原太守，世称"颜平原"。安史之乱时，颜真卿率义军对抗叛军。后至凤翔，被授为宪部尚书。唐代宗时官至吏部尚书、太子太师，封鲁郡公，人称"颜鲁公"。兴元元年（784年），被派遣晓谕叛将李希烈，凛然拒贼，终被缢杀。他遇害后，嗣曹王李皋及三军将士皆为之痛哭。追赠司徒，谥号"文忠"。颜真卿书法精妙，擅长行、楷。初学褚遂良，后师从张旭，得其笔法。其正楷端庄雄伟，行书气势遒劲，创"颜体"楷书，对后世影响很大。与赵孟頫、柳公权、欧阳询并称为"楷书四大家"。又与柳公权并称"颜柳"，被称为"颜筋柳骨"。颜真卿在书学史上以"颜体"缔造了一个独特的书学境界。他的书法既以卓越的灵性系之，境界自然瑰丽；既以其坚强的魂魄铸之，境界自然雄健；又以其丰富的人生育之，境界自然阔大。颜真卿又善诗文，有《韵海镜源》、《礼乐集》、《吴兴集》、《庐陵集》、《临川集》，均佚。宋人辑有《颜鲁公集》。

昺，以不葬父母贬官。”此可昭炯戒者也。

司马温公云：“人之所贵乎有子孙者，为身后能葬其形骸也。古者未葬不除服，食粥居庐，哀亲之未有所归也。今之人悖礼违法，未葬除丧，从官四方，食稻衣锦，饮酒作乐，甚至终身不葬，或累世不葬。迨子孙衰替，亡失处所，有欲葬而不可得者。呜呼！曷若无子孙者死于道路，犹有仁者见而埋之耶。”

袁了凡[①]先生云：“为父母者，生为子作马牛，力虽惫，犹不肯偷一日之闲。死为子弃沟壑，骨且朽，尚不获受一抔之庇。念及此，父母一日不葬，子心一日能安乎？”

揆不葬之故，有因经费艰难，财力不给者（葬事称，家有无负土成坟可也）；有虑山向矛盾，年月不利者（今年不利，改卜明年可也）；有因兄弟众多，互相推诿者（亲丧固所自尽，一人任之可也）；有因入仕经商，远离乡井者（停丧不葬，以求富贵，不孝之甚者也）。不知古人过庐墓则凄怆，过宗庙则怵惕，偶一触目，尚觉恫心。今一任父母之棺，粘挂蛛丝，纵横鼠迹，对妻、子则宴笑自若，燕亲朋则绸缪尽欢，朝出暮入则偃息在床，梦魂贴席，可乎？不可！且意外之变，防不胜防，保无寇发盗生而罹兵灾之厄乎？保无檐穿墉损而受风雨之侵乎？保无瓦堕墙

校者注　①　袁了凡：即袁黄（1533年－1606年），初名表，后改名黄，字庆远，又字坤仪、仪甫，初号学海，后改了凡，后人常以其号“了凡”称之。浙江嘉善县魏塘镇（今属嘉兴）人。晚年辞官后曾隐居吴江芦墟赵田村，故一作吴江人。袁黄青少年时聪颖敏悟，卓有异才，曾受教于云谷禅师，对天文、术数、水利、军政、医药等无不研究。明万历五年（1577年）会试，初拟取第一，因策论违逆主考官而落第。万历十四年（1586年）中进士，为万历初嘉兴府三名家之一。万历十六年（1588年）授河北宝坻知县（今属天津），任职五年，业绩辉煌。万历二十年（1592年），调任兵部职方主事。后袁黄罢归家居，闭户著书，享年74岁。《了凡四训》是袁了凡的传世名作，共11600多字，由“立命之学”、“改过之法”、“积善之方”、“谦德之效”四篇文章组成。其中“立命之学”是他69岁晚年之作。在《了凡四训》里，袁了凡以其毕生的学问与修养，融通儒、道、佛三家思想，用自己的亲身经历，结合大量真实生动的事例，告诫世人不要被“命”字束缚手脚，要自强不息，改造命运。《了凡四训》蕴涵着中国文化的深邃和智慧，被誉为“东方第一励志奇书”，问世以来深受推崇，被佛教界称赞为积德行善、改造命运的典范而广为印行，流传足有几千万册。袁了凡及其《了凡四训》对提高人们的道德素质、改造社会产生了重大影响。曾国藩对《了凡四训》最为推崇，读后改号“涤生”，“涤者，取涤其旧染之污也；生者，取明袁了凡之言：‘从前种种，譬如昨日死；从后种种，譬如今日生也。’”将其列为子侄必读的第一本人生智慧书。胡适先生则认为，《了凡四训》是研究中国中古思想史的一部重要代表作。

颓而遭覆压之患乎？保无秋高野烧而被焚毁之惨乎？由是言之，非直不忍停而亦不敢久停矣！

此皆昔贤劝葬之文，可谓言之至详且尽。

虽然葬必择地，古人已言。《仪礼·既夕》：“筮宅，冢人物土。”相也，相其地可葬者乃营之。《孝经》云：“卜其宅兆而安厝之。”郑注：“宅，墓穴也；兆，茔域也。葬事大，故卜之。”夫曰相曰卜，知古人择地，其必有道矣。后世儒者，以为卜地之义，不过求其不为风、水所侵，虫蚁所蚀，城郭、道路、沟渠、耕犁所及，非若阴阳家吉凶祸福之说，其持论正矣！然于阴阳消长之理，或恐未之前闻。夫卜地多在山间，城郭诸害，避无庸避。惟山形高而水性下，空窝陡堋，界水所汇，则水积而败棺；山有起伏，伏处招风，凹风所乘，则蚁丛而蚀骨，此有形可避者也。乃有无风无水无蚁之地，葬之而凶祸不免者，此不关乎地势，盖其中有天运焉。运旺则兴，运衰则败。

子思子曰：“上律天时，下袭水土。”故善言地理者，必求其端于天时，而后阴阳消长之机丽于虚者，可得而征诸实矣。昔者公刘迁豳曰：“相其阴阳，观其流泉。”周公卜洛曰：“涧水东，瀍水西，惟洛食。”此后世言峦头者所自祖。

《易》曰：“河出图，洛出书，圣人则之。”图者：

一六同宗（坤艮也。天一生水，地六成之。申笙诗注曰：一六之坤艮，即先天卦位也）；

二七同道（巽坎也。地二生火，天七成之）；

三八为朋（离震也。天三生木，地八成之）；

四九为友（兑乾也。地四生金，天九成之）；

五十同途（戊己也。天五生土，地十成之）。

一生一成，以配先天卦，而五行备焉。书者：

戴九履一（离火位南，坎水位北）；

左三右七（震木位东，兑金位西）；

二四为肩（坤土位西南，巽木位东南）；

六八为足（乾金位西北，艮土位东北）；

五十居中（戊阳土，己阴土，居中）。

合十对待，以配后天卦，而五行寓焉。此后世言理气者所自祖。

古人有言："为人子者，不可不知地理。"言葬亲大事，非可假手于不学无术之地师。（今日地师，多用三合，其讲三合者，皆系伪诀，未得真传也。）

人子诚讲求峦头、理气，体用兼赅，其于卜地也何有？惟是读峦头书，如《葬经》、《撼龙疑龙经》、《山洋指迷》，人人能解。理气书讲玄空者，惟蒋大鸿之《地理辨正》，虽有章仲山《直解》、温明远《续解》，均以天机不可泄漏，真诀秘而不宣。

鄙人不幸，年十三丧母，二十八丧父。为葬亲计，从事相墓三十余年，虽读蒋氏书，苦不得门而入，故所卜虽得地势，不合天心，葬后耗财损丁，咎征迭见。

壬戌冬，幸获钱塘沈竹礽先生所注《仲山宅断》，研求半年，始明下卦起星之法，蒋书疑义，迎刃而解。甲子九月，卜一申山寅向地，迁葬二亲，至是吾亲之体魄安，而吾之心亦安矣。然天下人子，思卜地以葬亲，谁不如我！鄙人鉴前人秘密之谬，与先生哲嗣瓞民观察，搜罗遗著，编辑成书，名曰《沈氏玄空学》，公之于世。惟沈书根源河洛，与三合庸术迥殊，山向吉凶，随运变易。不明易理、盘理，索解无从。兹将玄空简明要诀表著于篇，学者或知所从入焉。

卜地用罗盘，有杨、蒋两种。讲玄空以用蒋盘为便，盘中红黑，系将二十四山，分天、地、人三元。天元为父母，以子午卯酉为阴，乾巽艮坤为阳；人元为顺子，以乙辛丁癸为阴，寅申巳亥为阳；地元为逆子，以辰戌丑未为阴，甲庚壬丙为阳。戊己之阴阳，以山向为准。又将洛书之数，一白贪狼水配壬子（即坎）癸，二黑巨门土配未坤申，三碧禄存木配甲卯（即震）乙，四绿文曲木配辰巽巳，六白武曲金配戌乾亥，七赤破军金配庚酉（即兑）辛，八白辅星土配丑艮寅，九紫弼星火配丙午（即离）丁，五黄廉贞土配戊己中。挨星时，将用之元运（即天心正运之一卦，每运当旺之令星也），不论阴阳，入中顺挨。（入中者，一运一入中，二运二入中……，九运皆然。）此挨星名曰"父母卦"。（山向飞星由此定，故称“父母”。）再将山向挨得之星入中，分阴逆阳顺飞去。（顺者，自五至六七八九一二三四；逆者，自五至四三二一九八七六。）山上飞星曰“地卦”，向上飞星曰“天卦”。

《经》云：“天地父母三般卦。”又云：“颠颠倒，二十四山有珠宝；顺逆行，二十四山有火坑。”即此。（颠倒，逆行也。应逆者逆，故为“珠宝”。顺，顺行也。应顺者逆，故为“火坑”。极言挨星之不可误如此。）今举一运为例：

一运一入中，则二乾，三兑，四艮，五离，六坎，七坤，八震，九巽。如用子山午向，则六到山，五到向。

先将到山之六入中，顺飞（六即乾阳，故顺），七乾，八兑，九艮，一离，二坎，三坤，四震，五巽。

又将向上之五入中逆飞（五到午为阴，故五即己土，逆行），六巽，七震，八坤，九坎，一离，二艮，三兑，四乾。

是一运之子午，向旺而山不旺。何以故？一为本运令星，必山上飞星一到山，向上飞星一到向，方为旺山旺向。若山上令星到向，为下水，主丧丁；向上令星到山，为上山，主破财。今山上飞星犯下水，故不旺。（“上山”，而穴后有水；“下水”，而向上有山，即不忌。）

此即挨星秘中之秘，所谓“千金难买此玄文”者也。

举一运为例，余类推。惟五运五居中，八卦各居本位不动，名曰“元旦盘”。二十四山旺向，得十二局，与他运不同耳。

挨星如此披露，恐初学未能举一反三，再将九运中旺山旺向逐一说明，学者即不解挨星，亦可依运卜葬矣。旺山旺向者：

二、八运为乾巽、巳亥、丑未；

三、七运为卯酉、乙辛、辰戌；

四、六运为艮坤、寅申、甲庚；

五运为子午、卯酉、乙辛、丁癸、辰戌、丑未。

以上四十八局，凡在二十年旺运中，均可用事，一出运即不宜妄动矣。（慈善家捐设义冢，实为无量功德。惟所葬之骨无后者居多，虽有益于枯骨，已无补于血食。似不若用“族葬法”，择高燥地，多购数亩，照上例旺山旺向，听人按次下葬，庶根荄得气，枝叶自荣，存殁均安，岂不胜义冢万万耶?)

依上法，一、九两运无当旺之山向，壬、丙两向无当旺之元运。然取挨星合十法，则一、九运有乾、巽、巳、亥四向可用。取北斗打劫法，则一运有午、丁、戌三向，九运有卯、乙、乾、亥四向可用。若丙向之二、四、七运，壬向之三、七运，均有打劫可取，又有城门诀，丙向二运未、三运辰、五七运未辰均吉；壬向三五运丑戌、七运戌、八运丑均吉，可以补缺憾也。(〇申笙诗批曰："丙向：八运亦在未，六运亦在辰，九运亦在未辰；壬向：一运亦在丑戌，四运亦在戌，二运亦在丑。江氏于城门诀，逢五不用，实误。")

山向有犯反伏吟者，一、九运之壬丙，二、五、八运之艮坤寅申，三、七运之甲庚，四、六运之乾巽巳亥，皆是，用之主家破人亡。(习玄空伪术者，四运以乾巽巳亥为旺，真误尽苍生者也。〇申笙诗批曰："反伏吟须顺行，若逆行，便到山到向，故不列子午癸丁等阴卦。")

三元九运者，将六十甲子分为上、中、下三元，一元六十年。又分为三运，每运二十年，故三元九运共一百八十年，周而复始。

如同治三年，甲子交上元，前二十年为一运，中二十年为二运，后二十年为三运；民国十三年，甲子交中元，此六十年分为四、五、六运；后甲子六十年为下元，分为七、八、九运。玄空挨星之起原在此。

扦穴有一定之理，出于天然，不可勉立旺向。天然者，如龙系天元，坐山朝向、水口亦必天元，斯为一卦纯清。若杂他元，即龙真穴的，亦应减等。人、地两元同法。将来龙过峡入首处，用罗盘格清，如入首为子字，左旋结穴，必艮山坤向；右旋结穴，必乾山巽向。水口即城门，在午方，与子龙相对者为正格；若变格，则坤向在酉，巽向在卯。盖龙与穴经四位，向与水亦经四位，合此者真，不合者伪也。

卜地倘限于地势，如四运甲庚当旺，而天然之穴为卯酉，五运迫不及待，不妨作内外两向——内卯酉而外甲庚，交五运仍改卯酉正向可也。(丑未、艮坤同例。〇申笙诗曰："根据沈竹礽先生《笔记》，自卜寿藏一则，不善用者，仍宜审慎。")

又有城门一吉者，法将元运挨到水口之星，阳顺不用；若阴逆则飞到城门者，即令星，山旺而向不旺者，用城门补救之。《经》云“城门一诀最为良”者，此也。

葬必择日，取太阳到山到向到三合方为最便。蒋盘有二十四节气，如子山午向，太阳大寒、立春到子山，秋分、寒露到辰，小满、芒种到申，与子为三合；大暑、立秋到午向，小雪、大雪到寅，春分、清明到戌，与午为三合。于诸节气中，择安葬吉日用之，拘拘合亡命、生命，无益也。惟本年太岁、五黄、三煞临山临向，不宜用事。（申笙诗曰：“蔡最白《真步堂》：‘三煞、五黄临向不临山者仍用之。’究有未妥。”

葬必定向，三合家喜作兼向，不知多犯差错、出卦。如午向兼丁尚可，兼丙即犯差错。丙兼午亦然，兼巳则出卦矣。丁兼午尚可，兼未亦出卦矣。若于天元之子午卯酉、乾巽艮坤不敢用正向，止可挨人元一、二分。至人、地两元以作正向，不兼为善，兼则非差错即出卦矣。有时须兼向取旺，止宜用替卦。然二十四山止有十三向可用，壬巨、艮丙破、甲申贪、庚寅弼、巽巳武，均阳入中顺行；卯乙巨、辰武、丑破，均阴入中逆行。恰好本运令星挨到向首则可兼，否则，宁作内外两向，尚无咎也。

玄空分金法，乃将先天六十四卦爻，与山、向、中宫之飞星配卦相较，避反伏吟不用；又将六十甲子纳音五行，与山向挨星五行相较，虚者补之，实者泄之，非三合家吉凶坐度之说也。

地运之长短，视向上令星入中为准，名曰“入囚”。如一运午向，令星为五，五运入中即囚矣。今将二十四山地运之长短列后：

戌乾亥二十年，庚酉辛四十年；

丑艮寅六十年，丙午丁八十年；

壬子癸一百年，未坤申一百二十年；

甲卯乙一百四十年，辰巽巳一百六十年。

此为小三元地运之大略。若龙真穴的，挨星满盘顾注者，名曰“三元不败”，不在此限。又令星本位有水者，囚不住。

以上所说，于理气上乘作用，大端已具。学者神而明之，卜地葬亲，实无难事。惟求地必先种德，心地既善，阴地自佳。倘无德之家，妄图吉穴，即使幸获，亦遭天谴。如荫木为飓风所拔，来脉为蛟龙所伤。或造庙宇以阻塞明堂，或筑塘堰而更动水口。有此变端则福未必邀，祸不旋踵。戒之！慎之！谨贡刍荛①，以备采择。

上说为仁人孝子思葬其亲者言耳。然世有一种守财奴，宁久停亲柩不葬，决不肯一破悭囊，忘亲者多绝嗣。宛其死矣，他人入室，若敖之鬼已耳。又有学究腐儒，停棺不葬，见人卜地，反为朽骨求富贵，作刻薄语谤人。己则不孝而忌他人之孝，真别具肺肝者矣。更有置身学校，自号“文明”，动以卜地葬亲，斥为迷信，甚至沾染东洋恶习，提倡火葬，谓可节有用金钱。不知残毁他人尸体，律有明条，况以子孙而毁其祖先，惨无人道，与枭獍何异哉？吾知若辈必以此说为谰言呓语，知我罪我②，听之悠悠之口而已。

校者注　①　刍荛（chú ráo）：原指割草打柴之人，后引申为浅陋的见解，多用作自谦之辞。相关词汇有：刍荛之见（认为自己的意见很浅陋的谦虚说法）、刍荛之言（指普通百姓的浅陋言辞，也用作讲话者的谦词）、询于刍荛（指向普通老百姓了解情况，征求意见）。《诗经·大雅·板》：“先民有言，询于刍荛。”

②　知我罪我：形容别人对自己做的事毁誉不一、褒贬不一。语出《孟子·滕文公下》：“《春秋》，天子之事也。是故孔子曰：‘知我者，其惟《春秋》乎！罪我者，其惟《春秋》乎！’”［意思是：“《春秋》，（纠正君臣父子的名分，褒贬诸侯大夫的善恶，）这是天子的职权。所以孔子说：‘了解我的，恐怕就在于这部《春秋》吧！怪罪我的，恐怕也就在于这部《春秋》吧！’”］

增广沈氏玄空学卷五

起星立成图序

泉唐　沈祖绵　撰

吾友申君笙诗，近以《挨星替卦立成图》，属序于余。余以此诀非序所能详，爰集诸家之得失，择要辨正，以便人记诵。

三合家喜用兼向，不知如何兼法；宗叶九升，喜谈翻卦，不知如何翻法，直梦呓而已。要知直达之向，下卦已足；补救之向，非起星不可。何谓起星？卦爻之变而已。若能阴阳奇偶，参伍排列之，可知“以星代卦”之理，自然深信不疑矣！

三合盘中所载，挨星止有坤龙一局，盖以坤为地为母，故称“地母卦”。取贪、巨、武为“三吉”，又取兑之纳支并三吉者为“六秀”，再取兑之纳支并六秀者为“八贵”。详见沈重华《通德类情》，即“小游年翻卦”，非正法也。然只此一盘，非若自命为知玄空者，妄自改易。举此一例，已可知其大概。

如壬文、子破、癸破、丑武、艮贪、寅文、未廉、坤辅、申禄、甲禄、卯武、乙辅，今三合盘作弼辰、破巽、巨巳、武丙、贪午、文丁、武庚、廉酉、武辛、巨戌、文乾、廉亥而已。每询三合家，何以盘中列“地母卦”而不列“天父卦”，均未详所自出。且今之所谓杨盘，并非古之杨盘，亦有挨星各字，字字与“子癸并甲申”合。盖当时必有自作聪明之人，改窜此盘，代以小游年翻卦。用地母卦者，系为五运前十年寄宫之误耳。

今之自命识玄空者，亦不过仅知下卦而已。于起星未尝梦见，即能知下卦，而不按山川性情，孰坐孰朝？孰为龙虎？孰为星辰？固未尝知之。硬将玄空下卦之理，勉强凑合山水，入地无眼，殊可叹也！今政府禁绝堪舆，以祛迷信，盖此辈危言耸听，一无正道之可循，理当禁止，犹嫌其不早耳。异日凭正理建设公墓，使死者安其魂魄，生者托其荫庇，国安家庆，实易易耳。

至"坤壬乙一诀"，为堪舆家秘而又秘之诀。姜氏《注》仅露一二；章氏《直解》重言以申明之，一则曰"下卦起星"，再则曰"定卦分星"，则卦与星之别迥然不同，昭昭可见；温氏《续注》仍以下卦解之，何谬也；桐乡姚铭三《辨正再辨》谓："举坤壬乙、艮丙辛、巽辰亥、甲癸申各为一例，而合山水穴上穴内之挨法。所以此四例，非尽巨门、破军、武曲、贪狼也。虽挨法有一定之例，然起星有殊耳。"姚氏此辨，人多不能知之。然"起星有殊"一语，可知弦外味也。

华亭张受祺式之，与蒋大鸿同时且同里闬，著书甚多，然不敢公然攻讦蒋氏，其改"坤壬乙一诀"，曰："坤壬乙，文曲从头出；艮丙辛，位位是廉贞；巽庚癸，尽是武曲位；乾甲丁，贪狼一路行。"注云："三合五行，坤壬乙属水，艮丙辛属火，巽庚癸属金，乾甲丁属木，文曲、廉贞、武曲、贪狼者，水、火、金、木称位。"余初误解，今刊正作如是解，奇哉！按：其实抄袭冯虬素侯《消遣集》耳。

欧阳纯《风水》一书，二十四山挨星各字，其源出姜垚《从师随笔》，惟《挨星图》误于隔四位阳顺阴逆。无极子授蒋大鸿《挨星图》，未免穿凿。至源山人所撰《九星配卦图》，未解者以为神奇，能解者读之，即可知配卦之误。杨公《奥语》，仅举二十四山之半，而欧阳一一揭出。惜其挨法，欧阳氏未得其诀，人读其《配卦图》，均莫名其妙。兹特举一隅，表而出之，其挨巨壬如下。

如子癸八国不同，所配之卦同，星则不同。

	未	丑	辰	戌	壬	丙	庚	甲	
	涣	解	困	蒙	师	讼	坎	未济	欧阳氏之所谓配卦。
巨壬	辅	巨	巨	巨	弼	文	辅	辅	欧阳氏之所谓挨星。

兹为列图如下：

困 一七 辰	讼 一六 丙	涣 一四 未
济未 一九 甲		坎 一一 庚
解 一三 丑	师 一二 壬	蒙 一八 戌

壬为坎宫，后天之数一，欧阳误为八，图皆从坎。

壬上之二，戌上之八，庚上之一，未上之四，丙上之六，辰上之七，甲上之九，丑上之三，是以后天之数配先天之位也。此诀实游年无异。读此，欧阳氏尚不知下卦，又焉能知起星哉？至“巨壬”下，“辅巨巨巨弼文辅辅”，读其《挨星原起说》及《九星补论》，自能知之，故不赘。

又挨破艮，如下图：

	午	乾	酉	艮	卯	坤	子	巽
	遁	艮	蹇	小过	旅	渐	谦	咸
破艮	弼	辅	禄	破	禄	破	禄	禄

兹为列图如下：

咸 八七 巽	遁 八六 午	渐 八四 坤
旅 八九 卯		蹇 八一 酉
小过 八三 艮	谦 八二 子	乾 八八 乾

艮为后天八数，故八国皆从八，余详上图。丑艮所得之卦相同，惟星不同，其法伪矣。

尹一勺据《逸语》云：“子未卯，一三禄存倒。乾戌巳，文曲共廉次。寅庚丁，以例作辅星。午酉丑，右弼七八九。”见《蒋氏盘式》。今普通蒋盘，即载此图，风行湘楚各地，同时蒋国宗城《天元罗经图》，分为九星两盘，以“子未卯，一三禄存倒”所排者，谓之内盘九星，乃分位正体之用；以“子癸并甲申……”二十八句，为外盘九星，乃属变体。此说与先子之说合。江迂生先生集先子遗著，《论夫妇合十》一段，即内盘九星。一卦三山配夫妇之法，非用于起星也。外盘九星，蒋云溪谓之乃属变体，是替卦也。尹氏以“子未卯，一三禄存倒”翻出四十八局，是不明起星之例，无谓甚矣！

张心言《地理》言：“卦理俱有来历，非粗明《易》者，不能知之。”然张氏一生之病根，在迂泥于六十四卦而不知变通，与今之宗三合者止知元旦之盘无异。且以下卦定星，合而为一。内中载《奥语》四图，如“巽辰亥，尽是武曲位”，为二运午山子、酉山卯之图也。其余错综参伍，然须一一排出，与之相同者不鲜。

于楷《地理录要》，于“坤壬乙一诀”，采录最多。有《挨星歌诀》，其中《挨星诀》原本即“子癸并甲申……”二十八句，系真诀。又诀云：“坤壬乙，卯未亦起巨。艮丙辛，酉丑同破军。巽辰亥，乾戌巳武位。甲癸申，同子俱贪星。庚丁午，与寅尽弼路。挨至廉，中宫位里眠。”将“坤壬乙一诀”补之，颇便记忆。惟兰林不知此诀之用，在不能辨卦与星耳。读其《问答条注》，如“书方伟地”一条、“九曜旋飞”一条、“喉舌之司”一条，知其卦且不能下，遑论起星哉！如“九曜旋飞”一条内，诀有二：上诀起星也，下诀下卦也。今于氏合而为一矣。“喉舌之司”一条内云：“如壬山起例，巨丙、禄未、文庚、廉中、武戌、破壬、辅丑、弼甲、贪辰。”顺次俟之，如下图：

巽 辰 贪	**离** 丙 巨	**坤** 未 禄
震 甲 弼	**中** 廉	**兑** 庚 文
艮 丑 辅	**坎** 壬 破	**乾** 戌 武

壬挨巨，即以壬之对宫为丙，丙起巨门，由巨而禄、而文，过廉即归中。复由乾武而破、而辅、而弼、而贪。如此排法，于理悖矣！又庚山起例云："弼甲、贪辰、巨丙、禄未、文庚、廉中、武戌、破壬、辅丑。"于氏以为庚挨弼，即以庚之对宫甲起弼，顺此挨之，仍与上图无异。又云："子山，贪午、巨巽、禄卯、文艮、廉中、武子、破乾、辅酉、弼坤。"逆次挨之，如下图：

巽 巨	午 贪	坤 弼
卯 禄	中 廉	酉 辅
艮 文	子 武	乾 破

子挨贪，以子之对宫午起贪。子，阴也，逆行，由巽而卯，逆挨如图。又云："酉山，破卯、辅艮、弼子、贪乾、巨酉、禄坤、文午、廉中、武巽。"如下图：

巽 武	午 文	坤 禄
卯 破	中 廉	酉 巨
艮 辅	子 弼	乾 贪

酉挨破，以酉之对宫卯挨破。酉，阴也，自卯而艮、而子、而乾，逆挨如上。

于氏之所谓挨星，如是而已。人读其书，每以为难，今举数图，凡稍知玄空之术者，即可知其伪矣。《补龙水神图》诀曰："贪狼子癸与甲申，壬卯未坤乙巨门；四六宫中皆武曲，酉辛丑艮丙破军；寅午庚丁四位上，挨来右弼次第临。"乃正诀也。惟其挨法则误，此皆莫明下卦、起星之妙也。

《天玉经》补注诀曰："坤壬乙未卯，五位巨门星。艮丙辛酉丑之宫破军停，巽辰亥乾戌巳属武曲位。甲癸申子宫，贪狼一路行。寅午丁庚位，还从右弼转。"其诀亦不误，而挨法则亦误。

近读会稽宗稷辰《躬耻斋集》，知端木国瑚之子百禄，为宗之婿，且及门焉。宗为太鹤作《墓表》，其言曰："君自召入直贫甚，于教士时，虽奏劳山陵，不以为功，深悔《地理元文》之注，欲毁其板，在京绝不与大家卜地……"云云。盖太鹤山人在日，已自知所著《地理元文》之误，原无再摘录揭出之必要，因习《元文》者甚多，故特表而出之。其改《奥语》云："坤壬乙，廉巨从头出。艮丙辛，巨门与禄存。巽庚癸，贪狼武曲位。乾甲丁，巨武一路行。"注曰："四句本《奥语》本文，他本皆作'坤壬乙，文曲从头出'云云。四句乃三合家所传；又作'坤壬乙，巨门从头出'云云，四句乃元运家所传。以字句究之，是三合家改《奥语》句作三合，元运家又改三合句作元运也。"而太鹤以双山五行为挨星布局之用，误矣。然其源亦出于《消遣集》，因当时攻讦蒋氏者，皆以张受祺书为至宝也。

邓士松尉山著《地理阴阳合纂》，其言九星，坎山贪入中，坤山巨入中，震山禄入中，余类推，著图立说。兹摘录一图如下：

八卦变动九星图

（顺逆局水两宫，此宫用彼宫，即龙与穴为三停。八山同。）

巨四 八二 巽（先天）（顺离）（逆坎）（此逆局水）	武九 八六 离（先天）（顺坤）（逆乾）	文二 八四 坤（先天）（顺坤）（逆乾）
禄三 八三 震（先天）（顺兑）（逆艮）	贪五 八一 中（先天）（顺震）（逆巽）	辅七 八八 兑（先天）（顺坎）（逆离）（此顺局水）
破八 八七 艮（先天）（顺艮）（逆兑）	廉一 八五 坎 本卦	巽六 八九 乾（先天）（顺巽）（逆震）

按：邓氏将“坤壬乙一诀”完全不顾，亦旁门别开者也。

朱小鹤《地理辨正补》，挨星总图共有九，诸图皆以乾巽入中。第一图以中五配乾六、巽四，巽逆挨，为乾文、兑禄、艮巨、午贪、坎弼、坤辅、震破、巽武。乾顺排，为乾破、兑辅、艮弼、离贪、坎巨、坤禄、震文、巽廉之类。余类推。其用法则秘而不宣。朱氏流寓姑苏，冯林一先生与之游。先子尝与之谈，知下图挨得两贪在离，即以离为旺向，并有自造歌诀，甚长，不录。其《客窗随笔》有云“杨盘一式，以坤壬乙上起巨门，甲癸申子起贪狼，已足误世……”一节，读其书即可知其用盘之误矣。

蔡岷山《地理求真》，更改星名，以为天、地、人三元，每一元九星皆备。彼以为蒋大鸿氏之盘，每元各不完备，故特正之。其言曰："坤壬乙，巨门从头出，惟此不误。坤挨二巨，所谓天心正运也。"蒋氏竟挨贪于癸而不挨子，有此理乎？学者未得此诀，读蔡氏书，每为所惑。

常州范氏著《人定胜天》，于"坤壬乙一诀"，亦力诋蒋氏。然《奥语》非蒋氏作，乃杨氏语，殊觉无谓！岷山之误，以为二十四山，须九星字字皆备，今《奥语》止有贪、巨、武、破，而无文、禄、辅、弼，蒋氏秘传之十二字，寅午庚丁之右弼，亦无禄、文、廉、辅，宜启人疑窦。殊不知八国挨排，九星皆全。（听禅按：蒋氏九星言内盘。下同。）天元"子禄、午弼、卯禄、酉弼、乾文、巽武、坤巨、艮破"。蔡岷山以为此一元中有两弼，无一贪；有两辅禄，无一破，九星不全，斥蒋为谬，乃改之曰"子贪、午弼、卯禄、酉破、乾武、巽文、坤巨、艮辅"，并曰天元居中，为一卦之父母，故主运之星属之。

蒋氏地元"辰武、戌文、丑弼、未禄、甲贪、庚辅、壬巨、丙破"，蔡以为此一元九星皆备，故惟将辰改为文，戌改为武，丑改为破，庚改为弼，丙改为辅。又蒋氏人元"寅辅、申贪、巳文、亥武、乙巨、辛破、丁辅、癸贪"，蔡以为此一元有两辅两贪，无一禄一弼，乃改之曰"寅弼、申贪、巳武、亥文、乙巨、辛辅、丁破、癸禄"。统观蔡说，以为蒋氏九星，惟"坤壬乙"三字不误，余皆改窜。

荣锦勋咨岳著《地理辨正翼》，其源出于《辨正小补》，"坤壬乙一诀"则从《奥语》原本，并附录"子未卯，三山禄存倒。丁庚寅，依例老辅星。午酉丑，九离右弼守。戌乾巳，文曲古歌是"。是将《逸语》改之而已。荣氏又有"卦体、爻用"二图，以解"坤壬乙，巨门从头出"二句，勉强可通。至其下六句，不能变通，欺人而已。吴镜泉《图书发微》，其二十四山用替，诸字载盘中，俱合姜垚《从师随笔》。惟挨法不合，兹载其图于下：

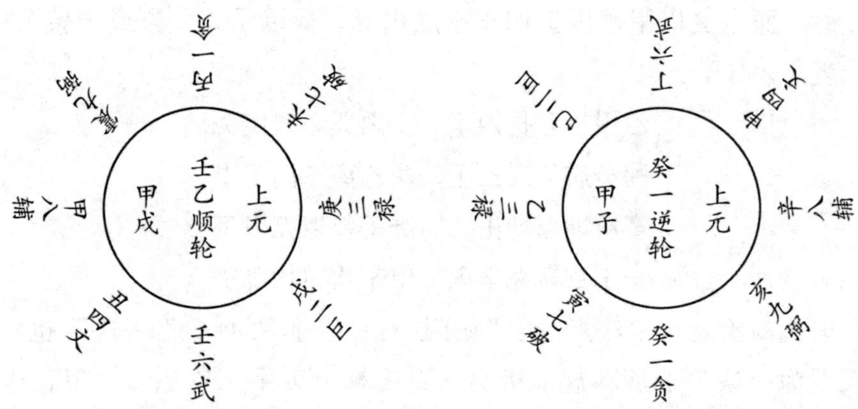

图中所列，为一运顺、逆两向，彼以天盘分阴阳立法，已大错，如遇五即寄本宫，坤壬乙诀，误用者最多。至奇者为康基田《藏书》，其《九星》一节注，即三匝辅星：

子癸乙辰坤申山，壬乙坤上起贪狼；

午壬甲戌乾寅山，丙辛艮上起贪狼；

丑巽巳丁酉辛山，丁乾甲上起贪狼；

未艮亥丙卯庚山，癸巽庚上起贪狼。

如子癸乙辰坤申山，俱在乙上起贪狼。辰上是巨门，巽上是禄存，顺行至未是左辅；又在坤上起贪狼，顺行，凡三匝。

康氏之说，今人用之甚多，且自命为大乘作用。昔余在北平晤一张姓者，自谓得康术。余曰："康用三匝，此君尚不过二匝，其一匝非余告之不可。"张曰："吾师谓三字本二字之误，因康书虽言三匝，而实仅二匝也。"余曰："康氏又一匝，秘而不宣，是术士之惯技，书中明明言之矣。"张仍不解。余曰："子癸乙辰坤申山，乙上起贪不过二匝。末云'凡三匝'，则又一匝，将从何方起？思之思之，不难通晓。"张默想半时，仍不能悟。余曰："此一匝在壬起贪狼耳。"张遂执弟子礼，甚恭。

吴少苑《地理大用·经辨五》"坤壬乙一诀"，欲将古人引而不发者，广为阐明，用心良苦，然未得其诀，反多门外汉语。

周梅梁《仁孝必读》，其解此诀根据于司马头陀《水法》，即"乙甲艮兼丁丙巽，辛庚坤与癸壬乾。"周氏谓："司马氏但云乙辛丁癸四维水之出脉，而余复以甲庚丙壬四正水之出脉，揭以示人，方成全璧”云。周氏复立表如下：

乙甲艮即艮丙辛　丁丙巽即巽庚癸

丙癸震即震乙壬　庚乙离即离丁甲

辛庚坤即坤壬乙　癸壬乾即乾甲丁

壬丁兑即兑辛丙　甲辛坎即坎癸庚

夫司马氏之《水法》，是“城门一诀”，非“坤壬乙一诀”也。今周氏混为一谈，于是满盘皆错矣。周氏解“乾甲丁”云：“甲长生在亥，亥在乾宫，且木墓于未，而未寄于午宫之丁，穴宜坐乾宫之亥，而水要自丁来，即以乾之亥起贪狼，顺挨癸巨门、寅禄存、乙文曲、中五廉贞、巳武曲、丁破军、申左辅、辛右弼，故名之曰‘乾甲丁’。”为补图如下：

巳 武 巽	丁 破 离	申 辅 坤
乙 文 震	中 廉 五	辛 弼 兑
寅 禄 艮	癸 巨 坎	亥 贪 乾

如图，今之宗周氏之说，其最上乘者，谓一以四为煞，四以七为煞，破军所到之处即谓之煞，故坐乾不收离水，此三字与三合家先后天相破合。然巽庚癸，与坤壬乙、艮丙辛之破军又不合矣。总之，周氏所挨之星，实悖于真理，原不必为之挨排，因从其说者多，故不能不辨！

至“巽庚癸”三字，周氏解之曰：“庚长生在巳，巳在巽宫，且庚墓于丑，而丑寄于子宫之癸，穴宜坐巽宫之巳，而水要自癸来，即以巽宫之巳起贪狼，顺挨至癸为破军，故名之曰‘巽庚癸’。”亦为补图如下：

巳 贪 巽	丁 巨 离	申 禄 坤
乙 弼 震	中 廉 五	辛 文 兑
寅 辅 艮	癸 破 坎	亥 武 乾

上图，周氏以亥为长生，此局以巳为长生。

至“坤壬乙”三字，周氏解之曰：“壬长生在申，申在坤宫，且壬墓于辰，而辰寄卯宫之乙，穴宜坐坤宫之申，而水要自乙来，即以坤宫之申起贪狼，顺挨至乙为破军，故名之曰‘坤壬乙’。”亦为补图如下：

巳 辅 巽	丁 弼 离	申 贪 坤
乙 破 震	中 廉 五	辛 巨 兑
寅 武 艮	癸 文 坎	亥 禄 乾

上两图，周氏以“亥、巳”为长生，此局以“申”为长生。

至“艮丙辛”三字，周氏解之曰：“丙长生在寅，寅在艮宫，且丙墓于戌，而戌寄于酉宫之辛，穴宜坐艮宫之寅，而水要自辛来，即以艮宫之寅起贪狼，顺挨至酉宫之辛为破军，故名之曰‘艮丙辛’。”亦为之补图如下：

巳 禄 巽	丁 文 离	申 武 坤
乙 巨 震	中 廉 五	辛 破 兑
寅 贪 巨	癸 弼 坎	亥 辅 乾

寅申巳亥四长生，为四维卦之人元，周氏一一作如是解，浅人从之甚多。所谓四贪狼，另有一种挨法，非周氏所能了解也。总之，“坤壬乙一诀”与司马氏《水法》，二者各有用处，并非相同。至要！至要！周氏之误，亦知一行之伪法，将一行之术，又别立一术矣。《四库书目》于“坤壬乙一诀”，犹谓“其起例未详”。《协纪辨方》同为清代钦定之书，误于一行之伪术。兹列其挨星例、大游年、小游年之表如下：

挨星例	兑丁巳丑	震庚亥未	坤乙	坎癸申辰	巽辛	艮丙	离壬寅戌	乾甲
乾局	武	文	贪	廉	破	辅	禄	巨
坤局	辅	破	巨	禄	文	武	廉	贪
艮局	贪	廉	武	文	禄	巨	破	辅
兑局	巨	禄	辅	破	廉	贪	文	武
震局	禄	巨	破	辅	贪	廉	武	文
巽局	廉	贪	文	武	巨	禄	辅	破
坎局	破	辅	禄	巨	武	文	贪	廉
离局	文	武	廉	贪	辅	破	巨	禄

按：挨星之法，从天卦对宫起武曲（天定卦附下），以武曲、文曲、贪狼、廉贞、破军、辅弼、禄存、巨门为序，初一止变上爻，次二则变上、中两爻，次三则三爻皆变，次四则变上下两爻，次五则变下一爻，次六则变初、二两爻，次七则变中一爻，次八则还归本位，以贪巨武辅为吉，禄文廉破为凶。上所云“九星论起龙”，此所云“九星论照水”，盖水之为物，能为祸福者，皆其光气为之，如三光之照物，远则其光愈显，故其力愈大，即折而既去，其去水之影与来同论。至数折之后，或开一大漾而光气愈盛者，亦同来水论之。

大游年翻卦	兑丁巳丑	震庚亥未	坤乙	坎癸申辰	巽辛	艮丙	离壬寅戌	乾甲
戌乾亥宅	贪	廉	武	文	禄	巨	破	辅
未坤申宅	巨	禄	辅	破	廉	贪	文	武
丑艮寅宅	武	文	贪	廉	破	辅	禄	巨
庚酉辛宅	辅	破	巨	禄	文	武	廉	贪
甲卯乙宅	破	辅	禄	巨	武	文	贪	廉
辰巽巳宅	文	武	廉	贪	辅	破	巨	禄
壬子癸宅	禄	巨	破	辅	贪	廉	武	文
丙午丁宅	廉	贪	文	武	巨	禄	辅	破

按：大游年翻卦，亦从天定卦对宫起贪狼，以贪、廉、武、文、禄、巨、破、辅、弼为序。相宅家以生气配贪狼，五鬼配廉贞，延年配武曲，六杀配文曲，祸害配禄存，天医配巨门，绝命配破军，伏位配辅弼。以乾、坤、艮、兑为西四宅，震、巽、坎、离为东四宅。凡大门方位，须与坐山之卦，东不杂西、西不杂东者为吉，故《八宅游年歌》实为相宅之真诀。第山为正神，一卦统三山；门为零神，甲、庚、丙、壬、乙、辛、丁、癸、寅、申、巳、亥、辰、戌、丑、未十六位，各从其所纳之卦，以为同气。今相宅家只取《游年歌》顺轮八方，而不知

每卦之左右两神，又与其方之卦气不相属。失之毫厘，谬以千里，是以取而订正之。

小游年翻卦	兑丁巳丑	震庚亥未	坤乙	坎癸申辰	巽辛	艮丙	离壬寅戌	乾甲
戌乾亥山即天父卦	贪	巨	禄	文	廉	武	破	辅
未坤申山即地母卦	武	廉	辅	破	巨	贪	文	禄
丑艮寅山	禄	文	贪	巨	破	辅	廉	武
庚酉辛山	辅	破	武	廉	文	禄	巨	贪
甲卯乙山	破	辅	廉	武	禄	文	贪	巨
辰巽巳山	文	禄	巨	贪	辅	破	武	廉
壬子癸山	廉	武	破	辅	贪	巨	禄	文
丙午丁山	巨	贪	文	禄	武	廉	辅	破

按：小游年翻卦，从天定卦对宫起贪狼，以贪、巨、禄、文、廉、武、破、辅、弼为序。从乾卦翻者为天父卦，从坤卦翻者为地母卦。地理家之三吉、六秀、八贵、十二吉龙悉本于此。如坤龙，艮为贪狼，巽为巨门，兑为武曲，故以艮、巽、兑为三吉；艮纳丙，巽纳辛，兑纳丁，并三吉为六秀；又以兑之三合巳丑，共六秀为八贵。《催官篇》所称八吉龙，盖从此而推衍者也。然八宫俱有翻卦，假如乾为本龙，又兑为贪狼，震为巨门，艮为武曲，共为三吉；兑纳丁，震纳庚，艮纳丙，并三吉为六秀；兑合巳丑，震合亥未，又并六秀为十贵。可见八卦俱有三吉六秀，并非专取艮丙巽辛、兑丁巳丑来龙也。盖以葬藏于土，而坤为地、为母，诸山所托，故以为例。《邱公颂》所谓“后来翻作八山推”，即此八宫翻卦也。（三表按语，皆《通德类情》原文。）

一、三表之起例，皆先天卦，皆非起星之真诀也。

二、三合盘所列九星，为小游年之未坤申山，即地母卦，下之又下矣。

三、如兑丁巳丑，兑即酉，即巳酉丑会金局，加以丁者，兑纳丁也。震庚亥未，震即卯，即亥卯未会木局，加以庚者，震纳庚也。坎癸申辰，坎即子，即申子辰会水局，加以癸者，坎虽纳戊，浑天之法坎纳癸也。离壬寅戌，离即午，即寅午戌会火局，加以壬者，离虽纳己，浑天之法离纳壬也。如坤乙，则即坤纳乙也,。巽辛，则即巽纳辛也。艮丙，（则即艮纳丙）也。乾甲，则即乾纳甲也。今日言三合者，阳宅每用翻卦，询其故，又皆莫明究竟。余今不惜将极浅之理，一一说出，使人人能知此起例。虽系伪之又伪，亦当洞晓其所以然之故，庶几从违皆可凭己之主观做去。若学蒋大鸿辨伪而不说明其理，使人永陷沉沦之地，则非余之志也。

天定卦

离　巽　坤　兑

乾　艮　坎　震

至今日三合翻卦之法，余揭天定、地母两卦，如下甲乙二图。

其排法曰：“乾山居兑兑居乾，坎巽上爻两换翻。坤艮二宫皆互起，震离相对紫微天。”

图甲

兑 贪	乾 辅	巽 廉
离 破		坎 文
震 巨	坤 禄	艮 武

图乙

兑 武	乾 禄	巽 巨
离 文		坎 破
震 廉	坤 辅	艮 贪

如上图，今习三合者，自知以小游年、地母卦为世人所诟病，于是以此诀视为至宝。习三元，如吴鹿野辈，亦宗此术。甚有谓“三元三合，可以会通，惟此而已”，歧之又歧，莫甚于此！

临川纪大奎《地理末学》，于“坤壬乙一诀”，别无自出心裁之发明，仅于《论九宫十二宫生旺》文内，为张式之之“坤壬乙，文曲从所出……”四句，张目一翻而已。然读其文，其于扬张抑蒋之处，止笼统诋为，不能解其《奥语》“颠倒”之妙义，实“坤壬乙，巨门从所出”。穿穴改窜之文以为真，而措词之际，一则曰“大约以一白贪狼，至九紫右弼，顺挨九星，论三元管局之吉凶”；再则曰“‘文曲从所出……’之四语，虽不知果出曾、杨与否，较之彼所传者为自然”。可见纪于玄空，实无所知，致不敢断然下评，故其依草附木之见，隔靴搔痒之谈，并无一讨论之价值也。

更有误用生成之数，以合五、合十五为用者。夫数之“成”，仅有一二三四五，所谓六七八九十者，无非由五之减数而来。所得一六共宗，一加五即六也，六减五即一也。其余各数由是而类推可也。今其法，一运以四为恩星，故二运用三碧禄存合五也；三运以二为恩星，故三运用二黑巨门合五也；四运以一为恩星，故四运用一白贪狼合五也。并据“一白贪狼甲癸申”一句，以“甲癸申山”句为旺龙旺向。查四运甲山甲向、申山申向为上吉，癸山癸向为次吉。彼挟此术，为人卜葬，适合元运，无非偶中而已。至五运，用乘运之五为恩星；六运以九为恩星，故六运用九紫右弼合十五也；七运以八为恩星，故七运用八白左辅合十五也；八运以七为恩星，故八运用七赤破军合十五也；九运以六为恩星，故九运用六白武曲合十五也。以上合五、合十五之法，所谓穷思极想，然此法杜撰无据，故多不验。

综观“坤壬乙一诀”，前人所误解者，其要点有五：

一、不知下卦、起星之别，今自命知玄空者，仅知下卦，能知起星者，实未之觏[①]。

二、不知先天、后天之别。后天用也，先天体也，不能舍先天言

校者注 ① 觏（gòu）：遇见；看见；罕见（不常见）。《诗经·大雅·公刘》第三节：“笃公刘，逝彼百泉，瞻彼溥原，乃陟南冈，乃觏于京。京师之野，于时处处，于时庐旅，于时言言，于时语语。（意思是：忠厚我祖好公刘，沿着溪泉岸边走，广阔原野漫凝眸。登上高冈放眼量，京师美景一望收。京师四野多肥沃，在此建都美无俦，快快去把宫室修。又说又笑喜洋洋，又笑又说乐悠悠。）

后天。

三、不知直达之向用“卦”，补救之向用“星”。

四、不知起贪狼之法。盖位位有贪狼，卦卦有贪狼。姜汝皋非巨门而与巨门为一例，姚铭三挨法有一定之例，然“起星有殊耳”。其言皆何等聪明，惜未敢明说耳。

五、不知“子未卯，一三禄存倒”，与“坤壬乙，巨门从头出”有别。混而为一，于是误人歧途矣！

以上所辨者，皆取近人家弦户诵之书，学者手置一编者也。至冷僻之书言此诀者，就余所见，尤夥支离百出，令人堕云雾中。一一考之，更等之自郐[①]矣！

今之所谓杨盘所列之地母卦，所谓蒋盘所列分位正体之九星，询其如何用法，皆莫知所以然。千年长梦，昏而不醒，噫！是谁之过欤？

附 说

古吴吹齑子申听禅编

《奥语》“坤壬乙一诀”，失传已久。清初蒋氏大鸿平阶著《地理辨正》，能知其奥，而狃于“天机不可泄漏”之习，除其及门会稽姜公子汝皋垚外，未尝以告第二人。姜氏亦怵于其师之动色相戒，故其注《奥语》，词颇隐约闪烁，致后之人读其书，仍茫然莫解。

校者注 ① 自郐（kuài）：表示自此以下的不值得评论。也指水平越来越低下，以至于不屑谈及。同“自郐以下”。典出《左传·襄公二十九年》：“吴公子札来聘，……请观于周乐。使工为之歌《周南》、《召南》，曰：‘美哉！始基之矣，犹未也，然勤而不怨矣。’为之歌《邶》、《鄘》、《卫》，曰：‘美载！渊乎！忧而不困者也。吾闻卫康叔、武公之德如是，是其《卫风》乎？’为之歌《王》，曰：‘美哉！思而不惧，其周之东乎？……为之歌《陈》，曰：‘国无主，其能久乎？’自《郐》以下，无讥焉。”晋·杜预注：“郐第十三，曹第十四。言季子闻此二国歌，不复讥论之，以其微也。”春秋时期，吴国的公子季札自幼精通音乐，他访问鲁国时，鲁国请他欣赏周代的乐舞。鲁国的乐工演奏周王朝及各诸侯国的乐曲，对于各诸侯国的乐曲都有褒贬评论，但从演奏郐国的《郐风》以后，他就没有再表示意见了。

泉唐沈竹礽先生，精究地学四十年，读《易》千七百余种，始得真传。后从胡氏获姜氏《从师随笔》，益觉信而有征，恨古人秘密之非，故著书时，于此诀及“城门”、“反伏吟”诸诀，皆尽量宣露，不留余蕴。哲嗣瓞民先生世其学，余小子与瓞民先生游有年，复得窃窥绪余，爰继旌德江迂生志伊太史《下卦立成图》之后（江著，即《沈氏玄空学》第四册），成《起星立成图》四百三十二局，左右兼并为二百一十有六局，聊以自娱，且以便人同好之，阅吾书者，倘赐匡正，幸甚！

姜汝皋《从师随笔》之言曰：“甲子年（按：为康熙二十三年），杜陵夫子为刘姓卜寿藏，图中注明：甲申后二十年，除力士、五黄加临外，年年可葬，惟不可兼巳亥，兼则气不纯。余询师何故，但笑而不言。”又曰：“丙寅年，复为余家卜一地，图说亦如是，固询之，师曰：‘子学尚不足以语此，以待来年’。”又曰：“戊辰年，杜陵夫子又游越，余又询之，师曰：‘兼则宜用坤壬乙诀，不兼下卦可耳。’余始恍然。自后，余从事《奥语》，开山有斧矣。惟《奥语》仅言十二山，且非字字可以起星；其他十二山，总未能得其口诀。时我师将葬亲于余姚，无资购地，余以二千金报之。使者归，授余以‘子癸并甲申口诀’廿八句，乃知‘子癸甲申贪，卯乙未坤壬巨，辰戌乾亥巽巳武，酉辛丑艮丙破，午丁寅庚弼’。来书谆谆告戒，谓此秘中之秘，惟子可以知之，慎勿泄漏一二也。余得此诀后，乃注《奥语》”云云。可见下卦、起星，虽以姜氏之敏密，在未得诀时，犹且误认为“是一非二”，何况时师近人之对“坤壬乙一诀”，大都可分两种。

一则完全不知起星为何物，将下卦、起星混为一谈。其实姜氏《注》谓：此九星与《八宫掌诀》九星不同，语虽隐闪，不啻明告《八宫掌诀》是卦非星，坤壬乙是星非卦，故章仲山甫亦揭出“下卦起星，定卦分星”八大字，尤为显露无如。后来虽以温明远荣镳之理气精熟，而不能辨清卦与星之别，直以《八宫掌诀》之法解此诀，遑论其他。

其二则自作聪明，于坤壬乙巨、艮丙辛破、巽辰亥武、甲癸申贪外，有以《逸语》“子未卯……”四句为续者，更有任意改窜，并《奥语》原文而亦更易者。如“坤壬乙，文曲从头出”之类。至于挨排之法，尤千奇百出，遂使初学惑其说者，转疑“子癸并甲申”一诀为非的传。此皆未睹姜氏《从师随笔》之过也。

《从师随笔》一则曰：“杜陵夫子每谓今日伪学所持之蒋盘，在起星一层，除‘坤壬乙、艮丙辛、巽辰亥、甲癸申’十二字外，子禄、丑弼、寅辅、卯禄、巳文、午弼、丁辅、未禄、庚辅、酉弼、戌文、乾文，无一字合法，指为余所定，妄矣。”

再则曰：“师曰：‘坤壬乙一诀，经人妄改，已数十种。盖此诀河洛与生成之数变化而成，今之术士乌能知其奥，知此诀？非大圣大贤、大智大慧者不可！然此等人，犹非得有真传不可。故《奥语》：劝君再把星辰辨，吉凶祸福如神见；《天玉经》：五星配出九星名，天下任横行。惟此法见心术端，方可偶一漏泄，子其识之’”云云。由是观之，伪学之日盛，正学之日晦，亦未尝不由于秘密太甚之故。沈竹礽先生谓杜陵为地理之功臣，亦地理之罪人，非激词也。（按：“子未卯，一三禄存倒”，用于蒋氏内盘九星则合，非用于起星也。说详沈先生《序》，不赘。）

沈竹礽先生论替卦，绘图加说，辞鬯谊达，读之最易使人明晓。曰：

（甲）“坤壬乙，巨门从头出”，对宫即“艮丙辛，位位是破军”。坤壬乙即二一三，此上元甲子之统卦气也；艮丙辛即八九七，此下元甲子之统卦气也。艮、坤为生死之门，此二句以艮坤二字冠之者，以天盘包括地、人两盘也。

（乙）“巽辰亥，尽是武曲位。”此句不言对宫，而对宫戌乾巳亦是武曲，因中五顺飞至乾为六，逆飞至巽亦为六故也。此中元甲子之统卦气也。巽辰亥即四五六，五为戊己，无方位，上十年旺于戌，下十年旺于辰。戌乾巳同例。

（丙），“甲癸申，贪狼一路行。”杨公不言对宫，而对宫为庚丁寅，均属右弼。此一地（元），包括二人（元）而言也。

（丁）未、丑、子、午、卯酉六山，杨公一字不提，于是挨贪挨巨，莫衷一是。夫子午阴之终始，子中藏一二三，午中藏九八七，故子挨贪，午挨弼，而卯酉未丑之挨巨破，更了然矣，云云。余谓：一言以蔽之，沈公此说，即姜氏《随笔》中所言“此诀系河洛与生成之数变化而成”

十四字之注脚，学者当益可恍然矣。

且余近得秘笈中有论六白运内挨星接气诀一则，所言亦与沈公暗合，具征此诀之的，殊足宝贵，今录如下：“（上略）盖坎得数一也，五行之首水也，斗之魁贪狼也，领坤震及四干二支，共主宰乎！上元甲子正运，五行生旺之气也，即分己之子壬而入于坤，引坤之子申、震之子甲而归于己，同属贪狼，故上元立挨星局，以子癸甲申起贪狼位，其坤未鸠合震三，而主震之子卯乙同位，巨门循环经纬，共理上元旺衰之事也。中元巽四统中黄、乾六，掌中元甲子正运，五行生旺之气，于是乾之武曲为巽之对待，故中元立挨星诀，而以乾巽六位起武曲，以廉贞镇守中宫五黄。惟天立极，御制四方，□于运制，都宫陵寝，则威扬八表，召其威福。若非此而下者，必罗露其隐，慎之。下元兑七主事，统艮八离九，主宰下元甲子正运，五行生旺之气，而兑分己之子庚，艮之子寅，同属右弼，司下元之代谢，故下元立挨星局，以午丁庚寅起右弼也。以上三局，推乾巽挨星正卦干支不相假借者可也；以中五廉贞间于其中也。又上元之禄存，中元之文曲，下元之左辅，未能班列于总图者，此非作者之阴谜，而有天地自然之理也。”（按：一言道破，实盘盘有禄存，盘盘有文曲，盘盘有左辅耳。）然以九分三，各叙一家骨肉，而分统三元正运，生死衰旺之气，而坎一又为三元之纪纲，九星之首领，中、下两元亦不得置而弗论也。其离九又为首领，阴阳之对待，收揽元运之化机，故得离九生旺之气，皆有‘三元不败’之妙义也。”云云。

其文明白如日月经天，惜字句间有少晦处，并有讹误脱漏。吾师沈瓞民先生谓：“玄空每喜将容易明白之理，用不通隐谜之语，令人堕入五里雾中，是其惯技。”余则谓：“或系年湮代远，传写讹误，亦未可知。”顾即此，其他一切伪诀，更无置喙之余地矣。

九星者，即一贪狼、二巨门、三禄存、四文曲、五廉贞、六武曲、七破军、八左辅、九右弼。共分两种：一《八宫掌诀》九星，用于下卦；一配二十四山，用于起星。后者因其参伍错综，人每不易领悟，要之直达之向，即单向，仅下卦可也；补救之向，即兼左兼右（合出卦兼，阴阳互兼，人天共兼)，非起星不可。换言之，即非用“坤壬乙一诀”寻替不可。“坤壬乙一诀”，是星非卦，能辨别清楚，然后正道可明。

《青囊奥语》开宗明义，固言替卦，即《天玉》、《宝照》诸经言替卦处亦正，多如双山双向也。“子癸午丁天元宫……”六句也，皆是仲山《直解》，往往明白流露。此外三合盘之中、缝两针，亦为兼左兼右之用，学者每不措意耳。譬如正针子山午向，中针即指“子兼癸”之理，缝针即指“癸兼子”之理。正针用于下卦，中、缝两针用于起星。今人多附会中针拨砂，缝针纳水，误矣！

至于用替方法，《沈氏玄空学》言之甚详。凡兼向至三度以上者，即须起星，若仅兼一、二度可免。万一正采二向，皆无替可寻时，始将正向某字飞一盘，又将兼向某字飞一盘，合两盘以观水路之吉凶。今见有明明有替可寻，而并不寻替，遽将正兼二向各飞一盘者，非！

余近见一旧抄本中有一则，曰：“凡兼向，兼左兼右不论，总以本正向为主，地支兼天干三分；天干兼地支，如乙兼卯，辛兼酉，癸兼子，亦三分；若兼辰戌丑未，则一分，盖恐卦气杂也。”云云。此系俗例，万不可从！倘泥其说，殊于“补救”二字，命意有乖。

总之，左兼右兼须依山水性情，裁剪补救，非心灵眼活，运用敏密者不辨。山水情状，有可兼不可兼，有不得不兼者，有万不宜兼者。千言万语，犹不能尽其妙，安有如此呆笨板滞者乎？又近时江浙风俗，造葬至不敢用单向，询之，不能言其故。其黠者，则以“一卦可得两卦之用”为对。孰知非出卦即差错，欲避凶反召凶，结果适得其反。欲其诞育正人君子，求国安家庆，不亦难乎！

凡寻替，首重向上一星。《宝照经》云：“巳丙宜向天门上，亥壬向得巽风吹。”重言“向”字，即此义。以仲山《宅断》(《沈氏玄空学》第三册)例之，第三十八图“周姓祖墓”，及阳宅第十七图“宁波府基”是也。

向上无替可寻，乃寻山上用替，如《宅断》第十六图“稽中堂祖墓”是也。

若山、向皆有替可寻，则两替之，如《宅断》阳宅第三、四两图是也。

山、向皆无可替，始如上述，将正兼二向，各飞一盘，断其水口。至《宅断》中兼向不用替者甚多，如第五图“钱姓墓”，第十五图“经姓墓”，第四十八图“某墓”等。阳宅更多，亦并无正兼各飞之事。此则大抵所谓“仅兼一、二分，无须寻替”者耳。今吾书于山、向皆有替可寻者，固皆替出，即有一不能替或两无可替之局，亦必以替法替之。所以明替则卦气已变，是起星不是下卦矣。

凡令星到山到向之局，如二、八运之乾巽、巽乾，巳亥、亥巳，丑未、未丑；

三、七运之辰戌、戌辰，卯酉、酉卯，乙辛、辛乙；

四、六运之甲庚、庚甲，艮坤、坤艮，寅申、申寅；

五运之子午、午子，癸丁、丁癸，卯酉、酉卯，乙辛、辛乙，辰戌、戌辰，丑未、未丑。万不可兼用他向，兼则气不纯也。

《沈氏玄空学》中亦尝举一例，如四运庚山甲向兼酉卯，二到向，本二入中，今用替卦，二即未，挨巨门，仍二入中，无所谓替也。虽到山到向，反不能作旺龙旺向论。因差错之病仍在其中，不如专用庚甲直达之为得也。四运甲庚兼卯酉，二、八两运未山丑向；五、八两运丑山未向；三、七两运戌山辰向；五运辰山戌向，同用者，务宜注意！（倘为形局关系，不得不稍偏左偏右，则偶兼一、二分尚无碍，惟“出卦”与“差错”仍须力避耳。）

用替有种种奇异之局可遇，下卦不能遇也。如《沈氏玄空学》所言：五运之戌山辰向，八运之辰山戌向，出卦兼或阴阳互兼，山向飞星，皆字字相同，此之谓“无变化，无生息”，葬之有凶无吉。按：“字字相同”，即八纯卦。八纯卦者，即乾又见乾，坤又见坤，艮又见艮，巽又见巽之类。今吾书排尽九运廿四山向，得八纯卦，凡六局，曰五运之戌辰、辰戌，乾巽、巽乾，亥巳、巳亥，是皆山、向俱替，非如八运之辰戌戌辰，犹止替向不替山，或替山不替向也。

八运之辰戌、戌辰，替向不替山，或替山不替向，则为八纯卦。山、向俱替，则又适合到山到向。九运廿四山止此二局。比之《沈氏玄空学》

所举六运壬丙兼子午亥巳借合一局之例，尤为奇中之奇。至全局合十者，有三运之壬丙、丙壬，八运之子午、午子、癸丁、丁癸六局；全局生成者，有五运之甲庚、庚甲、寅申、申寅，第皆以山、向俱替乃论也。

沈竹礽先生云：“最为替卦中之一关键，能将穴上所见之水，适合城门，往往发福；所不可不辨者，反伏吟耳。故吾书遇凡可用城门一诀之局，亦特标明，便于学者一目了然。”

以上“坤壬乙一诀”之起例，及替星用法之大概，尽之矣！若欲更得其详，有《沈氏玄空学》暨《卷首》瞧师之序文在，不复多赘。

二十四山配九星图

吹齑子简易挨星口诀

子癸甲申贪狼寻，坤壬乙卯未巨门；
乾巽六位皆武曲，艮丙辛酉丑破军；
若问寅午庚丁下，一律挨来是弼星。

蒋大鸿授姜汝皋挨星口诀

子癸并甲申，贪狼一路行；壬卯乙未坤，五位为巨门；
乾亥辰巽巳，连戌武曲名；酉辛丑艮丙，天星说破军；
寅午庚丁上，右弼四星临。

起星图二百一十六局

一运子山午向兼壬丙癸丁起星图

向

廉武 五六 九	贪贪 一一 五	禄辅 三八 七
文破 四七 八	武廉 六五 一	辅禄 八三 三
弼巨 九二 四	巨弼 二九 六	破文 七四 二

山

说明：

（一）五到向，无替可寻，四正逆行。下同。

（二）六到山，六之天元即乾，挨武曲，仍六入中，乾阳，故顺行。

（三）此局巽、坤两方，俱可用城门诀。

二运子山午向兼壬丙癸丁起星图

向

辅廉 八五 一	禄贪 三一 六	贪禄 一三 八
弼文 九四 九	破武 七六 二	廉辅 五三 四
文弼 四九 五	巨巨 二二 七	武破 六七 三

山

说明：

（一）六到向，六之天元即乾，挨武曲，仍六入中，乾阳，故顺行。

（二）七到山，七之天元即酉，挨破军，仍七入中，酉阴，故逆行。

（三）此局巽方可用城门诀。

三运子山午向兼壬丙/癸丁起星图

向

武辅 六八 二	巨禄 二三 七	文贪 四一 九
廉弼 五九 一	破破 七七 三	弼廉 九五 五
贪文 一四 六	禄巨 三二 八	辅武 八六 四

山

说明：

（一）七到向，七之天元即酉，挨破军，仍七入中，酉阴故行。

（二）八到山，八之天元即艮，挨破军，故不用八而以七入中，艮阳故顺行。

（三）此局用替，到山到向。

（四）此局坤方可用城门诀。

四运子山午向兼壬丙/癸丁起星图

向

贪武 一六 三	廉巨 五二 八	禄文 三四 一
巨廉 二五 二	弼破 九七 四	破弼 七九 六
武贪 六一 七	文禄 四三 九	辅辅 八八 五

山

说明：

（一）八到向，八之天元即艮，挨破军，故不用八而以七入中，艮阳，故顺行。

（二）九到山，九之天元即午，挨弼星，仍九入中，午阴，故逆行。

（三）此局坤方有水，为当元吉水（所谓“冲起乐官无价宝”是也。下同）。其巽方并可用城门诀。

五运子山午向兼壬丙/癸丁起星图

向

巨贪 二一 四	武廉 六五 九	文禄 四三 二
禄巨 三二 三	贪弼 一九 五	辅破 八七 七
破武 七六 八	廉文 五四 一	弼辅 九八 六

山

说明：

（一）九到向，九之天元即午，挨弼星，仍九入中，午阴，故逆行。

（二）一到山，一之天元即子，挨贪狼，仍一入中，子阴，故逆行。

六运子山午向兼壬丙癸丁起星图

向

贪巨 一二 五	武武 六六 一	辅文 八四 三
弼禄 九三 四	巨贪 二一 六	文辅 四八 八
廉破 五七 九	破廉 七五 二	禄弼 三九 七

山

说明：

（一）一到向，一之天元即子，挨贪狼，仍一入中，子阴，故逆行。

（二）二到山，二之天元即坤，挨巨门，仍二入中，坤阳，故顺行。

（三）此局坤方可用城门诀。

七运子山午向兼壬丙癸丁起星图

向

禄贪 三一 六	破武 七六 二	廉辅 五八 四
文弼 四九 五	巨巨 二二 七	弼文 九四 九
辅廉 八五 一	武破 六七 三	贪禄 一三 八

山

说明：

（一）二到向，二之天元即坤，挨巨门，仍二入中，坤阳，故顺行。

（二）三到山，三之天元即卯，挨巨门，故不用三而以二入中，卯阴故，逆行。

八运子山午向兼壬丙癸丁起星图

向

廉禄 五三 七	贪破 一七 三	禄廉 三五 五
文文 四四 六	武巨 六二 八	辅弼 八九 一
弼辅 九八 二	巨武 二六 四	破贪 七一 九

山

说明：

（一）三到向，三之天元即卯，挨巨门，故不用三而以二入中，卯阴，故逆行。

（二）四到山，四之天元即巽，挨武曲，故不用四而以六入中，巽阳，故顺行。

（三）此局用替，全盘合十。

（四）此局巽方可用城门诀。

九运子山午向兼壬丙/癸丁起星图

向

武廉 六五 八	贪贪 一一 四	辅禄 八三 六
破文 七四 七	廉武 五六 九	禄辅 三八 二
巨弼 二九 三	弼巨 九二 五	文破 四七 一

山

说明：

（一）四到向，四之天元即巽，挨武曲，故不用四而以六入中，巽阳，故顺行。

（二）五到山，无替可寻。

以上子山午向九局，地运八十年，各运同。

一运午山子向兼丙壬/丁癸起星图

山

武廉 六五 九	贪贪 一一 五	辅禄 八三 七
破文 七四 八	廉武 五六 一	禄辅 三八 三
巨弼 二九 四	弼巨 九二 六	文破 四七 二

向

说明：

（一）六到向，六之天元即乾，挨武曲，仍六入中，乾阳，故顺行。

（二）五到山，无替寻。

二运午山子向兼丙壬/丁癸起星图

山

廉辅 五八 一	贪禄 一三 六	禄贪 三一 八
文弼 四九 九	武破 六七 二	辅廉 八五 四
弼文 九四 五	巨巨 二二 七	破武 七六 三

向

说明：

（一）七到向，七之天元即酉，挨破军，仍七入中，酉阴，故逆行。

（二）六到山，六之天元即乾，挨武曲，仍六入中，乾阳，故顺行。

（三）此局乾方可用城门诀。

三运午山子向兼丙壬丁癸起星图

山

辅武 八六 二	禄巨 三二 七	贪文 一四 九
弼廉 九五 一	破破 七七 三	廉弼 五九 五
文贪 四一 六	巨禄 二三 八	武辅 六八 四

向

说明：

（一）八到向，八之天元即艮，挨破军，故不用八而以七入中，艮阳，顺行。

（二）七到山，七之天元即酉，挨破军，仍七入中，酉阴，逆行。

（三）此局用替，到山到向。

四运午山子向兼丙壬丁癸起星图

山

武贪 六一 三	巨廉 二五 八	文禄 四三 一
廉巨 五二 二	破弼 七九 四	弼破 九七 六
贪武 一六 七	禄文 三四 九	辅辅 八八 五

向

说明：

（一）九到向，九之天元即午，挨弼星，仍九入中，午阴，逆行。

（二）八到山，八之天元即艮，挨破军，故不用八而以七入中，艮阳，顺行。

（三）此局艮方可用城门诀。

五运午山子向兼丙壬丁癸起星图

山

贪巨 一二 四	廉武 五六 九	禄文 三四 二
巨禄 二三 三	弼贪 九一 五	破辅 七八 七
武破 六七 八	文廉 四五 一	辅弼 八九 六

向

说明：

（一）一到向，一之天元即子，挨贪狼，仍一入中，子阴，逆行。

（二）九到山，九之天元即午，挨弼星，仍九入中，午阴，逆行。

六运午山子向兼丙壬丁癸起星图

山

巨贪 二一 五	武武 六六 一	文辅 四八 三
禄弼 三九 四	贪巨 一二 六	辅文 八四 八
破廉 七五 九	廉破 五七 二	弼禄 九三 七

向

说明：

（一）二到向，二之天元即坤，挨巨门，仍二入中，坤阳，顺行。

（二）一到山，一之天元即子，挨贪狼，仍一入中，子阴，逆行。

（三）此局乾、艮两方，俱可用城门诀。

七运午山子向兼丙壬丁癸起星图

山

贪禄 一三 六	武破 六七 二	辅廉 八五 四
弼文 九四 五	巨巨 二二 七	文弼 四九 九
廉辅 五八 一	破武 七六 三	禄贪 三一 八

向

说明：

（一）三到向，三之天元即卯，挨巨门，故不用三而以二入中，卯阴，逆行。

（二）二到山，二之天元即坤，挨巨门，仍二入中，坤阳，顺行。

（三）此局艮方可用城门诀。

八运午山子向兼丙壬丁癸起星图

山

禄廉 三五 七	破贪 七一 三	廉禄 五三 五
文文 四四 六	巨武 二六 八	弼辅 九八 一
辅弼 八九 二	武巨 六二 四	贪破 一七 九

向

说明：

（一）四到向，四之天元即巽，巽挨武曲，故不用四而以六入中，巽阳，顺行。

（二）三到山，三之天元即卯，挨巨门，故不用三而以二入中，卯阴，逆行。

（三）此局用替，全盘合十。

（四）此局乾方可用城门诀。

九运午山子向兼丙壬/丁癸起星图

	山	
武廉 五六 八	贪贪 一一 四	禄辅 三八 六
文破 四七 七	武廉 六五 九	辅禄 八三 二
弼巨 九二 三	巨弼 二九 五	破文 七四 一
	向	

说明：

（一）五到向，无替可寻。

（二）四到山，四之天元即巽，挨武曲，故不用四而以六入中，巽阳，顺行。

（三）此局乾，艮两方，俱可用城门诀。

以上午山子向九局，地运一百年，各运同。

一运卯山酉向兼甲庚/乙辛起星图

	武禄 六三 九	巨破 二七 五	文廉 四五 七	
山	廉文 五四 八	破巨 七二 一	弼弼 九九 三	向
	贪辅 一八 四	禄武 三六 六	辅贪 八一 二	

说明：

（一）三到向，三之天元即卯，挨巨门，故不用三而以二入中，卯阴，逆行。

（二）八到山，八之天元即艮，挨破军，故不用八而以七入中，艮阳，顺行。

（三）此局乾方有水，为当元吉水，其坤方并可用城门诀。

（四）此局兼二运，即向星入囚。

二运卯山酉向兼甲庚/乙辛起星图

	贪廉 一五 一	廉贪 五一 六	禄禄 三三 八	
山	巨文 二四 九	弼武 九六 二	破辅 七八 四	向
	武弼 六九 五	文巨 四二 七	辅破 八七 三	

说明：

（一）四到向，四之天元即巽，挨武曲，故不用四而以六入中，巽阳，顺行。

（二）九到山，九之天元即午，挨弼星，仍九入中，午阴，逆行。

（三）此局乾方可用城门诀。

三运卯山酉向兼甲庚/乙辛起星图

	巨武 二六 二	武贪 六一 七	文辅 四八 九	
山	禄破 三七 一	贪廉 一五 三	辅禄 八三 五	向
	破巨 七二 六	廉弼 五九 八	弼文 九四 四	

说明：

（一）五到向，无替可寻。

（二）一到山，一之天元即子，挨贪狼，仍一入中，子阴，逆行。

（三）此局坤方可用城门诀。

四运卯山酉向兼甲庚/乙辛起星图

	贪廉 一五 三	武贪 六一 八	辅禄 八三 一	
山	弼文 九四 二	巨武 二六 四	文辅 四八 六	向
	廉弼 五九 七	破巨 七二 九	禄破 三七 五	

说明：

（一）六到向，六之天元即乾，挨武曲，仍六入中，乾阳，顺行。

（二）二到山，二之天元即坤，挨巨门，仍二入中，坤阳，顺行。

（三）此局坤方可用城门诀。

五运卯山酉向兼甲庚/乙辛起星图

	禄辅 三八 四	破禄 七三 九	廉贪 五一 二	
山	文弼 四九 三	巨破 二七 五	弼廉 九五 七	向
	辅文 八四 八	武巨 六二 一	贪武 一六 六	

说明：

（一）七到向，七之天元即酉，挨破军，仍七入中，酉阴，逆行。

（二）三到山，三之天元即卯，挨巨门，故不用三而以二入中，卯阴，逆行。

六运卯山酉向兼甲庚乙辛起星图

	廉武 五六 五	贪巨 一二 一	禄文 三四 三	
山	文廉 四五 四	武破 六七 六	辅弼 六九 八	向
	弼贪 九一 九	巨禄 二三 二	破辅 七八 七	

说明：

（一）八到向，八之天元即艮，挨破军，故不用八而以七入中，艮阳，顺行。

（二）四到山，四之天元即巽，挨武曲，故不用四而以六入中，巽阳，顺行。

（三）此局乾、坤二方，俱可用城门诀。

（四）此局兼当元丁星入囚。

七运卯山酉向兼甲庚乙辛起星图

	武贪 六一 六	贪廉 一五 二	辅禄 八三 四	
山	破巨 七二 五	廉弼 五九 七	禄破 三七 九	向
	巨武 二六 一	弼文 九四 三	文辅 四八 八	

说明：

（一）九到向，九之天元即午，挨弼星，仍九入中，午阴，逆行。

（二）五到山，无替可寻。

八运卯山酉向兼甲庚乙辛起星图

	廉巨 五二 七	贪武 一六 三	禄文 三四 五	
山	文禄 四三 六	武贪 六一 八	辅辅 八八 一	向
	弼破 九七 二	巨廉 二五 四	破弼 七九 九	

说明：

（一）一到向，一之天元即子，挨贪狼，仍一入中，子阴，逆行。

（二）六到山，六之天元即乾，挨武曲，仍六入中，乾阳，顺行。

（三）此局乾方可用城门诀。

九运卯山酉向兼甲庚乙辛起星图

	辅贪 八一 八	禄武 三六 四	贪辅 一八 六	
山	弼弼 九九 七	破巨 七二 九	廉文 五四 二	向
	文廉 四五 三	巨破 二七 五	武禄 六三 一	

说明：

（一）二到向，二之天元即坤，挨巨门，仍二入中，坤阳，顺行。

（二）七到山，七之天元即酉，挨破军，仍七入中，酉阴，逆行。

（三）此局乾方可用城门诀。

以上卯山酉向九局，地运四十年，各运同。

一运酉山卯向兼庚甲辛乙起星图

	禄武 三六 九	破巨 七二 五	廉文 五四 七	
向	文廉 四五 八	巨破 二七 一	弼弼 九九 三	山
	辅贪 八一 四	武禄 六三 六	贪辅 一八 二	

说明：

（一）八到向，八之天元即艮，挨破军，故不用八而以七入中，艮阳，顺行。

（二）三到山，三之天元即卯，挨巨门，故不用三而以二入中，卯阴，逆行。

（三）此局艮方有水，为当元吉水，其巽方并可用城门诀。

二运酉山卯向兼庚甲辛乙起星图

	廉贪 五一 一	贪廉 一五 六	禄禄 三三 八	
向	文巨 四二 九	牙弼 六九 二	辅破 八七 四	山
	弼武 九六 五	巨文 二四 七	破辅 七八 三	

说明：

（一）九到向，九之天元即午，挨弼星，仍九入中，午阴，逆行。

（二）四到山，四之天元即巽，挨武曲，故不用四而以六入中，巽阳，顺行。

（三）此局巽方可用城门诀。

三运酉山卯向兼庚甲/辛乙起星图

	武巨 六二 二	贪武 一六 七	辅文 八四 九	
向	破禄 七三 一	廉贪 五一 三	禄辅 三八 五	山
	巨破 二七 六	弼廉 九五 八	文弼 四九 四	

说明：

（一）一到向，一之天元即子，挨贪狼，仍一入中，子阴，逆行。

（二）五到山，无替可寻。

四运酉山卯向兼庚甲/辛乙起星图

	廉贪 五一 三	贪武 一六 八	禄辅 三八 一	
向	文弼 四九 二	武巨 六二 四	辅文 八四 六	山
	弼廉 九五 七	巨破 二七 九	破禄 七三 五	

说明：

（一）二到向，二之天元即坤，挨巨门，仍二入中，坤阳，顺行。

（二）六到山，六之天元即乾，挨武曲，仍六入中，乾阳，顺行。

（三）此局巽、艮两方，俱可用城门诀。

五运酉山卯向兼庚甲/辛乙起星图

	辅禄 八三 四	禄破 三七 九	贪廉 一五 二	
向	弼文 九四 三	破巨 七二 五	廉弼 五九 七	山
	文辅 四八 八	巨武 二六 一	武贪 六一 六	

说明：

（一）三到向，三之天元即卯，挨巨门，故不用三而以二入中，卯阴，逆行。

（二）七到山，七之天元即酉，挨破军，仍七入中，酉阴，逆行。

六运酉山卯向兼庚甲/辛乙起星图

	武廉 六五 五	巨贪 二一 一	文禄 四三 三	
向	廉文 五四 四	破武 七六 六	弼辅 九八 八	山
	贪弼 一九 九	禄巨 三二 二	辅破 八七 七	

说明：

（一）四到向，四之天元即巽，挨武曲，故不用四而以六入中，巽阳，顺阳。

（二）八到山，八之天元即艮，挨破军，故不用八而以七入中，艮阳，顺行。

（三）此局艮方可用城门诀。

（四）此局向星入囚。

七运酉山卯向兼庚甲/辛乙起星图

	贪武 一六 六	廉贪 五一 二	禄辅 三八 四	
向	巨破 二七 五	弼廉 九五 七	破禄 七三 九	山
	武巨 六二 一	文弼 四九 三	辅文 八四 八	

说明：

（一）五到向，无替可寻。

（二）九到山，九之天元即午，挨弼星，仍九入中，午阴，逆行。

（三）此局艮方可用城门诀。

八运酉山卯向兼庚甲/辛乙起星图

	巨廉 二五 七	武贪 六一 三	文禄 四三 五	
向	禄文 三四 六	贪武 一六 八	辅辅 八八 一	山
	破弼 七九 二	廉巨 五二 四	弼破 九七 九	

说明：

（一）六到向，六之天元即乾，挨武曲，仍六入中，乾阳，顺行。

（二）一到山，一之天元即子，挨贪狼，仍一入中，子阴，逆行。

（三）此局巽方可用城门诀。

九运酉山卯向兼庚甲辛乙起星图

	贪辅 一八 八	武禄 六三 四	辅贪 八一 六	
向	弼弼 九九 七	巨破 二七 九	文廉 四五 二	山
	廉文 五四 三	破巨 七二 五	禄武 三六 一	

说明：

（一）七到向，七之天元即酉，挨破军，仍七入中，酉阴，逆行。

（二）二到山，二之天元即坤，挨巨门，仍二入中，坤阳，顺行。

（三）此局艮方可用城门诀。

以上酉山卯向九局，地运壹百四十年，各运同。

一运乾山巽向兼戌辰亥巳起星图

向	贪贪 一一 九	武廉 六五 五	辅禄 八三 七	
	弼巨 九二 八	巨弼 二九 一	文破 五七 三	
	廉武 五六 四	破文 七四 六	禄辅 三八 二	山

说明：

（一）九到向，九之天元即午，挨弼星，仍九入中，午阴，逆行。

（二）二到山，二之天元即坤，挨巨明，仍二入中，坤阳，顺行。

二运乾山巽向兼戌辰亥巳起星图

向	禄巨 三二 一	破武 七六 六	廉文 五四 八	
	文禄 四三 九	巨贪 二一 二	弼辅 九八 四	
	辅破 八七 五	武廉 六五 七	贪弼 一九 三	山

说明：

（一）一到向，一之天元即子，挨贪狼，仍一入中，子阴逆行。

（二）三到山，三之天元即卯，挨巨门，故不用三而以二入中，卯阴，逆行。

（三）此局卯方可用城门诀。

（四）此局丁星入囚，葬后子嗣极艰。

三运乾山巽向兼戌辰亥巳起星图

向	廉贪 五一 二	贪武 一六 七	禄辅 三八 九	
	文弼 四九 一	武巨 六二 三	辅文 八四 五	
	弼廉 九五 六	巨破 二七 八	破禄 七三 四	山

说明：

（一）二到向，二之天元即坤，挨巨门，仍二入中，坤阳，顺行。

（二）四到山，四之天元即巽，挨武曲，故不用四而以六入中，巽阳，顺行。

（三）此局午、卯两方，俱可用城门诀。

四运乾山巽向兼戌辰亥巳起星图

向	文禄 四三 三	弼破 九七 八	巨廉 二五 一	
	禄文 三四 二	廉巨 五二 四	破弼 七九 六	
	辅辅 八八 七	贪武 一六 九	武贪 六一 五	山

说明：

（一）三到向，三之天元即卯，挨巨门，故不用三而以二入中，卯阴，逆行。

（二）五到山，无替可寻，四维，顺行。下同。

（三）此局震方有水，为当元吉水。

五运乾山巽向兼戌辰亥巳起星图

向	廉廉 五五 四	贪贪 一一 九	禄禄 三三 二	
	文文 四四 三	武武 六六 五	辅辅 八八 七	
	弼弼 九九 八	巨巨 二二 一	破破 七七 六	山

说明：

（一）四到向，四之天元即巽，挨武曲，故不用四而以六入中，巽阳，顺行。

（二）六到山，六之天元即乾，挨武曲，仍六入中，乾阳，顺行。

（三）此局用替，山、向字字相同，名八纯卦，凶。

（四）此局午、卯两方，俱可用城门诀。

六运乾山巽向兼戌辰亥巳起星图

向	辅文 八四 五	禄弼 三九 一	贪巨 一二 三	
	弼禄 九三 四	破廉 七五 六	廉破 五七 八	
	文辅 四八 九	巨贪 二一 二	武武 六六 七	山

说明：

（一）五到向，无可替寻。

（二）七到山，七之天元即酉，挨破军，仍七入中，酉阴，逆行。

（三）此局午方可用城门诀。

七运乾山巽向兼戌辰亥巳起星图

向	武廉 六五 六	巨贪 二一 二	文禄 四三 四	
	廉文 五四 五	破武 七六 七	弼辅 九八 九	
	贪弼 一九 一	禄巨 三二 三	辅破 八七 八	山

说明：

（一）六到向，六之天元即乾，挨武曲，仍六入中，乾阳，顺行。

（二）八到山，八之天元即艮，挨破军，故不用八而以七入中，艮阳，顺行。

（三）此局丁星入囚。

八运乾山巽向兼戌辰亥巳起星图

向	贪辅 一八 七	廉禄 五三 三	禄贪 三一 五	
	巨弼 二九 六	弼破 九七 八	破廉 七五 一	
	武文 六四 二	文巨 四二 四	辅武 八六 九	山

说明：

（一）七到向，七之天元即酉，挨破军，仍七入中，酉阴，逆行。

（二）九到山，九之天元即午，挨弼星，仍九入中，午阴，逆行。

（三）此局午方可用城门诀。

九运乾山巽向兼戌辰亥巳起星图

向	巨武 二六 八	武巨 六三 四	文文 四四 六	
	禄廉 三五 七	贪破 一七 九	辅弼 八九 二	
	破贪 七一 三	廉禄 五三 五	弼辅 九八 一	山

说明：

（一）八到向，八之天元即艮，挨破军，故不用八而以七入中，艮阳，顺行月。

（二）一到山，一之天元即子，挨贪狼，仍一入中，子阴，逆行。

（三）此局卯方可用城门诀。

以上乾山巽向九局，地运一百六十年，各运同。

一运巽山乾向兼辰戌巳亥起星图

山	贪贪 一一 九	廉武 五六 五	禄辅 三八 七	
	巨弼 二九 八	弼巨 九二 一	破文 七四 三	
	武廉 六五 四	文破 四七 六	辅禄 八三 二	向

说明：

（一）二到向，二之天元即坤，挨巨门，仍二入中，坤阳，顺行。

（二）九到山，九之天元即午，挨弼星，仍九入中，午阴，逆行。

（三）此局酉方可用城门诀。

二运巽山乾向兼辰戌巳亥起星图

山	巨禄 二三 一	武破 六七 六	文廉 四五 八	
	禄文 三四 九	贪巨 一二 二	辅弼 八九 四	
	破辅 七八 五	廉武 五六 七	弼贪 九一 三	向

说明：

（一）三到向，三之天元即卯，挨巨门，故不用三而以二入中，卯阴，逆行。

（二）一到山，一之天元即子，挨贪狼，仍一入中，子阴，逆行。

（四）此局向星入囚。

三运巽山乾向兼辰戌巳亥起星图

山	贪廉 一五 二	廉贪 六一 七	辅禄 八三 九	
	弼文 九四 一	巨武 二六 三	文辅 四八 五	
	廉弼 五九 六	破巨 七二 八	禄破 三七 四	向

说明：

（一）四到向，四之天元即巽，挨武曲，故不用四而以六入中，巽阳，顺行。

（二）二到山，二之天元即坤，挨巨门，仍二入中，坤阳，顺行。

（三）此局酉方可用城门诀。

四运巽山乾向兼辰戌巳亥起星图

山	禄文 三四 三	破弼 七九 八	廉巨 五二 一	
	文禄 四三 二	巨廉 二五 四	弼破 九七 六	
	辅辅 八八 十	武贪 六一 九	贪武 一六 五	向

说明：

（一）五到向，无替可寻。

（二）三到山，三之天元即卯，挨巨门，故不用三而以二入中，卯阴，逆行。

（三）此局子方可用城门诀。

五运巽山乾向兼辰戌巳亥起星图

山	廉廉 五五 四	贪贪 一一 九	禄禄 三三 二	
	文文 四四 三	武武 六六 五	辅辅 八八 七	
	弼弼 九九 八	巨巨 二二 一	破破 七七 六	向

说明：

（一）六到向，六之天元即乾，挨武曲，仍六入中，乾阳，顺行。

（二）四到山，四之天元即巽，挨武曲，故不用四而以六入中，巽阳，顺行。

（三）此局用替，山、向字字相同，名八纯卦，凶。

（四）此局酉、子两方，俱可用城门诀。

六运巽山乾向兼辰戌巳亥起星图

山	文辅 四八 五	弼禄 九三 一	巨贪 二一 三	
	禄弼 三九 四	廉破 五七 六	破廉 七五 八	
	辅文 八四 九	贪巨 一二 二	武武 六六 七	向

说明：

（一）七到向，七之天元即酉，挨破军，仍七入中，酉阴，逆行。

（二）五到山，无替可寻。

七运巽山乾向兼辰戌巳亥起星图

山	廉武 五六 六	贪巨 一二 二	禄文 三四 四	
	文廉 四五 五	武破 六七 七	辅弼 八九 九	
	弼贪 九一 一	巨禄 二三 三	破辅 七八 八	向

说明：

（一）八到向，八之天元即艮，挨破军，故不用八而以七入中，艮阳，顺行。

（二）六到山，六之天元即乾，挨武曲，仍六入中，乾阳，顺行。

（三）此局酉、子两方俱可用城门诀。

（四）此局向星入囚。

八运巽山乾向兼辰戌巳亥起星图

山	辅贪 八一 七	禄廉 三五 三	贪禄 一三 五	
	弼巨 九二 六	破弼 七九 八	廉破 五七 一	
	文武 四六 二	巨文 二四 四	武辅 六八 九	向

说明：

（一）九到向，九之天元即午，挨弼星，仍九入中，午阴，逆行。

（二）七到山，七之天元即酉，挨破军，仍七入中，酉阴，逆行。

（三）此局酉方可用城门诀。

<table>
<tr><td>
九运巽山乾向兼辰戌巳亥起星图

　　武巨　巨武　文文
山　六二　三六　四四
　　　八　　四　　六

　　廉禄　破贪　弼辅
　　五三　七一　九八
　　　七　　九　　二

　　贪破　禄廉　辅弼
　　一七　三五　八九　向
　　　三　　五　　一
</td><td>
说明：
（一）一到向，一之天元即子，挨贪狼，仍一入中，子阴，逆行。
（二）八到山，八之天元即艮，挨破军，故不用八而以七入中，艮阳，顺行。
（三）此局子方可用城门诀。

以上巽山乾向九局，地运二十年，各运同。
</td></tr>
</table>

<table>
<tr><td>
一运艮山坤向兼丑未寅申起星图

　　廉辅　贪禄　禄贪
　　五八　一三　三一　向
　　　九　　五　　七

　　文弼　武破　辅廉
　　四九　六七　八五
　　　八　　一　　三

　　弼文　巨巨　破武
山　九四　二二　七六
　　　四　　六　　二
</td><td>
说明：
（一）七到向，七之天元即酉，挨破军，仍七入中，酉阴，逆行。
（二）四到山，四之天元即巽，挨武曲，故不用四而以六入中，巽阳，顺行。
（三）此局酉、午方可用城门诀。
</td></tr>
</table>

<table>
<tr><td>
二运艮山坤向兼丑未寅申起星图

　　文武　弼巨　巨文
　　四六　九二　二四　向
　　　一　　六　　八

　　禄廉　廉破　破弼
　　三五　五七　七九
　　　九　　二　　四

　　辅贪　贪禄　武辅
山　八一　一三　六八
　　　五　　七　　三
</td><td>
说明：
（一）八到向，八之天元即艮，挨破军，故不用八而以七入中，艮阳，顺行。
（二）五到山，无替可寻。
（三）此局离方有水，为当元吉水。
</td></tr>
</table>

三运艮山坤向兼丑未寅申起星图

	廉贪 五一 二	贪廉 一五 二	禄禄 三三 九	向
	文巨 四二 一	武弼 六九 三	辅破 八七 五	
山	弼武 九六 六	巨文 二四 八	破辅 七八 四	

说明：

（一）九到向，九之天元即午，挨弼星，仍九入中，午阴，逆行。

（二）六到山，六之天元即乾，挨武曲，仍六入中，乾阳，顺行。

（三）此局午、酉两方俱可用城门诀。

四运艮山坤向兼丑未寅申起星图

	辅巨 八二 三	禄武 三六 八	贪文 一四 一	向
	弼禄 九三 二	破贪 七一 四	廉辅 五八 六	
山	文破 四七 七	巨廉 二五 九	武弼 六九 五	

说明：

（一）一到向，一之天元即子，挨贪狼，仍一入中，子阴，逆行。

（二）七到山，七之天元即酉，挨破军，仍七入中，酉阴，逆行。

五运艮山坤向兼丑未寅申起星图

	武贪 六一 四	巨武 二六 九	文辅 四八 二	向
	廉弼 五九 三	破巨 七二 五	弼文 九四 七	
山	贪廉 一五 八	禄破 三七 一	辅禄 八三 六	

说明：

（一）二到向，二之天元即坤，挨巨门，仍二入中，坤阳，顺行。

（二）八到山，八之天元即艮，挨破军，故不用八而以七入中，艮阳，顺行。

（三）此局午、酉两方俱可用城门诀。

六运艮山坤向兼丑未寅申起星图

	贪禄 一三 五	廉破 五七 一	禄廉 三五 三	向
	巨文 二四 四	弼巨 九二 六	破弼 七九 八	
山	武辅 六八 九	文武 四六 二	辅贪 八一 七	

说明：

（一）三到向，三之天元即卯，挨巨门，故不用三而以二入中，卯阴，逆行。

（二）九到山，九之天元即午，挨弼星，仍九入中，午阴，逆行。

（三）此局午方可用城门诀。

七运艮山坤向兼丑未寅申起星图

	巨廉 二五 六	武贪 六一 二	文禄 四三 四	向
	禄文 三四 五	贪武 一六 七	辅辅 八八 九	
山	破弼 七九 一	廉巨 五二 三	弼破 九七 八	

说明：

（一）四到向，四之天元即巽，挨武曲，故不用四而以六入中，巽阳，顺行。

（二）一到山，一之天元即子，挨贪狼，仍一入中，子阴，逆行。

（三）此局酉方可用城门诀。

八运艮山坤向兼丑未寅申起星图

	贪文 一四 七	武弼 六九 三	辅巨 八二 五	向
	弼禄 九三 六	巨廉 二五 八	文破 四七 一	
山	廉辅 五八 二	破贪 七一 四	禄武 三六 九	

说明：

（一）五到向，无替可寻。

（二）二到山，二之天元即坤，挨巨门，仍二入中，坤阳，顺行。

（三）此局午、酉两方俱可用城门诀。

九运艮山坤向兼丑未寅申起星图

	禄廉 三五 八	破贪 七一 四	廉禄 五三 六	向
	文文 四四 七	巨武 二六 九	弼辅 九八 二	
山	辅弼 八九 三	武巨 六二 五	贪破 一七 一	

说明：

（一）六到向，六之天元即乾，挨武曲，仍六入中，乾阳，顺行。

（二）三到山，三之天地元即卯，挨巨门，故不用三而以二入中，卯阴，逆行。

以上艮山坤向九局，地运一百二十年，各运同。

一运坤山艮向兼未丑申寅起星图

	辅廉 八五 九	禄贪 三一 五	贪禄 一三 七	山
	弼文 九四 八	破武 七六 一	廉辅 五八 三	
向	文弼 四九 四	巨巨 二二 六	武破 六七 二	

说明：

（一）四到向，四之天元即巽，挨武曲，故不用四而以六入中，巽阳，顺行。

（二）七到山，七之天元即酉，挨破军，仍七入中，酉阴，逆行。

二运坤山艮向兼未丑申寅起星图

	武文 六四 一	巨弼 二九 六	文巨 四二 八	山
	廉禄 五三 九	破廉 七五 二	弼破 九七 四	
向	贪辅 一八 五	禄贪 三一 七	辅武 八六 三	

说明：

（一）五到向，无替可寻。

（二）八到山，八之天元即艮，挨破军，故不用八而以七入中，艮阳，顺行。

（三）此局子、卯两方俱可用城门诀。

三运坤山艮向兼未丑/申寅起星图

	贪廉 一五 二	廉贪 五一 七	禄禄 三三 九	山
	巨文 二四 一	弼武 九六 三	破辅 七八 五	
向	武弼 六九 六	文巨 四二 八	辅破 八七 四	

说明：

（一）六到向，六之天元即乾，挨武曲，仍六入中，乾阳，顺行。

（二）九到山，九之天元即午，挨弼星，仍九入中，午阴，逆行。

（三）此局卯方可用城门诀。

四运坤山艮向兼未丑/申寅起星图

	巨辅 二八 三	武禄 六三 八	文贪 四一 一	山
	禄弼 三九 二	贪破 一七 四	辅廉 八五 六	
向	破文 七四 七	廉巨 五二 九	弼武 九六 五	

说明：

（一）七到向，七之天元即酉，挨破军，仍七入中，酉阴，逆行。

（二）一到山，一之天元即子，挨贪狼，仍一入中，子阴，逆行。

（三）此局子方可用城门诀。

五运坤山艮向兼未丑/申寅起星图

	贪武 一六 四	武巨 六二 九	辅文 八四 二	山
	弼廉 九五 三	巨破 二七 五	文弼 四九 七	
向	廉贪 五一 八	破禄 七三 一	禄辅 三八 六	

说明：

（一）八到向，八之天元即艮，挨破军，故不用八而以七入中，艮阳，顺行。

（二）二到山，二之天元即坤，挨巨门，仍二入中，坤阳，顺行。

（三）此局震方有水，为当元吉水，其子方并可用城门诀。

六运坤山艮向兼未丑/申寅起星图

	禄贪 三一 五	破廉 七五 一	廉禄 五三 三	山
	文巨 四二 四	巨弼 二九 六	弼破 九七 八	
向	辅武 八六 九	武文 六四 二	贪辅 一八 七	

说明：

（一）九到向，九之天元即午，挨弼星，仍九入中，午阴，逆行。

（二）三到山，三之天元即卯，挨巨门，故不用三而以二入中，卯阴，逆行。

七运坤山艮向兼未丑/申寅起星图

	廉巨 五二 六	贪武 一六 二	禄文 三四 四	山
	文禄 四三 五	武贪 六一 七	辅辅 八八 九	
向	弼破 九七 一	巨廉 二五 三	破弼 七九 八	

说明：

（一）一到向，一之天元即子，挨贪狼，仍一入中，子阴，逆行。

（二）四到山，四之天元即巽，挨武曲，故不用四而以六入中，巽阳，顺行。

（三）此局子、卯两方俱可用城门诀。

八运坤山艮向兼未丑/申寅起星图

	文贪 四一 七	弼武 九六 三	巨辅 二八 五	山
	禄弼 三九 六	廉巨 五二 八	破文 七四 一	
向	辅廉 八五 二	贪破 一七 四	武禄 六三 九	

说明：

（一）二到向，二之天元即坤，挨巨门，仍二入中，坤阳，顺行。

（二）五到山，无替可寻。

九运坤山艮向兼未丑申寅起星图

	廉禄 五三 八	破贪 一七 四	禄廉 三五 六	山
	文文 四四 七	武巨 六二 九	辅弼 八九 二	
向	弼辅 九八 三	巨武 二六 五	破贪 七一 一	

说明：

（一）三到向，三之天元即卯，挨巨门，故不用三而以二入中，卯阴，逆行。

（二）六到山，六之天元即乾，挨武曲，仍六入中，乾阳，顺行。

（三）此局卯、子方可用城门诀。

以上坤山艮向九局，地运六十年，各运同。

一运壬山丙向兼子午亥巳起星图

	向	
破文 七四 九	巨弼 二九 五	弼巨 九二 七
辅禄 八三 八	武廉 六五 一	文破 四七 三
禄辅 三八 四	贪贪 一一 六	廉武 五六 二
	山	

说明：

（一）五到向，无替可寻，四正顺行。下同。

（二）六到山，六之地元即戌，挨武曲，仍六入中，戌阴，故逆行。

二运壬山丙向兼子午亥巳起星图

	向	
辅破 八七 一	文巨 四二 六	武弼 六九 八
破辅 七八 九	弼武 九六 二	巨文 二四 四
禄禄 三三 五	廉贪 五一 七	贪廉 一五 三
	山	

说明：

（一）六到向，六之地元即戌，挨武曲，仍六入中，戌阴，逆行。

（二）七到山，七之地元即庚，挨弼星，故不用七而以九入中，庚阳，顺行。

（三）此局未方可用城门诀。

三运壬山丙向兼子午亥巳起星图

向

<table>
<tr><td>辅辅
八八
二</td><td>禄文
三四
七</td><td>贪武
一六
九</td></tr>
<tr><td>弼破
九七
一</td><td>破弼
七九
三</td><td>廉巨
五二
五</td></tr>
<tr><td>文禄
四三
六</td><td>巨廉
二五
八</td><td>武贪
六一
四</td></tr>
</table>

山

说明：

（一）七到向，七之地元即庚，挨弼星，故不用七而以九入中，庚阳，顺行。

（二）八到山，八之地元即丑，挨破军，故不用八而以七入中，丑阴，逆行。

（三）此局用替，全盘合十。

（四）此局辰方可用城门诀。

四运壬山丙向兼子午亥巳起星图

向

<table>
<tr><td>武辅
六八
三</td><td>巨禄
二三
八</td><td>文贪
四一
一</td></tr>
<tr><td>廉弼
五九
二</td><td>破破
七七
四</td><td>弼廉
九五
六</td></tr>
<tr><td>贪文
一四
七</td><td>禄巨
三二
九</td><td>辅武
八六
五</td></tr>
</table>

山

说明：

（一）八到向，八之地元即丑，挨破军，故不用八而以七入中，丑阴，逆行。

（二）九到山，九之地元即丙，挨破军，故不用九而以七入中，丙阳，顺行。

五运壬山丙向兼子午亥巳起星图

向

<table>
<tr><td>贪武
一六
四</td><td>武巨
六二
九</td><td>辅文
八四
二</td></tr>
<tr><td>弼廉
九五
三</td><td>巨破
二七
五</td><td>文弼
四九
七</td></tr>
<tr><td>廉贪
五一
八</td><td>破禄
七三
一</td><td>禄辅
三八
六</td></tr>
</table>

山

说明：

（一）九到向，九之地元即丙，挨破军，故不用九而以七入中，丙阳，顺行。

（二）一到山，一之地元即壬，挨巨门，故不用一而以二入中，壬阳，顺行。

（三）此局辰、未两方俱可用城门诀。

六运壬山丙向兼子午亥巳起星图

向

禄贪 三一 五	破武 七六 一	廉辅 五八 三
文弼 四九 四	巨巨 二二 六	弼文 九四 八
辅廉 八五 九	武破 六七 二	贪禄 一三 七

山

说明：

（一）一到向，一之地元即壬，挨巨门，故不用一而以二入中，壬阳，顺行。

（二）二到山，二之地元即未，挨巨门，仍二入中，未阴，逆行。

（三）此局用替，到山到向。

（四）此局辰方可用城门诀。

七运壬山丙向兼子午亥巳起星图

向

弼禄 九三 六	廉破 五七 二	破廉 七五 四
辅文 八四 五	贪巨 一二 七	禄弼 三九 九
文辅 四八 一	武武 六六 三	巨贪 二一 八

山

说明：

（一）二到向，二之地元即未，挨巨门，仍二入中，未阴，逆行。

（二）三到山，三之地元即甲，挨贪狼，故不用三而以一入中，甲阳，顺行。

（三）此局辰、未两方俱可用城门诀。

八运壬山丙向兼子午亥巳起星图

向

破弼 七九 七	巨廉 二五 三	弼破 九七 五
辅辅 八八 六	武贪 六一 八	文禄 四三 一
禄文 三四 二	贪武 一六 四	廉巨 五二 九

山

说明：

（一）三到向，三之地元即甲，挨贪狼，故不用三而以一入中，甲阳，顺行。

（二）四到山，四之地元即辰，挨武曲，故不用四而以六入中，辰阴，逆行。

（三）此局未方可用城门诀。

九运壬山丙向兼子午亥巳起星图

向

文破 四七 八	弼巨 九二 四	巨弼 二九 六
禄辅 三八 七	廉武 五六 九	破文 七四 二
辅禄 八三 三	贪贪 一一 五	武廉 六五 一

山

说明：

（一）四到向，四之地元即辰，挨武曲，故不用四而以六入中，辰阴，逆行。

（二）五到山，无替可寻。

（三）此局坤方有水，为当元吉水。其辰方并可用城门诀。

以上壬山丙向九局，地运八十年，各运同。

一运丙山壬向兼午子巳亥起星图

山

文破 四七 九	弼巨 九二 五	巨弼 二九 七
禄辅 三八 八	廉武 五六 一	破文 七四 三
辅禄 八三 四	贪贪 一一 六	武廉 六五 二

向

说明：

（一）六到向，六之地元即戌，挨武曲，仍六入中，戌阴，逆行。

（二）五到山，无替可寻。

（三）此局丑、戌两方俱可用城门诀。

二运丙山壬向兼午子巳亥起星图

山

破辅 七八 一	巨文 二四 六	弼武 九六 八
辅破 八七 九	武弼 六九 二	文巨 四二 四
禄禄 三三 五	贪廉 一五 七	廉贪 五一 三

向

说明：

（一）七到向，七之地元即庚，挨弼星，故不用七而以九入中，庚阳，顺行。

（二）六到山，六之地地即戌，挨武曲，仍六入中，戌阴，逆行。

（三）此局丑方可用城门诀。

三运丙山壬向兼午子/巳亥起星图

	山	
辅辅 八八 二	文禄 四三 七	武贪 六一 九
破弼 七九 一	弼破 九七 三	巨廉 二五 五
禄文 三四 六	廉巨 五二 八	贪武 一六 四
	向	

说明：

（一）八到向，八之地元即丑，挨破军，故不用八而以七入中，丑阴，逆行。

（二）七到山，七之地元即庚，挨弼军，故不用七而以九入中，庚阳，顺行。

（三）此局用替，全盘合十。

（四）此局丑、戌两方俱可用城门诀。

四运丙山壬向兼午子/巳亥起星图

	山	
辅武 八六 三	禄巨 三二 八	贪文 一四 一
弼廉 九五 二	破破 七七 四	廉弼 五九 六
文贪 四一 七	巨禄 二三 九	武辅 六八 五
	向	

说明：

（一）九到向，九之地元即丙，挨破军，故不用九而以七入中，丙阳，顺行。

（二）八到山，八之地元即丑，挨破军，故不用八而以七入中，丑阴，逆行。

（三）此局戌方可用城门诀。

五运丙山壬向兼午子/巳亥起星图

	山	
武贪 六一 四	巨武 二六 九	文辅 四八 二
廉弼 五九 三	破巨 七二 五	弼文 九四 七
贪廉 一五 八	禄破 三七 一	辅禄 八三 六
	向	

说明：

（一）一到向，一之地元即壬，挨巨门，故不用一而以二入中，壬阳，顺行。

（二）九到山，九之地元即丙，挨破军，故不用九而以七入中，丙阳，顺行。

（三）此局艮方有水，为当元吉水。其戌戎方并可用城门诀。

六运丙山壬向兼午子/巳亥起星图

山

贪禄 一三 五	武破 六七 一	辅廉 八五 三
弼文 九四 四	巨巨 二二 六	文弼 四九 八
廉辅 五八 九	破武 七三 一	禄贪 三一 七

向

说明：

（一）二到向，二之地元即未，挨巨门，仍二入中，未阴，逆行。

（二）一到山，一之地元即壬，挨巨门，故不用一而以二入中，壬阳，顺行。

（三）此局用替，到山到向。

七运丙山壬向兼午子/巳亥起星图

山

禄弼 三九 六	破廉 七五 二	廉破 五七 四
文辅 四八 五	巨贪 二一 七	弼禄 九三 九
辅文 八四 一	武武 六六 三	贪巨 一二 八

向

说明：

（一）三到向，三之地元即甲，挨贪狼，故不用三而以一入中，甲阳，顺行。

（二）二到山，二之地元即未，挨巨门，仍二挨中，未阴，逆行。

（三）此局戌方可用城门诀。

八运丙山壬向兼午子/巳亥起星图

山

弼破 九七 七	廉巨 五二 三	破弼 七九 五
辅辅 八八 六	贪武 一六 八	禄文 三四 一
文禄 四三 二	武贪 六一 四	巨廉 二五 九

向

说明：

（一）四到向，四之地元即辰，挨武曲，故不用四而以六入中，辰阴，逆行。

（二）三到山，三之地元即甲，挨贪狼，故不用三而以一入中，甲阳，顺行。

（三）此局丑方可用城门诀。

九运丙山壬向兼午子巳亥起星图

	山	
破文 七四 八	巨弼 二九 四	弼巨 九二 六
辅禄 八三 七	武廉 六五 九	文破 四七 二
禄辅 三八 三	贪贪 一一 五	廉武 五六 一
	向	

说明：

（一）五到向，无替可寻。

（二）四到山，四之地元即辰，挨武曲，故不用四而以六入中，辰阴，逆行。

以上丙山壬向九局，地运一百年各运同。

一运甲山庚向兼卯酉寅申起星图

	辅弼 八九 九	禄廉 三五 五	贪破 一七 七	
山	弼辅 九八 八	破贪 七一 一	廉禄 五三 三	向
	文文 四四 四	巨武 二六 六	武巨 六二 二	

说明：

（一）三到向，三之地元即甲，挨武狼，故不用三而以一入中，甲阳，顺行。

（二）八到山，八之地元即丑，挨破军，故不用八而以七入中，丑阴，逆行。

（三）此局戌方可用城门诀。

（四）此局向星入囚。

二运甲山庚向兼卯酉寅申起星图

	武破 六七 一	巨巨 二二 六	文弼 四九 八	
山	廉辅 五八 九	破武 七六 二	弼文 九四 四	向
	贪禄 一三 五	禄贪 三一 七	辅廉 八五 三	

说明：

（一）四到向，四之地元即辰，挨武曲，故不用四而以六入中，辰阴，逆行。

（二）九到山，九之地元即丙，挨破军，故不用九而以七入中，丙阳，顺行。

（三）此局未方可用城门诀。

三运甲山庚向兼卯酉寅申起星图

	贪文 一四 二	武弼 六九 七	辅巨 八二 九	
山	弼禄 九三 一	巨廉 二五 三	文破 四七 五	向
	廉辅 五八 六	破贪 七一 八	禄武 三六 四	

说明：

（一）五到向，无替可寻。

（二）一到山，一之地元即壬，挨巨门，故不用一而以二入中，壬阳，顺行。

（三）此局戌方可用城门诀。

四运甲山庚向兼卯酉寅申起星图

	禄破 三七 三	破巨 七二 八	廉弼 五九 一	
山	文辅 四八 二	巨武 二六 四	弼文 九四 六	向
	辅禄 八三 七	武贪 六一 九	贪廉 一五 五	

说明：

（一）六到向，六之地元即戌，挨武曲，仍六入中，戌阴，逆行。

（二）二到山，二之地元即未，挨巨门，仍二入中，未阴，逆行。

（三）此局戌方可用城门诀。

五运甲山庚向兼卯酉寅申起星图

	弼辅 九八 四	廉文 五四 九	破武 七六 二	
山	辅破 八七 三	贪弼 一九 五	禄巨 三二 七	向
	文禄 四三 八	武廉 六五 一	巨贪 二一 六	

说明：

（一）七到向，七之地元即庚，挨弼星，故不用七而以九入中，庚阳，顺行。

（二）三到山，三之地元即甲，挨贪狼，故不用三而以一入中，甲阳，顺行。

（三）此局用替，全盘生成。

（四）此局未、戌两方俱可用城门诀。

六运甲山庚向兼卯酉寅申起星图

	破辅 七八 五	巨禄 二三 一	弼贪 九一 三	
山	辅弼 八九 四	武破 六七 六	文廉 四五 八	向
	禄文 三四 九	贪巨 一二 二	廉武 五六 七	

说明：

（一）八到向，八之地元即丑，挨破军，故不用八而以七入中，丑阴，逆行。

（二）四到山，四之地元即辰，挨武曲，故不用四而六以入中，辰阴，逆行。

（三）此局乾方有水，为当元吉水。

（四）此局丁星入囚。

七运甲山庚向兼卯酉寅申起星图

	文武 四六 六	弼巨 九二 二	巨文 二四 四	
山	禄廉 三五 五	廉破 五七 七	破弼 七九 九	向
	辅贪 八一 一	贪禄 一三 三	武辅 六八 八	

说明：

（一）九到向，九之地元即丙，挨破军，故不用九而以七入中，丙阳，顺行。

（二）五到山，无替可寻。

（三）此局未、戌两方俱可用城门诀。

（四）此局向星入囚。

八运甲山庚向兼卯酉寅申起星图

	破贪 七一 七	巨武 二六 三	弼辅 九八 五	
山	辅弼 八九 六	武巨 六二 八	文文 四四 一	向
	禄廉 三五 二	贪破 一七 四	廉禄 五三 九	

说明：

（一）一到向，一之地元即壬，挨巨门，故不用一而以二入中，壬阳，顺行。

（二）六到山，六之地元即戌，挨武曲，仍六入中，戌阴，逆行。

（三）此局坤方有水，为当元吉水。未方并可用城门诀。

九运甲山庚向兼卯酉寅申起星图

	辅禄 八三 八	文破 四七 四	武廉 六五 六	
山	破文 七四 七	弼巨 九二 九	巨弼 二九 二	向
	禄辅 三八 三	廉武 五六 五	贪贪 一一 一	

说明：

（一）二到向，二之地元即未，挨巨门，仍二入中，未阴，逆行。

（二）七到山，七之地元即庚，挨弼星，故不用七而以九入中，庚阳，顺行。

（三）此局未方可用城门诀。

（四）此局丁星入囚。

以上甲山庚向九局，地运四十年，各运同。

一运庚山甲向兼酉卯申寅起星图

	弼辅 九八 九	廉禄 五三 五	破贪 七一 七	
向	辅弼 八九 八	贪破 一七 一	禄廉 三五 三	山
	文文 四四 四	武巨 六二 六	巨武 二六 二	

说明：

（一）八到向，八之地元即丑，挨破军，故不用八而以七入中，丑阴，逆行。

（二）三到山，三之地元即甲，挨贪狼，故不用三而以一入中，甲阳，顺行。

（三）此局丑方可用城门诀。

（四）此局丁星入囚。

二运庚山甲向兼酉卯申寅起星图

	破武 七六 一	巨巨 二二 六	弼文 九四 八	
向	辅廉 八五 九	武破 六七 二	文弼 四九 四	山
	禄贪 四一 五	贪禄 一三 七	廉辅 五八 三	

说明：

（一）九到向，九之地元即丙，挨破军，故不用九而以七入中，丙阳，顺行。

（二）四到山，四之地元即辰，挨武曲，故不用四而以六入中，辰阴，逆行。

（三）此局丑方可用城门诀。

三运庚山甲向兼酉卯申寅起星图

	文贪 四一 二	弼武 九六 七	巨辅 二八 九	
向	禄弼 三九 一	廉巨 五二 三	破文 七四 五	山
	辅廉 八五 六	贪破 一七 八	武禄 六三 四	

说明：

（一）一到向，一之地元即壬，挨巨门，故不用一而以二入中，壬阳，顺行。

（二）五到山，无替可寻。

（三）此局丑、辰两方俱可用城门诀。

四运庚山甲向兼酉卯申寅起星图

	破禄 七三 三	巨破 二七 八	弼廉 九五 一	
向	辅文 八四 二	武巨 六二 四	文弼 四九 六	山
	禄辅 三八 七	贪武 一六 九	廉贪 五一 五	

说明：

（一）二到向，二之地元即未，挨巨门，仍二入中，未阴，逆行。

（二）六到山，六之地元即戌，挨武曲，仍六入中，戌阴，逆行。

五运庚山甲向兼酉卯申寅起星图

	辅弼 八九 四	文廉 四五 九	武破 六七 二	
向	破辅 七八 三	弼贪 九一 五	巨禄 二三 七	山
	禄文 三四 八	廉武 五六 一	贪巨 一二 六	

说明：

（一）三到向，三之地元即甲，挨贪狼，故不用三而以一入中，庚阳，顺行。

（二）七到山，七之地元即庚，挨弼星，故不用七而以九入中，庚阳，顺行。

（三）此局用替，全盘生成。

（四）此局丑、辰两方俱可用城门诀。

六运庚山甲向兼酉卯申寅起星图

<table>
<tr><td></td><td>辅破
八七
五</td><td>禄巨
三二
一</td><td>贪弼
一九
三</td><td></td></tr>
<tr><td>向</td><td>弼辅
九八
四</td><td>破武
七六
六</td><td>廉文
五四
八</td><td>山</td></tr>
<tr><td></td><td>文禄
四三
九</td><td>巨贪
二一
二</td><td>武廉
六五
七</td><td></td></tr>
</table>

说明：

（一）四到向，四之地元即辰，挨武曲，故不用四而以六入中，辰阴，逆行。

（二）八到山，八之地元即丑，挨破军，故不用八而以七入中，丑阴，逆行。

（三）此局向星入囚。

七运庚山甲向兼酉卯申寅起星图

<table>
<tr><td></td><td>武文
六四
六</td><td>巨弼
二九
二</td><td>文巨
四二
四</td><td></td></tr>
<tr><td>向</td><td>廉禄
五三
五</td><td>破廉
七五
七</td><td>弼破
九七
九</td><td>山</td></tr>
<tr><td></td><td>贪辅
一八
一</td><td>禄贪
三一
三</td><td>辅武
八六
八</td><td></td></tr>
</table>

说明：

（一）五到向，无替可寻。

（二）九到山，九之地元即丙，挨破军，故不用九而以七入中，丙阳，顺行。

（三）此局辰方可用城门诀。

（四）此局丁星入囚。

八运庚山甲向兼酉卯申寅起星图

<table>
<tr><td></td><td>贪破
一七
七</td><td>武巨
六二
三</td><td>辅弼
八九
五</td><td></td></tr>
<tr><td>向</td><td>弼辅
九八
六</td><td>巨武
二六
八</td><td>文文
四四
一</td><td>山</td></tr>
<tr><td></td><td>廉禄
五三
二</td><td>破贪
七一
四</td><td>禄廉
三五
九</td><td></td></tr>
</table>

说明：

（一）六到向，六之地元即戌；挨武曲，仍六入中，戌阴，逆行。

（二）一到山，一之地元即壬，挨巨门，故不用一而以二入中，壬阳，顺行。

（三）此局丑方可用城门诀。

九运庚山甲向兼酉卯申寅起星图

	禄辅 三八 八	破文 七四 四	廉武 五六 六	
向	文破 四七 七	巨弼 二九 九	弼巨 九二 二	山
	辅禄 八三 三	武廉 六五 五	贪贪 一一 一	

说明：

（一）七到向，七之地元即庚，挨弼星，故不用七而以九入中，庚阳，顺行。

（二）二到山，二之地元即未，挨巨门，仍二入中，未阴，逆行。

（三）此局辰方可用城门诀。

（四）此局向星入囚。

以上庚山甲向九局，地运一百年，各运同。

一运戌山辰向兼乾巽辛乙起星图

向	禄武 三六 九	破巨 七二 五	廉文 五四 七	
	文廉 四五 八	巨破 二七 一	弼弼 九九 三	
	辅贪 八一 四	武禄 六三 六	贪辅 一八 二	山

说明：

（一）九到向，九之地元即丙，挨破军，故不用九而以七入中，丙阳，顺行。

（二）二到山，二之地元即未，挨巨门，仍二入中，未阴，逆行。

（三）此局甲方可用城门诀。

二运戌山辰向兼乾巽辛乙起星图

向	弼贪 九一 一	廉武 五六 六	破辅 七八 八	
	辅弼 八九 九	贪巨 一二 二	禄文 三四 四	
	文廉 四五 五	武破 六七 七	巨禄 二三 三	山

说明：

（一）一到向，一之地元即壬，挨巨门，故不用一而以二入中，壬阳，顺行。

（二）三到山，三之地元即甲，挨贪狼，故不用三而以一入中，甲阳，顺行。

（三）此局丙方可用城门诀。

（四）此局向星入囚。

三运戌山辰向兼乾巽辛乙起星图

向	破禄 七三 二	巨破 二七 七	弼廉 九五 九	
	辅文 八四 一	武巨 六二 三	文弼 四九 五	
	禄辅 三八 六	贪武 一六 八	廉贪 五一 四	山

说明：

（一）二到向，二之地元即未，挨巨门，仍二入中，未阴，逆行。

（二）四到山，四之地元即辰，挨武曲，故不用四而以六入中，辰阴，逆行。

四运戌山辰向兼乾巽辛乙起星图

向	武弼 六九 三	贪廉 一五 八	辅破 八七 一	
	破辅 七八 二	廉贪 五一 四	禄禄 三三 六	
	巨文 二四 七	弼武 九六 九	文巨 四二 五	山

说明：

（一）三到向，三之地元即甲，挨贪狼，故不用三而以一入中，甲阳，顺行。

（二）五到山，无替可寻，四维逆行。下同。

（三）此局甲、丙两方俱可用城门决。

五运戌山辰向兼乾巽辛乙起星图

向	破破 七七 四	巨巨 二二 九	弼弼 九九 二	
	辅辅 八八 三	武武 六六 五	文文 四四 七	
	禄禄 三三 八	贪贪 一一 一	廉廉 五五 六	山

说明：

（一）四到向，四之地元即辰，挨武曲，故不用四而以六入中，辰阴，逆行。

（二）六到山，六之地元即戌，挨武曲，仍六入中，戌阴，逆行。

（三）此局用替，山、向字字相同，名八纯卦，凶。

六运戌山辰向兼乾巽辛乙起星图

向	辅武 八六 五	文贪 四一 一	武辅 六八 三	
	破破 七七 四	弼廉 九五 六	巨禄 二三 八	
	禄巨 三二 九	廉弼 五九 二	贪文 一四 七	山

说明：

（一）五到向，无替可寻。

（二）七到山，七之地元即庚，挨弼星，故不用七而以九入中，庚阳，顺行。

（三）此局甲方可用城门诀。

七运戌山辰向兼乾巽辛乙起星图

向	辅破 八七 六	禄巨 三二 二	贪弼 一九 四	
	弼辅 九八 五	破武 七六 七	廉文 五四 九	
	文禄 四三 一	巨贪 二一 三	武廉 六五 八	山

说明：

（一）六到向，六之地元即戌，挨武曲，仍六入中，戌阴，逆行。

（二）八到山，八之地元即丑，挨破军，故不用八而以七入中，丑阴，逆行。

（三）此局丙方可用城门诀。

（四）此局丁星入囚。

八运戌山辰向兼乾巽辛乙起星图

向	武辅 六八 七	巨文 二四 三	文武 四六 五	
	廉破 五七 六	破弼 七九 八	弼巨 九二 一	
	贪禄 一三 二	禄廉 三五 四	辅贪 八一 九	山

说明：

（一）七到向，七之地元即庚，挨弼星，故不用七而以九入中，庚阳，顺行。

（二）九到山，九之地元即丙，挨破军，故不用九而以七入中，丙阳，顺行。

（三）此局甲方可用城门诀。

九运戌山辰向兼乾巽辛乙起星图

向	贪辅 一八 八	武禄 六三 四	辅贪 八一 六	
	弼弼 九九 七	巨破 二七 九	文廉 四五 二	
	廉文 五四 三	破巨 七二 五	禄武 三六 一	山

说明：

（一）八到向，八之地元即丑，挨破军，故不用八而以七入中，丑阴，逆行。

（二）一到山，一之地元即壬，挨巨门，故不用一而以二入中，壬阳，顺行。

（三）此局震方有水，为当元吉水，其丙方并可用城门诀。

以上戌山辰向九局，地运一百六十年，各运同。

一运辰山戌向兼巽乾乙辛起星图

山	武禄 六三 九	巨破 二七 五	文廉 四五 七	
	廉文 五四 八	破巨 七二 一	弼弼 九九 三	
	贪辅 一八 四	禄武 三六 六	辅贪 八一 二	向

说明：

（一）二到向，二之地元即未，挨巨门，仍二入中，未阴，逆行。

（二）九到山，九之地元即丙，挨破军，故不用九而以七入中，丙阳，顺行。

（三）此局壬方可用城门诀。

二运辰山戌向兼巽乾乙辛起星图

山	贪弼 一九 一	武廉 六五 六	辅破 八七 八	
	弼辅 九八 九	巨贪 二一 二	文禄 四三 四	
	廉文 五四 五	破武 七六 七	禄巨 三二 三	向

说明：

（一）三到向，三之地元即甲，挨贪狼，故不用三而以一入中，甲阳，顺行。

（二）一到山，一之地元即壬，挨巨门，故不用一而以二入中，壬阳，顺行。

（三）此局庚方可用城门诀。

（四）此局丁星入囚。

三运辰山戌向兼巽乾/乙辛起星图

山	禄破 三七 二	破巨 七二 七	廉弼 五九 九	
	文辅 四八 一	巨武 二六 三	弼文 九四 五	
	辅禄 八三 六	武贪 六一 八	贪廉 一五 四	向

说明：

（一）四到向，四之地元即辰，挨武曲，故不用四而以六入中，辰阴，逆行。

（二）二到山，二之地元即未，挨巨门，仍二入中，未阴，逆行。

（三）此局壬方可用城门诀。

四运辰山戌向兼巽乾/乙辛起星图

山	弼武 九六 三	廉贪 五一 八	破辅 七八 一	
	辅破 八七 二	贪廉 一五 四	禄禄 三三 六	
	文巨 四二 七	武弼 六九 九	巨文 二四 五	向

说明：

（一）五到向，无替可寻。

（二）三到山，三之地元即甲，挨贪狼，故不用三而以一入中，甲阳，顺行。

（三）此局庚方可用城门诀。

五运辰山戌向兼巽乾/乙辛起星图

山	破破 七七 四	巨巨 二二 九	弼弼 九九 二	
	辅辅 八八 三	武武 六六 五	文文 四四 七	
	禄禄 三三 八	贪贪 一一 一	廉廉 五五 六	向

说明：

（一）六到向，六之地元即戌，挨武曲，仍六入中，戌阴，逆行。

（二）四到山，四之地元即辰，挨武曲，故不用四而以六入中，辰阴，逆行。

（三）此局用替，山、向字字相同，名八纯卦，凶。

六运辰山戌向兼巽乾乙辛起星图

山	武辅 六八 五	贪文 一四 一	辅武 八六 三	
	破破 七七 四	廉弼 五九 六	禄巨 三二 八	
	巨禄 二三 九	弼廉 九五 二	文贪 四一 七	向

说明：

（一）七到向，七之地元即庚，挨弼星，故不用七而以九入中，庚阳，顺行

（二）五到山，无替可寻。

（三）此局壬、庚两方俱可用城门诀。

七运辰山戌向兼巽乾乙辛起星图

山	破辅 七八 六	巨禄 二三 二	弼贪 九一 四	
	辅弼 八九 五	武破 六七 七	文廉 四五 九	
	禄文 三四 一	贪巨 一二 三	廉武 五六 八	向

说明：

（一）八到向，八之地元即丑，挨破军，故不用八而以七入中，丑阴，逆行。

（二）六到山，六之地元即戌，挨武曲，仍六入中，戌阴，逆行。

（三）此局向星入囚。

八运辰山戌向兼巽乾乙辛起星图

山	辅武 八六 七	文巨 四二 三	武文 六四 五	
	破廉 七五 六	弼破 九七 八	巨弼 二九 一	
	禄贪 三一 二	廉禄 五三 四	贪辅 一八 九	向

说明：

（一）九到向，九之地元即丙，挨破军，故不用九而以七入中，丙阳，顺行。

（二）七到山，七之地元即庚，挨弼星，故不用七而以九入中，庚阳，顺行。

（三）此局用替，到山到向。

（四）此局壬方可用城门诀。

九运辰山戌向兼巽乾乙辛起星图

山	辅贪 八一 八	禄武 三六 四	贪辅 一八 六	
	弼弼 九九 七	破巨 七二 九	廉文 五四 二	
	文廉 四五 三	巨破 二七 五	武禄 六三 一	向

说明：

（一）一到向，一之地元即壬，挨巨门，故不用一而以二入中，壬阳，顺行。

（二）八到山，八之地元即丑，挨破军，故不用八而以七入中，丑阴，逆行。

（三）此局庚方可用城门诀。

以上辰山戌向九局，地运二十年，各运同。

一运丑山未向兼艮坤癸丁起星图

		向
破辅 七八 九	巨文 二四 五	弼武 九六 七
辅破 八七 八	武弼 六九 一	文巨 四二 三
禄禄 三三 四	贪廉 一五 六	廉贪 五一 二
山		

说明：

（一）七到向，七之地元即庚，挨弼星，故不用七而以九入中，庚阳，顺行。

（二）四到山，四之地元即辰，挨武曲，故不用四而以六入中，辰阴，逆行。

二运丑山未向兼艮坤癸丁起星图

		向
武辅 六八 一	贪禄 一三 六	辅贪 八一 八
破弼 七九 九	廉破 五七 二	禄廉 三五 四
廉破 二四 五	弼巨 九二 七	文武 四六 三
山		

说明：

（一）八到向，八之地元即丑，挨破军，故不用八而以七入中，丑阴，逆行。

（二）五到山，无替可寻。

（三）此局丙、庚两方俱可用城门诀。

三运丑山未向兼艮坤癸丁起星图

向

破武 七六 二	巨巨 二二 七	弼文 九四 九
辅廉 八五 一	武破 六七 三	文弼 四九 五
禄贪 三一 六	贪禄 一三 八	廉辅 五八 四

山

说明：

（一）九到向，九之地元即丙，挨破军，故不用九而以七入中，丙阳，顺行。

（二）六到山，六之地元即戌，挨武曲，仍六入中，戌阴，逆行。

四运丑山未向兼艮坤癸丁起星图

向

辅贪 八一 三	文武 四六 八	武辅 六八 一
破弼 七九 二	弼巨 九二 四	巨文 二四 六
禄廉 三五 七	廉破 五七 九	贪禄 一三 五

山

说明：

（一）一到向，一之地元即壬，挨巨门，故不用一而以二入中，壬阳，顺行。

（二）七到山，七之地元即庚，挨弼星，故不用七而以九入中，庚阳，顺行。

（三）此局兑方有水，为当元吉水，其丙方并可用城门诀。

五运丑山未向兼艮坤癸丁起星图

向

辅禄 八三 四	禄破 三七 九	贪廉 一五 二
弼文 九四 三	破巨 七二 五	廉弼 五九 七
文辅 四八 八	巨武 二六 一	武贪 六一 六

山

说明：

（一）二到向，二之地元即未，挨巨门，仍二入中，未阴，逆行。

（二）八到山，八之地元即丑，挨破军，故不用八而以七入中，丑阴，逆行。

六运丑山未向兼艮坤癸丁起星图

向

武弼 六九 五	巨廉 二五 一	文破 四七 三
廉辅 五八 四	破贪 七一 六	弼禄 九三 八
贪文 一四 九	禄武 三六 二	辅巨 八二 七

山

说明：

（一）三到向，三之地元即甲，挨贪狼，故不用三而以一入中，甲阳，顺行。

（二）九到山，九之地元即丙，挨破军，故不用九而以七入中，丙阳，顺行。

（三）此局庚方可用城门诀。

七运丑山未向兼艮坤癸丁起星图

向

贪破 一七 六	武巨 六二 二	辅弼 八九 四
弼辅 九八 五	巨武 二六 七	文文 四四 九
廉禄 五三 一	破贪 七一 三	禄廉 三五 八

山

说明：

（一）四到向，四之地元即辰，挨武曲，故不用四而以六入中，辰阴，逆行。

（二）一到山，一之地元即壬，挨巨门，故不用一而以二而入中，壬阳，顺行。

（三）此局丙方可用城门诀。

八运丑山未向兼艮坤癸丁起星图

向

禄武 三六 七	破贪 七一 三	廉辅 五八 五
文破 四七 六	巨廉 二五 八	弼禄 九三 一
辅巨 八二 二	武弼 六九 四	贪文 一四 九

山

说明：

（一）五到向，无替可寻。

（二）二到山，二之地元即未，挨巨门，仍二入中，未阴，逆行。

九运丑山未向兼艮坤癸丁起星图

		向
弼破 九七 八	廉巨 五二 四	破弼 七九 六
辅辅 八八 七	贪武 一六 九	禄文 三四 二
文禄 四三 三	武贪 六一 五	巨廉 二五 一
山		

说明：

（一）六到向，六之地元即戌，挨武曲，仍六入中，戌阴，逆行。

（二）三到山，三之地元即甲，挨贪狼，故不用三而以一入中，甲阳，顺行。

（三）此局丙、庚两方俱可用城门诀。

以上丑山未向九局，地运一百二十年，各运同。

一运未山丑向兼坤艮丁癸起星图

		山
辅破 八七 九	文巨 四二 五	武弼 六九 七
破辅 七八 八	弼武 九六 一	巨文 二四 三
禄禄 三三 四	廉贪 五一 六	贪廉 一五 二
向		

说明：

（一）四到向，四之地元即辰，挨武曲，故不用四而以六入中，辰阴，逆行。

（二）七到山，七之地元即庚，挨弼星，故不用七而以九入中，庚阳，顺行。

（三）此局坎方有水，为当元吉水，其甲方并可用城门诀。

二运未山丑向兼坤艮丁癸起星图

		山
辅武 八六 一	禄贪 三一 六	贪辅 一八 八
弼破 九七 九	破廉 七五 二	廉禄 五三 四
文巨 四二 五	巨弼 二九 七	武文 六四 二
向		

说明：

（一）五到向，无替可寻。

（二）八到山，八之地元即丑，挨破军，故不用八而以七入中，丑阴逆行。

三运未山丑向兼坤艮丁癸起星图

山

武破 六七 二	巨巨 二二 七	文弼 四九 九
廉辅 五八 一	破武 七六 三	弼文 九四 五
贪禄 一三 六	禄贪 三一 八	辅廉 八五 四

向

说明：

（一）六到向，六之地元即戌，挨武曲，仍六入中，戌阴，逆行。

（二）九到山，九之地元即丙，挨破军，故不用九而以七入中，丙阳，顺行。

（三）此局壬方可用城门诀。

四运未山丑向兼坤艮丁癸起星图

山

贪辅 一八 三	武文 六四 八	辅武 八六 一
弼破 九七 二	巨弼 二九 四	文巨 四二 六
廉禄 五三 七	破廉 七五 九	禄贪 三一 五

向

说明：

（一）七到向，七之地元即庚，挨弼星，故不用七而以九入中，庚阳，顺行。

（二）一到山，一之地元即壬，挨巨门，故不用一而以二入中，壬阳，顺行。

（三）此局甲方可用城门诀。

五运未山丑向兼坤艮丁癸起星图

山

禄辅 三八 四	破禄 七三 九	廉贪 五一 二
文弼 四九 三	巨破 二七 五	弼廉 九五 七
辅文 八四 八	武巨 六二 一	贪武 一六 六

向

说明：

（一）八到向，八之地元即丑，挨破军，故不用八而以七入中，丑阴，逆行。

（二）二到山，二之地元即未，挨巨门，仍二入中，未阴，逆行。

六运未山丑向兼坤艮丁癸起星图

山

弼武 九六 五	廉巨 五二 一	破文 七四 三
辅廉 八五 四	贪破 一七 六	禄弼 三九 八
文贪 四一 九	武禄 六三 二	巨辅 二八 七

向

说明：

（一）九到向，九之地元即丙，挨破军，故不用九而以七入中，丙阳，顺行。

（二）三到山，三之地元即甲，挨贪狼，故不用三而以一入中，甲阳，顺行。

（三）此局壬、甲两方俱可用城门诀。

七运未山丑向兼坤艮丁癸起星图

山

破贪 七一 六	巨武 二六 二	弼辅 九八 四
辅弼 八九 五	武巨 六二 七	文文 四四 九
禄廉 三五 一	贪破 一七 三	廉禄 五三 八

向

说明：

（一）一到向，一之地元即壬，挨巨门，故不用一而以二入中，壬阳，顺行。

（二）四到山，四之地元即辰，挨武曲，故不用四而以六入中，辰阴，逆行。

（三）此局坎方有水，为当元吉水。

八运未山丑向兼坤艮丁癸起星图

山

武禄 六三 七	贪破 一七 三	辅廉 八五 五
破文 七四 六	廉巨 五二 八	禄弼 三九 一
巨辅 二八 二	弼武 九六 四	文贪 四一 九

向

说明：

（一）二到向，二之地元即未，挨巨门，仍二入中，未阴，逆行。

（二）五到山，无替可寻，地元四维逆行。

（三）此局壬、甲两方俱可用城门诀。

九运未山丑向兼坤艮丁癸起星图	
山 破弼 巨廉 弼破 七九 二五 九七 八 四 六 辅辅 武贪 文禄 八八 六一 四三 七 九 二 禄文 贪武 廉巨 三四 一六 五二 三 五 一 向	**说明：** （一）三到向，三之地元即甲，挨贪狼，故不用三而以一入中，甲阳，顺行。 （二）六到山，六之地元即戌，挨武曲，仍六入中，戌阴，逆行。 **以上未山丑向九局，地运六十年，各运同。**

一运癸山丁向兼子午丑未起星图	
向 廉武 贪贪 禄辅 五六 一一 三八 九 五 七 文破 武廉 辅禄 四七 六五 八三 八 一 三 弼巨 巨弼 破文 九二 二九 七四 四 六 二 山	**说明：** （一）五到向，无替可寻，人元四正逆行。下同。 （二）六到山，六之人元即亥，挨武曲，仍六入中，亥阳，顺行。 （三）此局巳、申两方俱可用城门诀。

二运癸山丁向兼子午丑未起星图	
向 辅廉 禄贪 贪禄 八五 三一 一三 一 六 八 弼文 破武 廉辅 九四 七六 五八 九 二 四 文弼 巨巨 武破 四九 二二 六七 五 七 三 山	**说明：** （一）六到向，六之人元即亥，挨武曲，仍六入中，亥阳，顺行。 （二）七到山，七之人元即辛，挨破军，仍七入中，辛阴，逆行。 （三）此局巳方可用城门诀。

三运癸山丁向兼子午丑未起星图

向

辅辅 八八 二	文禄 四三 七	武贪 六一 九
破弼 七九 一	弼破 九七 三	巨廉 二五 五
禄文 三四 六	廉巨 五二 八	贪武 一六 四

山

说明：

（一）七到向，七之人元即辛，挨破军，仍七入中，辛阴，逆行。

（二）八到山，八之人元即寅，挨弼星，故不用八而以九入中，寅阳，顺行。

（三）此局申方可用城门诀。

四运癸山丁向兼子午丑未起星图

向

贪辅 一八 三	廉文 五四 八	禄武 三六 一
巨破 二七 二	弼弼 九九 四	破巨 七二 六
武禄 六三 七	文廉 四五 九	辅贪 八一 五

山

说明：

（一）八到向，八之人元即寅，挨弼星，故不用八而以九入中，寅阳，顺行。

（二）九到山，九之人元即丁，挨弼星，仍九入中，丁阴，逆行。

（三）此局用替，到山到向。

（四）此局巳、申两方俱可用城门诀。

五运癸山丁向兼子午丑未起星图

向

巨贪 二一 四	武廉 六五 九	文禄 四三 二
禄巨 三二 三	贪弼 一九 五	辅破 八七 七
破武 七六 八	廉文 五四 一	弼辅 九八 六

山

说明：

（一）九到向，九之人元即丁，挨弼星，仍九入中，丁阴，逆行。

（二）一到山，一之人元即癸，挨贪狼，仍一入中，癸阴，逆行。

六运癸山丁向兼子午丑未起星图	
向 弼巨 廉武 破文 九二 五六 七四 五 一 三 辅禄 贪贪 禄辅 八三 一一 三八 四 六 八 文破 武廉 巨弼 四七 六五 二九 九 二 七 山	说明： （一）一到向，一之人元即癸，挨贪狼，仍一入中，癸阴，逆行。 （二）二到山，二之人地即申，挨贪狼，故不用二而以一入中，申阳，顺行。 （三）此局用替，到山到向。 （四）此局申方可用城门诀。

七运癸山丁向兼子午丑未起星图	
向 禄弼 破廉 廉破 三九 七五 五七 六 二 四 文辅 巨贪 弼禄 四八 二一 九三 五 七 九 辅文 武武 贪巨 八四 六六 一二 一 三 八 山	说明： （一）二到向，二之人元即申，挨贪狼，故不用二而以一入中，申阳，顺行。 （二）三到山，三之人元即乙，挨巨门，故不用三而以二入中，乙阴，逆行。 （三）此局坤方有水，为当元吉水。

八运癸山丁向兼子午丑未起星图	
向 廉禄 贪破 禄廉 五三 一七 三五 七 三 五 文文 武巨 辅弼 四四 六二 八九 六 八 一 弼辅 巨武 破贪 九八 二六 七一 二 四 九 山	说明： （一）三到向，三之人元即乙，挨巨门，故不用三而以六入中，乙阴，逆行。 （二）四到山，四之人元即巳，挨武曲，故不用四而以六入中，巳阳，顺行。 （三）此局用替，全盘合十。 （四）此局巳方可用城门诀。

九运癸山丁向兼子午/丑未起星图

向

武廉 六五 八	贪贪 一一 四	辅禄 八三 六
破文 七四 七	廉武 五六 九	禄辅 三八 二
巨弼 二九 三	弼巨 九二 五	文破 四七 一

山

说明：

（一）四到向，四之人元即巳，挨武曲，故不用四而以六入中，巳阳，顺行。

（二）五到山，无替可寻。

以上癸山丁向九局，地运八十年，各运同。

一运丁山癸向兼午子/未丑起星图

山

武廉 六五 九	贪贪 一一 五	辅禄 八三 七
破文 七四 八	廉武 五六 一	禄辅 三八 三
巨弼 二九 四	弼巨 九二 六	文破 四七 二

向

说明：

（一）六到向，六之人元即亥，挨武曲，仍六入中，亥阳，顺行。

（二）五到山，无替可寻，人元四正逆行。下同。

二运丁山癸向兼午子/未丑起星图

山

廉辅 五八 一	贪禄 一三 六	禄贪 三一 八
文弼 四九 九	武破 六七 二	辅廉 八五 四
弼文 九四 五	巨巨 二二 七	破武 七六 三

向

说明：

（一）七到向，七之人元即辛，挨破军，仍七入中，辛阴，逆行。

（二）六到山，六之人元即亥，挨武曲，仍六入中，亥阳，顺行。

（三）此局亥方可用城门诀。

三运丁山癸向兼午子/未丑起星图

山

辅辅 八八 二	禄文 三四 七	贪武 一六 九
弼破 九七 一	破弼 七九 三	廉巨 五二 五
文禄 四三 六	巨廉 二五 八	武贪 六一 四

向

说明：

（一）八到向，八之人元即寅，挨弼星，故不用八而以九入中，寅阳，顺行。

（二）七到山，七之人元即辛，挨破军，仍七入中，辛阴，逆行。

（三）此局艮方有水，为当元吉水。

四运丁山癸向兼午子/未丑起星图

山

辅贪 八一 三	文廉 四五 八	武禄 六三 一
破巨 七二 二	弼弼 九九 四	巨破 二七 六
禄武 三六 七	廉文 五四 九	贪辅 一八 五

向

说明：

（一）九到向，九之人元即丁，挨弼星，仍九入中，丁阴，逆行。

（二）八到山，八之人元即寅，挨弼星，故不用八而以九入中，寅阳，顺行。

（三）此局用替，到山到向。

（四）此局寅方可用城门诀。

五运丁山癸向兼午子/未丑起星图

山

贪巨 一二 四	廉武 五六 九	禄文 三四 二
巨禄 二三 三	弼贪 九一 五	破辅 七八 七
武破 六七 八	文廉 四五 一	辅弼 八九 六

向

说明：

（一）一到向，一之人元即癸，挨贪狼，仍一入中，癸阴，逆行。

（二）九到山，九之人元即丁，挨弼星，仍九入中，丁阴，逆行。

六运丁山癸向兼午子未丑起星图

山

巨弼 二九 五	武廉 六五 一	文破 四七 三
禄辅 三八 四	贪贪 一一 六	辅禄 八三 八
破文 七四 九	廉武 五六 二	弼巨 九二 七

向

说明：

（一）二到向，二之人元即申，挨贪狼，故不用二而以一入中，申阳，顺行。

（二）一到山，一之人元即癸，挨贪狼，仍一入中，癸阴，逆行。

（三）此局用替，到山到向。

（四）此局亥、寅两方俱可用城门诀。

七运丁山癸向兼午子未丑起星图

山

弼禄 九三 六	廉破 五七 二	破廉 七五 四
辅文 八四 五	贪巨 一二 七	禄弼 三九 九
文辅 四八 一	武武 六六 三	巨贪 二一 八

向

说明：

（一）三到向，三之人元即乙，挨巨门，故不用三而以二入中，乙阴，逆行。

（二）二到山，二之人元即申，挨贪狼，故不用二而以一入中，申阳，顺行。

（三）此局寅方可用城门诀。

八运丁山癸向兼午子未丑起星图

山

禄廉 三五 七	破贪 七一 三	廉禄 五三 五
文文 四四 六	巨武 二六 八	弼辅 九八 一
辅弼 八九 二	武巨 六二 四	贪破 一七 九

向

说明：

（一）四到向，四之人元即巳，挨武曲，故不用四而以六入中，巳阳，顺行。

（二）三到山，三之人元即乙，挨巨门，故不用三而以二入中，乙阴，逆行。

（三）此局用替，全盘合十。

（四）此局亥方可用城门诀。

九运丁山癸向兼午子未丑起星图

山

廉武 五六 八	贪贪 一一 四	禄辅 三八 六
文破 四七 七	武廉 六五 九	辅禄 八三 二
弼巨 九二 三	巨弼 二九 五	破文 七四 一

向

说明：

（一）五到向，无替可寻。

（二）四到山，四之人元即巳，挨武曲，故不用四而以六入中，巳阳，顺行。

（三）此局亥、寅两方俱可用城门诀。

以上丁山癸向九局，地运一百年，各运同。

一运乙山辛向兼卯酉辰戌起星图

	辅禄 八三 九	文破 四七 五	武廉 六五 七	
山	破文 七四 八	弼巨 九二 一	巨弼 二九 三	向
	禄辅 三八 四	廉武 五六 六	贪贪 一一 二	

说明：

（一）三到向，三之人元即乙，挨巨门，故不用三而以二入中，乙阴，逆行。

（二）八到山，八之人元即寅，挨弼星，故不用八而以九入中，寅阳，顺行。

（三）此局乾方有水，为当元吉水，其申方并可用城门诀。

二运乙山辛向兼卯酉辰戌起星图

	贪廉 一五 一	廉贪 五一 六	禄禄 三三 八	
山	巨文 二四 九	弼巨 九六 二	破辅 七八 四	向
	武弼 六九 五	文巨 四二 七	辅破 八七 三	

说明：

（一）四到向，四之人元即巳，挨武曲，故不用四而以六入中，巳阳，顺行。

（二）九到山，九之人元即丁，挨弼星，仍九入中，丁阴，逆行。

（三）此局亥方可用城门诀。

三运乙山辛向兼卯酉辰戌起星图

	巨越 二六 二	武贪 六一 七	文辅 四八 九	
山	禄破 三七 一	贪廉 一五 三	辅禄 八三 五	向
	破巨 七二 六	廉弼 五九 八	弼文 九四 四	

说明：

（一）五到向，无替可寻，人元四正，逆行。

（二）一到山，一之人元即癸，仍一入中，癸阴，逆行。

（三）此局申方可用城门诀。

四运乙山辛向兼卯酉辰戌起星图

	弼廉 九五 三	廉贪 五一 八	破禄 七三 一	
山	辅文 八四 二	贪武 一六 四	禄辅 三八 六	向
	文弼 四九 七	武巨 六二 九	巨破 二七 五	

说明：

（一）六到向，六之人元即亥，挨武曲，仍六入中，亥阳，顺行。

（二）二到山，二之人元即申，挨贪狼，故不用二而以一入中，申阳，顺行。

（三）此局申方可用城门诀。

五运乙山辛向兼卯酉辰戌起星图

	禄辅 三八 四	破禄 七三 九	廉贪 五一 二	
山	文弼 四九 三	巨破 二七 五	弼廉 九五 七	向
	辅文 八四 八	武巨 六二 一	贪武 一六 六	

说明：

（一）七到向，七之人元即辛，挨破军，仍七入中，辛阴，逆行。

（二）三到山，三之人元即乙，挨巨门，故不用三而以二入中，乙阴，逆行。

六运乙山辛向兼卯酉辰戌起星图

	廉辅 五八 五	贪文 一四 一	禄武 三六 三	
山	文破 四七 四	武弼 六九 六	辅巨 八二 八	向
	弼禄 九三 九	巨廉 二五 二	破贪 七一 七	

说明：

（一）八到向，八之人元即寅，挨弼星，故不用八而以九入中，寅阳，顺行。

（二）四到山，四之人元即巳，挨武曲，故不用四而以六入中，巳阳，顺行。

（三）此局坤方有水，为当元吉水，其亥方并可用城门诀。

七运乙山辛向兼卯酉辰戌起星图

	武贪 六一 六	贪廉 一五 二	辅禄 八三 四	
山	破巨 七二 五	廉弼 五九 七	禄破 三七 九	向
	巨武 二六 一	弼文 九四 三	文辅 四八 八	

说明：

（一）九到向，九之人元即丁，挨弼星，仍九入中，丁阴，逆行。

（二）五到山，无替可寻。

八运乙山辛向兼卯酉辰戌起星图

	廉巨 五二 七	贪武 一六 三	禄文 三四 五	
山	文禄 四三 六	武贪 六一 八	辅辅 八八 一	向
	弼破 九七 二	巨廉 二五 四	破弼 七九 九	

说明：

（一）一到向，一之人元即癸，挨贪狼，仍一入中，癸阴，逆行。

（二）六到山，六之人元即亥，挨武曲，仍六入中，亥阳，顺行。

（三）此局亥方可用城门诀。

九运乙山辛向兼卯酉辰戌起星图

	辅弼 八九 八	禄廉 三五 四	贪破 一七 六	
山	弼辅 九八 七	破贪 七一 九	廉禄 五三 二	向
	文文 四四 三	巨武 二六 五	武巨 六二 一	

说明：

（一）二到向，二之人元即申，挨贪狼，故不用二而以一入中，申阳，顺行。

（二）七到山，七之人元即辛，挨破军，仍七入中，辛阴入逆行。

（三）此局亥方可用城门诀。

以上乙山辛向九局，地运四十年，各运同。

一运辛山乙向兼酉卯戌辰起星图

	禄辅 三八 九	破文 七四 五	廉武 五六 七	
向	文破 四七 八	巨弼 二九 一	弼巨 九二 三	山
	辅禄 八三 四	武廉 六五 六	贪贪 一一 二	

说明：

（一）八到向，八之人元即寅，挨弼星，故不用八而以九入中，寅阳，顺行。

（二）三到山，三之人元即乙，挨巨门，故不用三而以二入中，乙阴，逆行。

（三）此局巳方可用城门诀。

二运辛山乙向兼酉卯戌辰起星图

	廉贪 五一 一	贪廉 一五 六	禄禄 三三 八	
向	文巨 四二 九	巨弼 六九 二	辅破 八七 四	山
	弼武 九六 五	巨文 二四 七	破辅 七八 三	

说明：

（一）九到向，九之人元即丁，挨弼星，仍九入中，丁阴，逆行。

（二）四到山，四之人元即巳，挨武曲，故不用四而以六入中，巳阳，顺行。

（三）此局巳方可用城门诀。

三运辛山乙向兼酉卯戌辰起星图

	武巨 六二 二	贪武 一六 七	辅文 八四 九	
向	破禄 七三 一	廉贪 五一 三	禄辅 三八 五	山
	巨破 二七 六	弼廉 九五 八	文弼 四九 四	

说明：

（一）一到向，一之人元即癸，挨贪狼，仍一入中，癸阴，逆行。

（二）五到山，无替可寻，人元四正，逆行。下同。

四运辛山乙向兼酉卯戌辰起星图

	廉弼 五九 三	贪廉 一五 八	禄破 三七 一	
向	文辅 四八 二	武贪 六一 四	辅禄 八三 六	山
	弼文 九四 七	巨武 二六 九	破巨 七二 五	

说明：

（一）二到向，二之人元即申，挨贪狼，故不用二而以一入中，申阳，顺行。

（二）六到山，六之人元即亥，挨武曲，仍六入中，亥阳，顺行。

（三）此局艮方有水，为当元吉水，其巳方并可用城门诀。

五运辛山乙向兼酉卯戌辰起星图

	辅禄 八三 四	禄破 三七 九	贪廉 一五 二	
向	弼文 九四 三	破巨 七二 五	廉弼 五九 七	山
	文辅 四八 八	巨武 二六 一	武贪 六一 六	

说明：

（一）三到向，三之人元即乙，挨巨门，故不用三而以二入中，乙阴，逆行。

（二）七到山，七之人元即辛，挨破军，仍七入中，辛阴，逆行。

六运辛山乙向兼酉卯戌辰起星图

	辅廉 八五 五	文贪 四一 一	武禄 六三 三	
向	破文 七四 四	弼武 九六 六	巨辅 二八 八	山
	禄弼 三九 九	廉巨 五二 二	贪破 一七 七	

说明：

（一）四到向，四之人元即巳，挨武曲，故不用四而以六入中，巳阳，顺行。

（二）八到山，八之人元即寅，挨弼星，故不用八而以九入中，寅阳，顺行。

（三）此局寅方可用城门诀。

（四）此局向星入囚。

七运辛山乙向兼酉卯戌辰起星图

	贪武 一六 六	廉贪 五一 二	禄辅 三八 四	
向	巨破 二七 五	弼廉 九五 七	破禄 七三 九	山
	武巨 六二 一	文弼 四九 三	辅文 八四 八	

说明：

（一）五到向，无可替寻。

（二）九到山，九之人元即丁，挨弼星，仍九入中，丁阴，逆行。

（三）此局寅方可用城门诀。

八运辛山乙向兼酉卯戌辰起星图

	巨廉 二五 七	武贪 六一 三	文禄 四三 五	
向	禄文 三四 六	贪武 一六 八	辅辅 八八 一	山
	破弼 七九 二	廉巨 五二 四	弼破 九七 九	

说明：

（一）六到向，六之人元即亥，挨武曲，仍六入中，亥阳，顺行。

（二）一到山，一之人元即癸，挨贪狼，仍一入中，癸阴，逆行。

（三）此局巳方可用城门诀。

九运辛山乙向兼酉卯戌辰起星图

	弼辅 九八 八	廉禄 五三 四	破贪 七一 六	
向	辅弼 八九 七	贪破 一七 九	禄廉 三五 二	山
	文文 四四 三	武巨 六二 五	巨武 二六 一	

说明：

（一）七到向，七之人元即辛，挨破军，仍七入中，辛阴，逆行。

（二）二到山，二之人元即申，挨贪狼，故不用二而以一入中，申阳，顺行。

（三）此局寅方可用城门诀。

以上辛山乙向九局，地运一百四十年，各运同。

一运亥山巳向兼乾巽壬丙起星图

向

弼贪 九一 九	廉廉 五五 五	破禄 七三 七
辅巨 八二 八	贪弼 一九 一	禄破 三七 三
文武 四六 四	武文 六四 六	巨辅 二八 二

山

说明：

（一）九到向，九之人元即丁，挨弼星，仍九入中，丁阴，逆行。

（二）二到山，二之人元即申，挨贪狼，故不用二而以一入中，申阳，顺行。

（三）此局丁方可用城门诀。

（四）此局丁星入囚。

二运亥山巳向兼乾巽壬丙起星图

向

禄巨 三二 一	破武 七六 六	廉文 五四 八
文禄 四三 九	巨贪 二一 二	弼辅 九八 四
辅破 八七 五	武廉 六五 七	贪弼 一九 三

山

说明：

（一）一到向，一之人元即癸，挨贪狼，仍一入中，癸阴，逆行。

（二）三到山，三之人元即乙，挨巨门，故不用三而以二入中，乙阴，逆行。

（三）此局乙方可用城门诀。

（四）此局丁星入囚。

三运亥山巳向兼乾巽壬丙起星图

向

廉弼 五九 二	贪廉 一五 七	禄破 三七 九
文辅 四八 一	武贪 六一 三	辅禄 八三 五
弼文 九四 六	巨武 二六 八	破巨 七二 四

山

说明：

（一）二到向，二之人元即申，挨贪狼，故不用二而以一入中，申阳，顺行。

（二）四到山，四之人元即巳，挨武曲，故不用四而以六入中，巳阳，顺行。

（三）此局乙、丁两方俱可用城门诀。

四运亥山巳向兼乾巽壬丙起星图

向

文禄 四三 三	弼破 九七 八	巨廉 二五 一
禄文 三四 二	廉巨 五二 四	破弼 七九 六
辅辅 八八 七	贪武 一六 九	武贪 六一 五

山

说明：

（一）三到向，三之人元即乙，挨巨门，故不用三而以二入中，乙阴，逆行。

（二）五到山，无替可寻，人元四维，顺行。下同。

（三）此局震方有水，为当元吉水。

五运亥山巳向兼乾巽壬丙起星图

向

廉廉 五五 四	贪贪 一一 九	禄禄 三三 二
文文 四四 三	武武 六六 五	辅辅 八八 七
弼弼 九九 八	巨巨 二二 一	破破 七七 六

山

说明：

（一）四到向，四之人元即巳，挨武曲，故不用四而以六入中，巳阳，顺行。

（二）六到山，六之人元即亥，挨武曲，仍六入中，亥阳，顺行。

（三）此局用替，山、向字字相同，名八纯卦，凶。

（四）此局乙、丁两方俱可用城门诀。

六运亥山巳向兼乾巽壬丙起星图

向

辅文 八四 五	禄弼 三九 一	贪巨 一二 三
弼禄 九三 四	破廉 七五 六	廉破 五七 八
文辅 四八 九	巨贪 二一 二	武武 六六 七

山

说明：

（一）五到向，无替可寻。

（二）七到山，七之人元即辛，挨破军，仍七入中，辛阴，逆行。

（三）此局丁方可用城门诀。

七运亥山巳向兼乾巽壬丙起星图

向

辅廉 八五 六	文贪 四一 二	武禄 六三 四
破文 七四 五	弼武 九六 七	巨辅 二八 九
禄弼 三九 一	廉巨 五二 三	贪破 一七 八

山

说明：

（一）六到向，六之人元即亥，挨武曲，仍六入中，亥阳，顺行。

（二）八到山，八之人元即寅，挨弼星，故不用八而以九入中，寅阳，顺行。

（三）此局乙方可用城门诀。

八运亥山巳向兼乾巽壬丙起星图

向

贪辅 一八 七	禄廉 五三 三	禄贪 三一 五
巨弼 二九 六	弼破 九七 八	破廉 七五 一
武文 六四 二	文巨 四二 四	辅武 八六 九

山

说明：

（一）七到向，七之人元即辛，挨破军，仍七入中，辛阴，逆行。

（二）九到山，九之人元即丁，挨弼星，仍九入中，丁阴，逆行。

（三）此局丁方可用城门诀。

九运亥山巳向兼乾巽壬丙起星图

向

巨辅 二八 八	武文 六四 四	文武 四六 六
禄破 三七 七	贪弼 一九 九	辅巨 八二 二
破禄 七三 三	廉廉 五五 五	弼贪 九一 一

山

说明：

（一）八到向，八之人元即寅，挨弼星，故不用八而以九入中，寅阳，顺行。

（二）一到山，一之人元即癸，挨贪狼，仍一入中，癸阴，逆行。

（三）此局乙方可用城门诀。

以上亥山巳向九局，地运一百六十年，各运同。

一运巳山亥向兼巽乾丙壬起星图

山

贪弼 一九 九	廉廉 五五 五	禄破 三七 七
巨辅 二八 八	弼贪 九一 一	破禄 七三 三
武文 六四 四	文武 四六 六	辅巨 八二 二

向

说明：

（一）二到向，二之人元即申，挨贪狼，故不用二而以一入中，申阳，顺行。

（二）九到山，九之人元即丁，挨弼星，仍九入中，丁阴，逆行。

（三）此局辛方可用城门诀。

（四）此局向星入囚。

二运巳山亥向兼巽乾丙壬起星图

山

巨禄 二三 一	武破 六七 六	文廉 四五 八
禄文 三四 九	贪巨 一二 二	辅弼 八九 四
破辅 七八 五	廉武 五六 七	弼贪 九一 三

向

说明：

（一）三到向，三之人元即乙，挨巨门，故不用三而以二入中，乙阴，逆行。

（二）一到山，一之人元即癸，挨贪狼，仍一入中，癸阴，逆行。

（三）此局癸方可用城门诀。

（四）此局向星入囚。

三运巳山亥向兼巽乾丙壬起星图	
山 弼廉 廉贪 破禄 九五 五一 七三 二 七 九 辅文 贪武 禄辅 八四 一六 三八 一 三 五 文弼 武巨 巨破 四九 六二 二七 六 八 四 向	**说明：** （一）四到向，四之人元即巳，挨武曲，故不用四而以六入中，巳阳，顺行。 （二）二到山，二之人元即申，挨贪狼，故不用二而以一入中，申阳，顺行。 （三）此局辛方可用城门诀。

四运巳山亥向兼巽乾丙壬起星图	
山 禄文 破弼 廉巨 三四 七九 五二 三 八 一 文禄 巨廉 弼破 四三 二五 九七 二 四 六 辅辅 武贪 贪武 八八 六一 一六 七 九 五 向	**说明：** （一）五到向，无替可寻，人元四维，顺行。下同。 （二）三到山，三之人元即乙，挨巨门，故不用三而以二入中，乙阴，逆行。 （三）此局癸方可用城门诀。

五运巳山亥向兼巽乾丙壬起星图	
山 廉廉 贪贪 禄禄 五五 一一 三三 四 九 二 文文 武武 辅辅 四四 六六 八八 三 五 七 弼弼 巨巨 破破 九九 二二 七七 八 一 六 向	**说明：** （一）六到向，六之人元即亥，挨武曲，仍六入中，亥阳，顺行。 （二）四到山，四之人元即巳，挨武曲，故不用四而以六入中，巳阳，顺行。 （三）此局用替，山、向字字相同，名八纯卦，凶。 （四）此局辛、癸两方俱可用城门诀。

六运巳山亥向兼巽乾丙壬起星图

山

文辅 四八 五	弼禄 九三 一	巨贪 二一 三
禄弼 三九 四	廉破 五七 六	破廉 七五 八
辅文 八四 九	贪巨 一二 二	武武 六六 七

向

说明：

（一）七到向，七之人元即辛，挨破军，仍七入中，辛阴，逆行。

（二）五到山，无替可寻。

七运巳山亥向兼巽乾丙壬起星图

山

廉辅 五八 六	贪文 一四 二	禄武 三六 四
文破 四七 五	武弼 六九 七	辅巨 八二 九
弼禄 九三 一	巨廉 二五 三	破贪 七一 八

向

说明：

（一）八到向，八之人元即寅，挨弼星，故不用八而以九入中，寅阳，顺行。

（二）六到山，六之人元即亥，挨武曲，仍六入中，亥阳，顺行。

（三）此局辛、癸两方俱可用城门诀。

八运巳山亥向兼巽乾丙壬起星图

山

辅贪 八一 七	廉禄 三五 三	贪禄 一三 五
弼巨 九二 六	破弼 七九 八	廉破 五七 一
文武 四六 二	巨文 二四 四	武辅 六八 九

向

说明：

（一）九到向，九之人元即丁，挨弼星，仍九入中，丁阴，逆行。

（二）七到山，七之人元即辛，挨破军，仍七入中，辛阴，逆行。

（三）此局辛方可用城门诀。

九运巳山亥向兼巽乾丙壬起星图

山

辅巨 八二 八	文武 四六 四	武文 六四 六
破禄 七三 七	弼贪 九一 九	巨辅 二八 二
禄破 三七 三	廉廉 五五 五	贪弼 一九 一

向

说明：

（一）一到向，一之人元即癸，挨贪狼，仍一入中，癸阴，逆行。

（二）八到山，八之人元即寅，挨弼星，故不用八而以九入中，寅阳，顺行。

（三）此局癸方可用城门诀。

（四）此局丁星入囚。

以上巳山亥向九局，地运二十年，各运同。

一运寅山申向兼艮坤甲庚起星图

廉辅 五八 九	贪禄 一三 五	禄贪 三一 七	向
文弼 四九 八	武破 六七 一	辅廉 八五 三	
弼文 九四 四	巨巨 二二 六	破武 七六 二	

山

说明：

（一）七到向，七之人元即辛，挨破军，仍七入中，辛阴，逆行。

（二）四到山，四之人元即巳，挨武曲，故不用四而以七入中，巳阳，顺行。

（三）此局丁、辛两方俱可用城门诀。

二运寅山申向兼艮坤甲庚起星图

文辅 四八 一	弼文 九四 六	巨武 二六 八	向
禄破 三七 九	廉弼 五九 二	破巨 七二 四	
辅禄 八三 五	贪廉 一五 七	武贪 六一 三	

山

说明：

（一）八到向，八之人元即寅，挨弼星，故不用八而以九入中，寅阳，顺行。

（二）五到山，无替可寻，人元四维，顺行。下同。

（三）此局辛方有水，为当元吉水。

三运寅山申向兼艮坤/甲庚起星图

廉贪 五一 二	贪廉 一五 七	禄禄 三三 九	向
文巨 四二 一	武弼 六九 三	辅破 八七 五	
弼武 九六 六	巨文 二四 八	破辅 七八 四	

山

说明：

（一）九到向，九之人元即丁，挨弼星，仍九入中，丁阴，逆行。

（二）六到山，六之人元即亥，挨武曲，仍六入中，亥阳，顺行。

（三）此局丁、辛两方俱可用城门诀。

四运寅山申向兼艮坤/甲庚起星图

辅巨 八二 三	禄武 三六 八	贪文 一四 一	向
弼禄 九三 二	破贪 七一 四	廉辅 五八 六	
文破 四七 七	巨廉 二五 九	武弼 六九 五	

山

说明：

（一）一到向，一之人元即癸，挨贪狼，仍一入中，癸阴，逆行。

（二）七到山，七之人元即辛，挨破军，仍七入中，辛阴，逆行。

五运寅山申向兼艮坤/甲庚起星图

辅弼 八九 四	文廉 四五 九	武破 六七 二	向
破辅 七八 三	弼贪 九一 五	巨禄 二三 七	
禄文 三四 八	廉武 五六 一	贪巨 一二 六	

山

说明：

（一）二到向，二之人元即申，挨贪狼，故不用二而以一入中，申阳，顺行。

（二）八到山，八之人元即寅，挨弼星，故不用八而以九入中，寅阳，顺行。

（三）此局离方有水，为当元吉水，其辛方可用城门诀。

六运寅山申向兼艮坤甲庚起星图

贪禄 一三 五	廉破 五七 一	禄廉 三五 三	向
巨文 二四 四	弼巨 九二 六	破弼 七九 八	
武辅 六八 九	文武 四六 二	辅贪 八一 七	
山			

说明：

（一）三到向，三之人元即乙，挨巨门，故不用三而以二入中，乙阴，逆行。

（二）九到山，九之人元即丁，挨弼星，仍九入中，丁阴，逆行。

（三）此局丁方可用城门诀。

七运寅山申向兼艮坤甲庚起星图

巨廉 二五 六	武贪 六一 二	文禄 四三 四	向
禄文 三四 五	贪武 一六 七	辅辅 八八 九	
破弼 七九 一	廉巨 五二 三	弼破 九七 八	
山			

说明：

（一）四到向，四之人元即巳，挨武曲，故不用四而以六入中，巳阳，顺行。

（二）一到山，一之人元即癸，挨贪狼，仍一入中，癸阴，逆行。

（三）此局辛方可用城门诀。

八运寅山申向兼艮坤甲庚起星图

弼文 九四 七	廉弼 五九 三	破巨 七二 五	向
辅禄 八三 六	贪廉 一五 八	禄破 三七 一	
文辅 四八 二	武贪 六一 四	巨武 二六 九	
山			

说明：

（一）五到向，无替可寻，人元四维，顺行。

（二）二到山，二之人元即申，挨贪狼，故不用二而以一入中，申阳，顺行。

（三）此局丁、辛两方俱可用城门诀。

九运寅山申向兼艮坤/甲庚起星图

禄廉 三五 八	破贪 七一 四	廉禄 五三 六	向
文文 四四 七	巨武 二六 九	弼辅 九八 二	
辅弼 八九 三	武巨 六二 五	贪破 一七 一	
山			

说明：

（一）六到向，六之人元即亥，挨武曲，仍六入中，亥阳，顺行。

（二）三到山，三之人元即乙，挨巨门，故不用三而以二入中，乙阴，逆行。

以上寅山申向九局，地运一百二十年，各运同。

一运申山寅向兼坤艮/庚甲起星图

辅廉 八五 九	禄贪 三一 五	贪禄 一三 七	山
弼文 九四 八	破武 七六 一	廉辅 五八 三	
文弼 四九 四	巨巨 二二 六	武巨 六七 二	
向			

说明：

（一）四到向，四之人元即巳，挨武曲，故不用四而以六入中，巳阳，顺行。

（二）七到山，七之人元即辛，挨破军，仍七入中，辛阴，逆行。

二运申山寅向兼坤艮/庚甲起星图

辅文 八四 一	文弼 四九 六	武巨 六二 八	山
破禄 七三 九	弼廉 九五 二	巨破 二七 四	
禄辅 三八 五	廉贪 五一 七	贪武 一六 三	
向			

说明：

（一）五到向，无替可寻，人元四维，顺行。下同。

（二）八到山，八之人元即寅，挨弼星，故不用八而以七入中，寅阳，顺行。

（三）此局癸、乙两方俱可用城门诀。

三运申山寅向兼坤艮庚甲起星图

贪廉 一五 二	廉贪 五一 七	禄禄 三三 九	山
巨文 二四 一	弼武 九六 三	破辅 七八 五	
武弼 六九 六	文巨 四二 八	辅破 八七 四	
向			

说明：

（一）六到向，六之人元即亥，挨武曲，仍六入中，亥阳，顺行。

（二）九到山，九之人元即丁，挨弼星，仍九入中，丁阴，逆行。

（三）此局乙方可用城门诀。

四运申山寅向兼坤艮庚甲起星图

巨辅 二八 三	武禄 六三 八	文贪 四一 一	山
禄弼 三九 二	贪破 一七 四	辅廉 八五 六	
破文 七四 七	廉巨 五二 九	弼武 九六 五	
向			

说明：

（一）七到向，七之人元即辛，挨破军，仍七入中，辛阴，逆行。

（二）一到山，一之人元即癸，挨贪狼，仍一入中，癸阴，逆行。

（三）此局癸方可用城门诀。

五运申山寅向兼坤艮庚甲起星图

弼辅 九八 四	廉文 五四 九	破武 七六 二	山
辅破 八七 三	贪弼 一九 五	禄巨 三二 七	
文禄 四三 八	武廉 六五 一	巨贪 二一 六	
向			

说明：

（一）八到向，八之人元即寅，挨弼星，故不用八而以九入中，寅阳，顺行。

（二）二到山，二之人元即申，挨贪狼，故不用二而以一入中，申阳，顺行。

（三）此局坎方有水，为当元吉水，其乙方并可用城门诀。

六运申山寅向兼坤艮庚甲起星图

禄贪 三一 五	破廉 七五 一	廉禄 五三 三	山
文巨 四二 四	巨弼 一九 六	弼破 九七 八	
辅武 八六 九	武文 六四 二	贪辅 一八 七	
向			

说明：

（一）九到向，九之人元即丁，挨弼星，仍九入中，丁阴，逆行。

（二）三到山，三之人元即乙，挨巨门，故不用三而以二入中，乙阴，逆行。

七运申山寅向兼坤艮庚甲起星图

廉巨 五二 六	贪武 一六 二	禄文 三四 四	山
文禄 四三 五	武贪 六一 七	辅辅 八八 九	
弼破 九七 一	巨廉 二五 三	破弼 七九 八	
向			

说明：

（一）一到向，一之人元即癸，挨贪狼，仍一入中，癸阴，逆行。

（二）四到山，四之人元即巳，挨武曲，故不用四而以六入中，巳阳，顺行。

（三）此局癸、乙两方俱可用城门诀。

八运申山寅向兼坤艮庚甲起星图

文弼 四九 七	弼廉 九五 三	巨破 二七 五	山
禄辅 三八 六	廉贪 五一 八	破禄 七三 一	
辅文 八四 二	贪武 一六 四	武巨 六二 九	
向			

说明：

（一）二到向，二之人元即申，挨贪狼，故不用二而以一入中，申阳，顺行。

（二）五到山，无替可寻。

（三）此局震方有水，为当元吉水。

九运申山寅向兼坤艮庚甲起星图

廉禄 五三 八	贪破 一七 四	禄廉 三五 六	山
文文 四四 七	武巨 六二 九	辅弼 八九 二	
弼辅 九八 三	巨武 二六 五	破贪 七一 一	
向			

说明：

（一）三到向，三之人元即乙，挨巨门，帮不用三而以二入中，乙阴，逆行。

（二）六到山，六之人元即亥，挨武曲，仍六入中，亥阳，顺行。

（三）此局乙、癸两方俱可用城门诀。

以上申山寅向九局，地运六十年，各运同。

增广沈氏玄空学卷六

玄空辑要

余姚　王则先　述

近期三元九运表

<table>
<tr><td rowspan="3">上元</td><td>一运</td><td>明弘治十七年甲子至
嘉靖二年癸未止
（1504 年至 1523 年）</td><td>清康熙廿三年甲子至
康熙四十二年癸未止
（1684 年至 1703 年）</td><td>清同治三年甲子至
光绪九年癸未止
（1864 年至 1883 年）</td></tr>
<tr><td>二运</td><td>明嘉靖三年甲申至
嘉靖廿二年癸卯止
（1524 年至 1543 年）</td><td>清康熙三年甲申至
雍正元年癸卯止
（1704 年至 1723 年）</td><td>清光绪十年甲申至
光绪廿九年癸卯止
（1884 年至 1903 年）</td></tr>
<tr><td>三运</td><td>明嘉靖廿三年甲辰至
嘉靖四十二年癸亥止
（1544 年至 1563 年）</td><td>清雍正二年甲辰至
乾隆八年癸亥止
（1724 年至 1743 年）</td><td>清光绪三十年甲辰至
民国十二年癸亥止
（1904 年至 1923 年）</td></tr>
<tr><td rowspan="3">中元</td><td>四运</td><td>明嘉靖四十三年甲子至
万历十一年癸未止
（1564 年至 1583 年）</td><td>清乾隆九年甲子至
乾隆廿八年癸未止
（1744 年至 1763 年）</td><td>民国十三年甲子至
三十二年癸未止
（1924 年至 1943 年）</td></tr>
<tr><td>五运</td><td>明万历十二年甲申至
万历在三十一年癸卯止
（1584 年至 1603 年）</td><td>乾隆廿九年甲申至
乾隆四十八年癸卯止
（1764 年至 1783 年）</td><td>民国三十三年甲申至
五十二年癸卯止
（1944 年至 1963 年）</td></tr>
<tr><td>六运</td><td>明万历三十二年甲辰至
天启三年癸亥止
（1604 年至 1623 年）</td><td>乾隆四十九年甲辰至
嘉庆八年癸亥止
（1784 年至 1803 年）</td><td>民国五十三年甲辰至
七十二年癸亥止
（1964 年至 1983 年）</td></tr>
</table>

（续表）

下元	七运	明天启四年甲子至崇祯末年癸未止（1624年至1643年）	清嘉庆九年甲子至道光三年癸未止（1804年至1823年）	民国七十三年甲子至九十二年癸未止（1984年至2003年）
	八运	清顺治元年甲申至康熙二年癸卯止（1644年至1663年）	清道光四年甲申至道光二十三年癸卯止（1824年至1843年）	民国九十三年甲申至百十二年癸卯止（2004年至2023年）
	九运	清康熙三年甲辰至康熙二十二年癸亥止（1664年至1683年）	清道光二十四年甲辰至同治二年癸亥止（1844年至1863年）	民国百十三年甲辰至百三二年癸亥止（2024年至2043年）

年紫白九星入中表

年庚	上元一运	中元四运	下元七运	年庚	上元二运	中元五运	下元八运	年庚	上元三运	中元六运	下元九运
甲子	一	四	七	甲申	八	二	五	甲辰	六	九	三
乙丑	九	三	六	乙酉	七	一	四	乙巳	五	八	二
丙寅	八	二	五	丙戌	六	九	三	丙午	四	七	一
丁卯	七	一	四	丁亥	五	八	二	丁未	三	六	九
戊辰	六	九	三	戊子	四	七	一	戊申	二	五	八
己巳	五	八	二	己丑	三	六	九	己酉	一	四	七
庚午	四	七	一	庚寅	二	五	八	庚戌	九	三	六

（续表）

年庚	上元一运	中元四运	下元七运	年庚	上元二运	中元五运	下元八运	年庚	上元三运	中元六运	下元九运
辛未	三	六	九	辛卯	一	四	七	辛亥	八	二	五
壬申	二	五	八	壬辰	九	三	六	壬子	七	一	四
癸酉	一	四	七	癸巳	八	二	五	癸丑	六	九	三
甲戌	九	三	六	甲午	七	一	四	甲寅	五	八	二
乙亥	八	二	五	乙未	六	九	三	乙卯	四	七	一
丙子	七	一	四	丙申	五	八	二	丙辰	三	六	九
丁丑	六	九	三	丁酉	四	七	一	丁巳	二	五	八
戊寅	五	八	二	戊戌	三	六	九	戊午	一	四	七
己卯	四	七	一	己亥	二	五	八	己未	九	三	六
庚辰	三	六	九	庚子	一	四	七	庚申	八	二	五
辛巳	二	五	八	辛丑	九	三	六	辛酉	七	一	四
壬午	一	四	七	壬寅	八	二	五	壬戌	六	九	三
癸未	九	三	六	癸卯	七	一	四	癸亥	五	八	二

凡排五黄，即查入中年星对待合十之数便是。如一入中，五黄在离九；二入中，五黄在艮八。余类推。

月紫白九星入中表

月别	节候	子午卯酉年	辰戌丑未年	寅申巳亥年
正月	立春　雨水	八白	五黄	二黑
二月	惊蛰　春分	七赤	四绿	一白
三月	清明　谷雨	六白	三碧	九紫
四月	立夏　小满	五黄	二黑	八白
五月	芒种　夏至	四绿	一白	七赤
六月	大暑　小暑	三碧	九紫	六白
七月	立秋　处暑	二黑	八白	五黄
八月	白露　秋分	一白	七赤	四绿
九月	寒露　霜降	九紫	六白	三碧
十月	立冬　小雪	八白	五黄	二黑
十一月	大雪　冬至	七赤	四绿	一白
十二月	小寒　大寒	六白	三碧	九紫

河洛概义（附图）

河　图

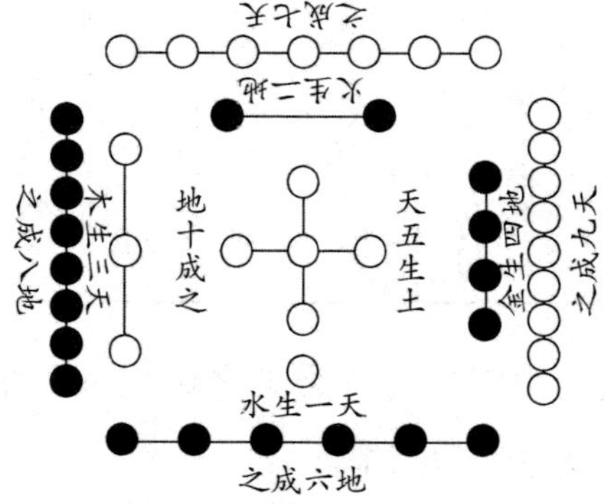

红属阳，黑属阴，其数：天一，地二；天三，地四；天五，地六；天七，地八；天九，地十。阳奇阴偶，天阳地阴。

其位：以天一生水，地六成之，水位北方，一生一成，故“一六共宗”而居北；

地二生火，天七成之，火位南方，故“二七同道”而居南；

天三生木，地八成之，木位东方，故“三八为朋”而居东；

地四生金，天九成之，金位西方，故“四九为友”而居西；

天五生土，地十成之，土位中央，故“五十同途”而居中。

中为皇极，亦为枢纽，寄旺于四时，维系乎八炁。河图之理，一生一成，阴阳交互，乃地理之源，亦天运之本，三元炁运，盖本乎此。但河图有理气而无方位，有体质而无运用，故《沈氏玄空学》之《罗经篇》曰：“盘之体，河图也。”

洛　书

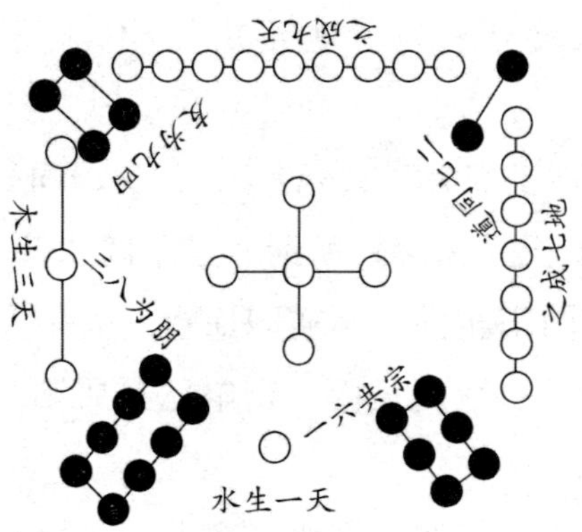

“戴一履九，左三右七，二四为肩，六八为足，取龟众焉。”洛书之文与河图之数相表里，有河图而无洛书，则有体而无用。三元方位，本于洛书，而运用以起洛书之数，对待合十，一对九为十，二对八为十，三对七为十，四对六为十。地居四隅，天居四正。一生一成，相为经纬；一阴一阳，相为交媾。九畴从此生，九宫从此配，九星从此挨。故《沈氏玄空学》之《罗经篇》曰：“盘之用，洛书也。”

元旦盘，二十四山分阴别阳之理，根据河洛。如干之阴阳，即河图之奇偶；支之阴阳，则以支中藏干化醖而成。其法，以逢阳顺比，隔八相推；阴逆纳干，隔八相藏。至四维属阳之理，则亦不外以河图之阴阳，就洛书之方位，而以乾、巽、艮、坤顺比，坎、离、震、兑彼此相加，皆成奇数是也。说详《沈氏玄空学·罗经篇》，兹不复赘。

地盘天盘飞星

后天八卦隶洛书而分布八方，中五为皇极，戊己主之，一卦统三山，共成二十四山。以壬子癸属坎一，丑艮寅属艮八，甲卯乙属震三，辰巽巳属巽四，丙午丁属离九，未坤申属坤二，庚酉辛属兑七，戌乾亥属乾六。此八干、四维、十二支，不易之定位，名曰“地盘”，亦称“元旦盘”。

二十四山，又分天、地、人三元。

以子午卯酉、乾巽艮坤为“天元龙”，领卦之中气，名曰“父母”；

以甲庚壬丙、辰戌丑未为“地元龙”，不与父母同行，名曰“逆子”；

以乙辛丁癸、寅申巳亥为“人元龙”，与父母同行，名曰“顺子”。

此《天玉经》、温氏《续解》所谓“二十四龙管三卦”是也。

同行者，与父母阴阳相同，顺逆同途也。子午卯酉、辰戌丑未、乙辛丁癸属阴，乾巽艮坤、甲庚壬丙、寅申巳亥属阳，此八干、四维、十二支，不易之阴阳也。

更有五行以配九宫，如坎一属水，离九属火，震三、巽四属木，乾六、兑七属金，中五属土。此玄空五行、八卦、九星同出一轶也。地画八卦，乃理气之根基，亦入用之准绳，既了然矣，始可进言三元九运。

而天盘之挨星以起三元者何？上元、中元、下元是也。上元统一白、二黑、三碧；中元统四绿、五黄、六白；下元统七赤、八白、九紫。元统三运，周历六甲，每运二十年。以甲子、甲戌二旬为初局，一、四、七等运值之；甲申、甲午二旬为中局，二、五、八等运值之；甲辰、甲寅二旬为末局，三、六、九等运值之。三元九运，共成百八十载，周而复始，循环无已者也。

何谓天盘？即掌上所起之运星也。盖地理不外“阴阳”二字，治玄空者，不囿于地画八卦之阴阳，而取随时而在、往来消长之真阴阳，故端在逐运变易，循环九宫，此天盘之所由起焉。

其法，即以所交之运星入中，顺布八国。如一运用一入中，二挨乾，三飞兑，四到艮，五临离，六就坎，七至坤，八莅震，九止巽。二运二入中，则三挨乾，四飞兑……，依此递推。余运皆然。

天盘乃入用之初步，仅开山、向两星入中之先河，究未能显衰旺生死之妙用，故必凭飞星之继起，而吉凶始判。法就天盘所临之山、向某字，分别入中，逢阳顺飞，逢阴逆布。

例如一运子山午向，运星六到山，天元龙六为乾，阳也，即以六入中顺飞，七乾、八兑、九艮、一离，二到山，三坤、四震，以讫五至巽止。又运星到向为五，五无固定之阴阳，视山、向之阴阳而定。天、人两元，四正属阴，则五仍为阴；四维属阳，则五亦为阳。地元反是。今午为天元龙，属阴，即用五入中逆飞，四乾、三兑、二艮，一到向，九坎、八坤、七震、六巽。余运余向，不难举一反三，依此类推。明乎此，则下卦、挨星之能事已尽，而理气入门之初基奠矣。但立兼向，则须用“坤壬乙诀”以求替星，名曰“起星”。天盘无异，特山、向入中之飞星，须依诀寻替而已。

正　向

正向名曰“下卦”，以运星入中，顺布八国，查山上得某字，即以某字入中，逢阴逆飞，逢阳顺布。又查向上得某字，亦以某字入中，分阳顺阴逆排之。此即“颠颠倒”之法，其挨法，前已详言之矣。然入中之字贵阴而贱阳，盖逢阴逆排，旺星必“到山到向”；逢阳顺排，旺星则“上山下水”，故逢逆吉而逢顺凶也。旺星者，当令合运之星辰也。如一运之一，二运之二，推而至于九运之九。临山到向，又得坐后有山、向上有水之局，则主财丁两旺矣。兹为便利阅者检查吉凶起见，特列表如下。

上元甲子向运吉凶表

龙别	向别	运别	山向衰旺	星运全局	打劫	父母三般卦	城门	反伏吟	入囚
天元	子午	一运	下水		离宫	离乾震一四七	巽坤		九运
		二运	上山				巽		六运
		三运	下水		离宫	离乾震三六九	坤		二运
	午子	一运	上山						六运
		二运	下水		坎宫	坎兑巽二五八	乾		三运
		三运	上山	合十					八运
	卯酉	一运	下水		坎宫	兑巽坎一四七	坤		五运
		二运	上山				乾		四运
		三运	到山到向				坤		五运
	酉卯	一运	上山				巽		八运
		二运	下水		离宫	震离乾二五八	巽		七运
		三运	到山到向						一运
	乾巽	一运	下水	合十	坎宫	巽坎兑一四七			八运
		二运	到山到向				卯		一运
		三运	上山下水				午卯		二运
	巽乾	一运	上山	合十			酉		二运
		二运	到山到向				子		三运
		三运	上山下水				酉		四运
	艮坤	一运	下水				酉午		七运
		二运	上山下水	合三般				反伏	八运
		三运	下水				酉午		九运
	坤艮	一运	上山						四运
		二运	上山	合三般			子卯	反伏	五运

（续表）

龙别	向别	运别	山向衰旺	星运全局	打劫	父母三般卦	城门	反伏吟	入囚
		三运	上山				卯		六运
地元	辰戌	一运	下水		离宫	乾震离一四七	壬		三运
		二运	上山下水				庚		三运
		三运	到山到向				壬		四运
	戌辰	一运	上山				甲		九运
		二运	上山下水				丙		一运
		三运	到山到向						二运
	丑未	一运	上山						七运
		二运	到山到向	合十			庚丙		八运
		三运	上山				壬		九运
	未丑	一运	下水				甲壬		四运
		二运	到山到向	合十					五运
		三运	下水				壬		六运
	甲庚	一运	上山				戌		三运
		二运	下水		坎宫	兑巽坎二五八	未		六运
		三运	上山下水				戌	反伏	五运
	庚甲	一运	下水		离宫	震离乾一四七	丑		六运
		二运	上山				丑		九运
		三运	上山下水				丑辰	反伏	一运
	壬丙	一运	上山					伏吟	五运
		二运	下水		离宫	离乾震二五八	未		一运
		三运	上山				辰		七运
	丙壬	一运	下水		坎宫	坎兑巽一四七	戌丑	伏吟	二运
		二运	上山				丑		七运
		三运	下水		坎宫	坎兑巽三六九	戌丑		四运

（续表）

龙别	向别	运别	山向衰旺	星运全局	打劫	父母三般卦	城门	反伏吟	入囚
人元	乙辛	一运	下水		坎宫	兑巽坎一四七	申		五运
		二运	上山				亥		四运
		三运	到山到向				申		五运
	辛乙	一运	上山				巳		八运
		二运	下水		离宫	震离乾二五八	巳		七运
		三运	到山到向						一运
	丁癸	一运	上山						六运
		二运	下水		坎宫	坎兑巽二五八	亥		三运
		三运	上山	合十					八运
	癸丁	一运	下水		离宫	离乾震一四七	巳申		九运
		二运	上山				巳		六运
		三运	下水	合十	离宫	离乾震三六九	申		二运
	寅申	一运	下水				辛		七运
		二运	上山下水	合三般				反伏	八运
		三运	下水				辛丁		九运
	申寅	一运	上山						四运
		二运	上山下水	合三般			乙癸	反伏	五运
		三运	上山				乙		六运
	巳亥	一运	上山	合十			辛		二运
		二运	到山到向				癸		三运
		三运	上山下水				辛		四运
	亥巳	一运	下水	合十	坎宫	巽坎兑一四七	丁		八运
		二运	到山到向				乙		一运
		三运	上山下水				丁乙		二运

中元甲子向运吉凶表

龙别	向别	运别	山向衰旺	星运全局	打劫	父母三般卦	城门	反伏吟	入囚
天元	子午	四运	上山				巽坤		八运
		五运	到山到向						九运
		六运	下水		离宫	震离乾三六九	坤		五运
	午子	四运	下水		坎宫	巽坎兑一四七	艮		五运
		五运	到山向下						一运
		六运	上山				乾艮		二运
	卯酉	四运	上山下水				坤		六运
		五运	到山到向						七运
		六运	上山下水				坤乾		八运
	酉卯	四运	上山下水				艮巽		二运
		五运	到山到向						三运
		六运	上山下水				艮		四运
	乾巽	四运	下水		坎宫	兑巽坎一四七		反伏	二运
		五运	上山下水				午卯		四运
		六运	上山				午	反伏	五运
	巽乾	四运	上山				子	反伏	五运
		五运	上山下水				子酉		六运
		六运	下水		离宫	离乾震三六九		反伏	八运
	艮坤	四运	到山到向						一运
		五运	上山下水	合三般			酉午	反吟	二运
		六运	到山到向				午		三运
	坤艮	四运	到山到向				子		七运
		五运	上山下水	合三般			卯子	反吟	八运

（续表）

龙别	向别	运别	山向衰旺	星运全局	打劫	父母三般卦	城门	反伏吟	入囚
		六运	到山到向						九运
地元	辰戌	四运	下水		离宫	离乾震一四七	庚		六运
		五运	到山到向						六运
		六运	上山				壬庚		七运
	戌辰	四运	上山				丙甲		三运
		五运	到山到向						六运
		六运	下水		坎宫	兑巽坎三六九	甲		四运
	丑未	四运	上山下水	合三般			庚丙		一运
		五运	到山到向						二运
		六运	上山下水	合三般			庚		三运
	未丑	四运	上山下水	合三般			甲		七运
		五运	到山到向						八运
		六运	上山下水	合三般			庚壬		九运
	甲庚	四运	到山到向	合十					六运
		五运	上山下水				未戌		七运
		六运	到山到向	合十					八运
	庚甲	四运	到山到向	合十					二运
		五运	上山下水				丑辰		三运
		六运	到山到向	合十					四运
	壬丙	四运	下水		离宫	震离乾一四七			三运
		五运	上山				辰未		九运
		六运	上山						一运
	丙壬	四运	上山				戌		九运
		五运	上山下水				戌丑		一运
		六运	下水		坎宫	巽坎兑三六九			七运

（续表）

龙别	向别	运别	山向衰旺	星运全局	打劫	父母三般卦	城门	反伏吟	入囚
人元	乙辛	四运	上山下水				申		六运
		五运	到山到向						七运
		六运	上山下水				申亥		八运
	辛乙	四运	上山下水				寅巳		二运
		五运	到山到向						三运
		六运	上山下水				寅		四运
	丁癸	四运	下水		坎宫	巽坎兑一四七	寅		五运
		五运	到山到向						一运
		六运	上山				亥寅		二运
	癸丁	四运	上山				巳申		八运
		五运	到山到向						九运
		六运	下水		离宫	震离乾三六九	申		五运
	寅申	四运	到山到向						一运
		五运	上山下水	合三般			辛丁	反吟	二运
		六运	到山到向				丁		三运
	申寅	四运	到山到向				癸		七运
		五运	上山下水	合三般			乙癸	反吟	八运
		六运	到山到向						九运
	巳亥	四运	上山				癸	反吟	五运
		五运	上山下水				癸辛		六运
		六运	上山		离宫	离乾震三六九		反伏	八运
	亥巳	四运	下水		坎宫	兑离坎一四七		反伏	二运
		五运	上山下水				丁乙		四运
		六运	上山				丁	反伏	五运

下元甲子向运吉凶表

龙别	向别	运别	山向衰旺	星运全局	打劫	父母三般卦	城门	反伏吟	入囚
天元	子午	七运	上山	合十					二运
		八运	下水		离宫	乾震离二五八	巽		七运
		九运	上山						四运
	午子	七运	下水	合十	坎宫	兑巽坎一四七	艮		八运
		八运	上山				乾		四运
		九运	下水		坎宫	兑巽坎三六九	乾艮		一运
	卯酉	七运	到山到向						九运
		八运	下水		坎宫	巽坎兑二五八	乾		三运
		九运	上山				乾		二运
	酉卯	七运	到山到向				艮		五运
		八运	上山				巽		六运
		九运	下水		离宫	离乾震三六九	艮		五运
	乾巽	七运	上山下水				卯		六运
		八运	到山到向				午		七运
		九运	上山	合十			卯		八运
	巽乾	七运	上山下水				子酉		八运
		八运	到山到向				酉		九运
		九运	下水	合十	离宫	巽离乾三六九	子		二运
	艮坤	七运	上山				酉		四运
		八运	上山下水	合三般			酉午	反伏	五运
		九运	上山						六运
	坤艮	七运	下水				卯子		一运
		八运	上山下水	合三般				反伏	二运

（续表）

龙别	向别	运别	山向衰旺	星运全局	打劫	父母三般卦	城门	反伏吟	入囚
		九运	下水				卯子		三运
地元	辰戌	七运	到山到向						八运
		八运	上山下水				壬		九运
		九运	上山				庚		一运
	戌辰	七运	到山到向				丙		六运
		八运	上山下水				甲		七运
		九运	下水		坎宫	坎兑巽三六九	丙		七运
	丑未	七运	下水				丙		四运
		八运	到山到向	合十					五运
		九运	下水				庚丙		六运
	未丑	七运	上山						一运
		八运	到山到向	合十			甲壬		二运
		九运	上山						三运
	甲庚	七运	上山下水				未戌	反伏	九运
		八运	上山				未		一运
		九运	下水		坎宫	巽坎兑三六九	未		四运
	庚甲	七运	上山下水				辰	反伏	五运
		八运	下水		离宫	离乾震二五八	丑		四运
		九运	上山				辰		七运
	壬丙	七运	下水		离宫	乾震离一四七	辰未		六运
		八运	上山				未		三运
		九运	下水		离宫	乾震离三六九	辰未	伏吟	八运
	丙壬	七运	上山				戌		三运
		八运	下水		坎宫	兑巽坎二五八	丑		九运
		九运	上山					伏吟	五运

（续表）

龙别	向别	运别	山向衰旺	星运全局	打劫	父母三般卦	城门	反伏吟	入囚
人元	乙辛	七运	到山到向						九运
		八运	下水		坎宫	巽坎兑二五八	亥		三运
		九运	上山				亥		二运
	辛乙	七运	到山到向				寅		五运
		八运	上山				巳		六运
		九运	下水		离宫	离乾震三六九	寅		五运
	丁癸	七运	下水	合十	坎宫	兑巽坎一四七	寅		八运
		八运	上山				亥		四运
		九运	下水		坎宫	兑巽坎三六九	亥寅		一运
	癸丁	七运	上山	合十					二运
		八运	下水		离宫	乾震离二五八	巳		七运
		九运	上山						四运
	寅申	七运	上山				辛		四运
		八运	上山下水	合三般			辛丁	反伏	五运
		九运	上山						六运
	申寅	七运	下水				癸		一运
		八运	上山下水	合三般				反伏	二运
		九运	下水				乙癸		三运
	巳亥	七运	上山下水				癸辛		八运
		八运	到山到向				辛		九运
		九运	下水	合十	离宫	震离乾三六九	癸		二运
	亥巳	七运	上山下水						六运
		八运	到山到向				丁		七运
		九运	上山	合十			乙		八运

太岁临方检查表

年庚	上元一运	中元四运	下元七运	年庚	上元二运	中元五运	下元八运	年庚	上元三运	中元六运	下元九运
甲子	中	坤	艮	甲申	艮	中	**坤**	甲辰	震	离	乾
乙丑	巽	坎	兑	乙酉	中	坤	艮	乙巳	**巽**	坎	兑
丙寅	中	坤	艮	丙戌	中	坤	艮	丙午	坎	兑	巽
丁卯	坎	兑	巽	丁亥	**乾**	震	离	丁未	巽	坎	兑
戊辰	震	离	乾	戊子	坤	艮	中	戊申	中	**坤**	艮
己巳	**巽**	坎	兑	己丑	坎	兑	巽	己酉	坤	艮	中
庚午	坎	兑	巽	庚寅	坤	艮	中	庚戌	坤	艮	中
辛未	巽	坎	兑	辛卯	兑	巽	坎	辛亥	震	离	**乾**
壬申	中	**坤**	艮	壬辰	离	乾	震	壬子	艮	中	坤
癸酉	坤	艮	中	癸巳	坎	兑	**巽**	癸丑	兑	巽	坎
甲戌	坤	艮	中	甲午	兑	巽	坎	甲寅	艮	中	坤
乙亥	震	离	**乾**	乙未	坎	兑	巽	乙卯	巽	坎	兑
丙子	艮	中	坤	丙申	**坤**	艮	中	丙辰	乾	震	离
丁丑	兑	巽	坎	丁酉	艮	中	坤	丁巳	兑	**巽**	坎
戊寅	艮	中	坤	戊戌	艮	中	坤	戊午	巽	坎	兑
己卯	巽	坎	兑	己亥	离	**乾**	震	己未	兑	巽	坎
庚辰	乾	震	离	庚子	中	**坤**	艮	庚申	艮	中	**坤**
辛巳	兑	**巽**	坎	辛丑	巽	坎	兑	辛酉	中	坤	艮
壬午	巽	坎	兑	壬寅	中	坤	艮	壬戌	中	坤	艮
癸未	兑	巽	坎	癸卯	坎	兑	巽	癸亥	**乾**	震	离

年盘太岁加临于地盘太岁之上者，特于字外加方格，以资识别。

坤壬乙诀起例之由来

地理玄空大卦与奇门同出一源，欲知其诀，只在阴阳一动一静之间，配合生成之妙，故立向辨方、推运测气，以运星为主，流转之星辰为用，二十四山向从此推断吉凶，无不应验。若出卦兼向，须用寄星，故曰“兼左兼右空中寻”，空者何？五黄中宫之谓也，而八卦中宫各有所寄。

《经》曰：“坤壬乙，巨门从头出。”“坤”为巨门不待言矣，“壬”为坎卦之寄星。如阳一局，坎上起甲子戊，坤上起甲戌己，震上起甲申庚，巽上起甲午辛，而中宫甲辰壬矣。是以壬寄于坤，与巨门为一例，已尽奇门之阳一局。而阴九局安排六甲分布九宫，皆以壬为寄星。凡有向出兼卦者，以流转之星逢壬字，即以巨门配之。至于“乙”属巨门，乃乾阳六局、巽阴四局之寄星也。阳局乾上起甲子戊，顺行；阴局巽上起甲子戊，逆行，则乙字俱入中宫矣。“从头出”者，从“坤”出也。坤、壬、乙俱在上元三卦，故论巨门，阴九局离上起甲子戊，艮上起甲戌己，兑上甲申庚，乾上甲午辛，而中宫亦甲辰壬矣，巽上甲寅癸，丁在震，丙在坤，乙在坎方，故曰“坤壬乙，巨门从头出”也。

“艮丙辛，位位是破军”。奇门以兑卦为天柱，配破军，不曰庚而曰辛者，何也？庚为震卦阳三局之寄星，甲子戊起于震，甲申庚入中宫，星配天冲，故不得为破军。庚为兑卦，阴七局之寄星，自为破军，不必专指为破军。奇门下元寄艮，但艮配辅星列于北斗之侧，不当正位，不得以辅星寄也。至于辛乃上元坤卦阳二局之寄星，坤上起甲子戊，而甲午辛入中宫矣。何以不配巨门，而仍曰破军？以下元之星卦责重下元，如阴八局，甲子戊起艮，则辛已入中宫矣，故不能附于上元，但兑配丁，而丁已入艮，是艮化七赤破军矣。自坤起天蓬，而天柱已入艮宫矣，则艮为破军也，明甚！何以不名丑寅而曰艮？艮为父母卦且临丙，配天任为兑卦阳七局之寄星。兑起甲子戊，而丙已入中宫矣。兑起天蓬，而天任入中宫矣。斗杓内下元只有七赤破军一星，而辅弼两星不与焉。二七阳局如是，三八阴局亦如是。艮、丙、辛俱在下元三卦，故曰“位位是破军”也。

“巽辰亥，尽是武曲位”，何欤？此中元巽、中、乾三卦，专取武曲为吉星，中宫局五黄配天禽而无定位，分寄巽乾，通乎艮坤，临制四方，无不周遍，此造化运用之主宰也。奇门如有所寄，三元八卦，六甲九宫，阴阳消长，顺逆殊途，以至用变不同，生化莫测，此中大道，有至理存焉。但言巽辰亥武曲临而不及中宫者，巽木上乘乎震，五黄在巽，则武曲为寄星矣；乾金下达乎兑，五黄在兑，则文曲为寄星矣。亥为五黄居中顺一局，辰为五黄居中逆一局，以明用法之不同，使武曲得以临二十四山之方位矣。巽乘乎震，以武曲为寄星，使人伸风木之思，而帝德扬于王庭矣。乾达乎兑，以文曲为寄宫，使人沾天泽之恩，而文德敷于四海矣，故曰“玄空大卦与奇门同出一源”，其中宫之谓欤！

“甲癸申，贪狼一路行”。此三元已周，运穷反本之义。贪狼者，坎卦也。甲癸申者，甲子戊也。奇门同起一宫，故曰“一路行”。六甲起于坎，故以甲为贪狼。戊癸为坎卦之符首，起于一白，故以“贪狼”名之。阴阳一、九二局，顺逆相推，则癸在中宫矣。癸为阳九局之寄星，寄于巨门；又为阴一局之寄星，可配巨门，何以仍入贪狼？故曰“一路行”也。玄空大卦以中宫起星，故五黄主事，以甲子戊起中宫，亦为寄星。戊在中宫寄于坤位，坤为巨门，不得与贪狼并焉。戊土生于申，申乃坤卦之阳爻，故“申”代“戊”而列贪狼之目矣。故曰“甲癸申者，即甲子戊”也。子癸同是阴局，故壬不与焉。《奥语》首节责重八干四维者，何也？“先天罗经十二支”，以地支为主，八干四维，地支分界中也。凡出卦兼向，责重干维。责重干维中既已各司一星，而乾与丁独不言寄星者，乾为离九阳局，寄星已附于癸，例在贪狼，前注明辨，无庸另寻。至于丁为艮八阳局之寄星，甲子戊起于艮，则丁已入中矣。下元寄艮与辅星为一例，故不专用寄星也。奇门中寄坤而下寄艮，亦是此意。元空大卦合奇门起例：

乾金甲子外壬午　外戌申午　内辰寅子

坎水戊寅外戊申　外子戌申　内午辰寅

艮土丙辰外丙戌　外寅子戌　内申午辰

震木庚子外庚午　外戌申午　内辰寅子

巽木辛丑外辛未　外卯巳未　内酉亥丑

离火己卯外己酉　外巳未酉　内亥丑卯

坤土乙未外癸丑　外酉亥巳　内卯巳未

兑金丁巳外丁亥　外未酉亥　内丑卯乙

则先谨按：自无极子授蒋氏《挨星图》后，“坤壬乙诀”渐明于世，然其起例之由来，除沈公绘图系说外，先贤殊少记录。是篇得自友人秘本中，其说盖探源于奇门，用辑入之以供阐究。然沈公亦曾作《奇门九图》，惜其书在嘉定南翔姚君孟埙家中，不知日兵占南翔时此书无恙否？异日蒐集有得，当互相考证尔。

兼向

兼向名曰“替卦”，亦称“变卦”。蒋杜陵曰：“兼则须用坤壬乙诀。”（见姜垚《从师随笔》。）沈公以兼三、四分者当用替星。宗章仲山者，则以出宫兼及本宫，阴阳互兼始用替星。其挨法，亦就运星所临之山、向某字，配坤壬乙诀，分阳顺阴逆布之，逢：

子、癸、甲、申，用一入中；

坤、壬、乙、卯、未，用二入中；

戌、乾、亥、辰、巽、巳，用六入中；

艮、丙、辛、酉、丑，用七入中；

寅、午、庚、丁，用九入中。

此寻替之法也。

如四运，立丑山未兼向，运星四入中，一到向，丑、未地元龙也，一即壬属阳，当用二入中，顺飞，其挨到向星为八，即替星也。余类推。

若兼而不变，无替可寻者，则照正向挨法行之可也。其山向宫位如值运盘五到，则无替可寻，仍五入中，而依山、向之阴阳为顺逆推排之绳，则此与下卦同一例也。

立向之道，崇尚清纯；阴阳互兼，便犯差错；出宫兼向，更嫌卦气庞杂。二者皆因顺山川之情势，不得已而立之，然须以“乘时合运”为依归，“坤壬乙诀”为取裁。必使旺星挨到山、向，又得旁水联珠之美，此为地卦出而天卦不出转，主大吉。若不明奥义，竟落衰死，出卦固凶，差错亦难免咎，不可不慎也！或云“出宫兼向，其卦不变者无咎”，此不足为训。缘阴阳差错，乘时合运，尚不能作旺向论，况出卦乎？此替卦之概略焉。

直　向

立向之法，正向、兼向之外，顾更有所谓直向者，包括错卦、互卦。其法系就出宫兼与阴阳互兼之一部，用坤壬乙诀寻替，然挨法与替卦异，传者谓“直向”之名出于章氏仲山，而时人即称为拗马，以其愈错则愈直，愈拗而愈正也。布运盘后，就正向某字配“坤壬乙诀”，挨向上一盘，即用所得替星列于向首，而不以中宫为出发点，且不问阳顺阴逆，错卦悉用顺，互卦尽用逆，此直向之特例也。

三元九运中，计错卦十二局：

即一运之亥向兼壬，乾向兼戌，庚向兼申，辛向兼戌；

二运之辰向兼乙；

四运之辛向兼戌；

五运之亥向兼壬；

六运之亥向兼壬，甲向兼寅，卯向兼甲；

七运之乾向兼戌，庚向兼申是也。

例如，一白运，坐巳向亥兼丙壬一局，运星一入中，顺行，至向上得二，二之人元即申，申即一白贪，则用一列向首，为之旺星到向，顺行二兑、三艮、四离、五坎、六坤、七震、八巽，九入中，此错卦之挨法也。

又如，六运之卯向兼甲，震上挨六，巽上挨七，八入中宫，震、巽两方有水，主旺四十年，财源交八运便主不利。又同运之亥向兼壬，初年亦不吉，交七运始亨通，因七挨乾，六入中宫故也。余向皆然。

互卦在三元九运中，仅得二局：

一即二黑运之巳向兼丙，以运星二入中，顺行，至向得一，一之人元即癸，仍为一白贪，用一列向首逆行，九入中，八到乾、七到兑、六到艮、五到离、四到坎、三到坤，至二到震止；

一即八白运之巳向兼丙，运星八入中顺行，至向上得七，七之人元即辛，辛仍七赤破，用七列向首逆行，六入中，五乾、四兑、三艮、二离、一坎、九坤、八震。

此两局用于向上遮蔽，坤、震两方有生旺水可收之地。若向上遮蔽，而坤、震两方无水可收者，立此局主大凶云。兹将直向十四局演图如下：

一白运坐巳向亥兼丙壬

山		
九八 九	五四 五	七六 七
八七 八	一九 一	三二 三
四三 四	六五 六	二一 二
		向

此局运星二到向，二之人元即申，申即贪狼，故向上挨一为旺向，顺行九入中。山类推。

亥壬局中宫合十。《书》云：“坎离水火中天过，龙墀移帝座。”“中天过”者，中宫得一九也。“龙墀”者，九也；“帝座”者，一也。

一运立此向，要向上有水，为一白水，应亥上挨兑为二、艮为三、离为四、坎为五、坤为六、震为七、巽为八，一方有水可旺二十年。财丁若多，有一方水照，即加二十年旺气，由向而兑，迄巽连贯不断，则旺至一百六十年，九运入中方止。若断于何方，即停在何运。此直向旺星到向收水法，举一以例其余。

一白运坐巽向乾兼辰戌

山

九九 九	五五 五	七七 七
八八 八	一一 一	三三 三
四四 四	六六 六	二二 二

向

此局运星二到向，二之天元即坤，坤即巨门，故向上挨二为生向，顺行，一入中。山类推。

每运分上下两旬，凡生向宜用于下旬，余运皆然。

则按：八纯卦本主大凶，此局山、向、运星字字相同，显系阴阳不调，未可轻立，否则，若惑于生向，其吉不敌凶无疑。心所谓危用缀数语，幸阅者加之意焉。

一白运坐甲向庚兼寅申

	八七 九	四三 五	六五 七	
山	七六 八	九八 一	二一 三	向
	三二 四	五四 六	一九 二	

此局运星三到向，三之地元即甲，甲即贪狼，故向上挨一为旺向，顺行，八入中。山类推。

一白运坐乙向辛兼辰戌

	一八 九	六四 五	八六 七	
山	九七 八	二九 一	四二 三	向
	五三 四	七五 六	三一 二	

此局运星三到向，三之人元即乙，乙即巨门，故向上挨二为生向，顺行，九入中。山类推。

二黑运坐戌向辰兼辛乙

向

八二 一	四七 六	六九 八
七一 九	九三 二	二五 四
三六 五	五八 七	一四 三

山

此局运盘一到向，一之地元即壬，壬即巨门，故向上挨二为旺向，顺行，三入中。山类推。

四绿运坐乙向辛兼辰戌

	二三 三	七八 八	九一 一	
山	一二 二	三四 四	五六 六	向
	六七 七	八九 九	四五 五	

此局运盘六到向，六之人元即亥，亥即武曲，故向上挨六，顺行，四入中。山类推。

则按：此局向星入囚，不利。

五黄运坐巳向亥兼丙壬

山

六四 四	二九 九	四二 二
五三 三	七五 五	九七 七
一八 八	三一 一	八六 六

向

五黄运，运星与地盘无异。此局运星六到向，六之人元即亥，亥即武曲，故向上挨六为生向，顺行，五入中。山类推。

则按：此局犯全盘伏吟、令星入中之咎，非所取焉。

六白运坐酉向卯兼庚甲

	四七 五	九三 一	二五 三	
向	三六 四	五八 六	七一 八	山
	八二 九	一四 二	六九 七	

此局运星四到向，四之天元即巽，巽即武曲，故向上挨六为旺向，顺行，八入中。山类推。

六白运坐庚向甲兼申寅

	四七 五	九三 一	二五 三	
向	三六 四	五八 六	七一 八	山
	八二 九	一四 二	六九 七	

此局运星四到向，四之地元即辰，辰即武曲，故向上挨六为旺向，顺行，八入中。山类推。

六白运坐巳向亥兼丙壬

山		
五五 五	一一 一	三三 三
四四 四	六六 六	八八 八
九九 九	二二 二	七七 七
		向

此局运星七到向，七之人元即辛，辛即破军，故向上挨七为生向，顺行，六入中。山类推。

则按：此局山、向、运星字字相同，一无变化，主大凶。

七赤运坐巽向乾兼辰戌

山		
六五 六	二一 二	四三 四
五四 五	七六 七	九八 九
一九 一	三二 三	八七 八
		向

此局运星八到向，八之天元即艮，艮即破军，故向上挨七为旺向，顺行，六入中。山类推。

则按：此局犯丁星入中。

七赤运坐甲向庚兼寅申

	七四 六	三九 二	五二 四	
山	六三 五	八五 七	一七 九	向
	二八 一	四一 三	九六 八	

此局运星九到向，九之地元即丙，丙即破军，故向上挨七为旺向，顺行，五入中。山类推。

以上错卦十二局。

二黑运坐亥向巳兼壬丙

向		
四一 一	六五 六	六三 八
五二 九	三九 二	一七 四
九六 五	七四 七	二八 三
		山

此局运星一到向，一之人元即癸，癸即贪狼，故向上挨一，逆行，九入中。山类推。

二运中立此向，系“避衰就旺”法，须遇向上闭塞，坤、震两宫有水之地方可。八白运同。

八白运坐亥向巳兼壬丙

向		
二七 七	六二 三	四九 五
三八 六	一六 八	八四 一
七三 二	五一 四	九五 九
		山

此局运星七到向，七之人元即辛，辛即破军，故向上挨七，逆行，六入中。山类推。

此向亦系“避衰就旺”法，可参看二黑运。

以上互卦二局。

则先谨按：直向之名，不著于世，且与替卦并行，莫之适从。友人抄本中谓“其法为宗章氏者所采取”，然稽之古籍，莫明其所由来。证之仲山《宅断》，亦无前例可援，究否合乎真理，目下尚未为理气家所肯定。总之，直向偏重水法，就其所取十四局观之，往往置星气丛伏于不顾，故是法纵为玄空学者所公认，亦不过收局部之水，为不得已之取裁而已。其远逊清纯正向，宁待言欤？表而出之，聊备一格，以供留心斯道者之研究。所望实地考验，有以证明其真伪，此某所馨香祷祝者也。

五　黄

凡天盘之五黄，即零神之方位。三元九运中，除中五立极之五运外，计得二十四局：

即一运之丙午丁，二运之丑艮寅，三运之庚酉辛；

四运之戌乾亥，六运之辰巽巳，七运之甲卯乙；

八运之未坤申，九运之壬子癸是也。

宗章氏者，辄取此宫之阴字为正向，名“五里山”，不立兼向。如一运取子山午向，癸山丁向，运盘一入中，顺行，五到离，午阴也，仍以五入中逆行，旺星一到向。余运余向，依此类推。

其引《宝照经》云：“前头走到五里山，遇着宾主相交接。”此即章氏取五为正向之由来也。试问五运作何用法？夫亦曰“寄艮寄坤”之板法而已。其实一运一入中，八国间配合生成，独缺坎一。故一运以五寄坎，余运不难类推得之。若五运之玄关所在，亦不外山向飞星所缺某字，以寄于五耳。于此可悟“五黄无正位，分寄于二十四山”之理矣。

然运盘之五与向之阴阳大有出入，阴向逆行，旺星到向，且全盘与地卦合十，虽曰反吟，当令益旺。若阳向顺行则旺星上山，且字字与地卦相同，是犯全盘伏吟，山、向同例，此不可不察也。惟五运之阴向十二局到山到向，无一非五，此飞星之五，为当令旺星，非他五所堪比拟。向星五黄入中，名为“皇极居临正位”，至大至尊，有逢囚不囚之功。若飞临外宫，名曰“廉贞”，不论生克，到处成凶，故宜静不宜动，动则招殃。体用合法，飞到三叉，犹嫌多事。年神并临，自虑疾病损人，盖五为戊己大煞，谚有“到处不留情”之语，凶可知矣！

出宫兼借助五黄法

凡立出卦向，如向首入中，其飞星轮转之五黄适临所兼宫位。例如一白运，立坐亥向巳兼壬丙一局，即运星一入中，九到向，九即丁阴，逆行，仍九入中，一到向，五黄挨到离位，即可用巳兼丙之向是也。

然此局山上用替，虽免“下水”之咎，而天盘二到山，二即申，阳也。申以一入中、二挨山，夫一乃天心正运之令星，不能到山，而反入中，是谓“丁星入囚”，且顺行，字字与运星相同，亦称全盘伏吟。故此局不过举一例以资隅反，识者无取焉。且“借助”之含义，无非以五为寄旺，与藉以无囚二者，然出宫不变，卦气已杂，依局立此犹可，若贪助勉立，仍所当戒也！

玄空用法只重一卦

《宝照经》云：“天机妙诀本不同，八卦只有一卦通。”玄空之法，取八卦以配九宫，其运用只重一卦。此一卦，即天心正运入中之某字，亦即本运旺星到向之一卦是也。明乎此，则随在之阴阳得矣！而九星之流转，如乾坤艮巽躔于何位，乙辛丁癸落在何宫，甲庚壬丙临于何地，亦从可知矣。因而辨山水之得失，察八国之衰旺，吉凶祸福，便如神见矣！

运克龙趋避法

凡立旺山旺向，本主大吉，然又当观近穴一节龙脉，有无克泄。运克龙曰“克”，龙克运曰“泄”；逢克则绝，逢泄则衰，此生克制化之一诀也。如九紫运，立午山子向，旺星到向，谁云弗吉？但龙脉若从兑方，入首，山上运星是四，四即巽，阳也，当四入中顺行，六到兑，六为乾属金，即犯“火运克金龙”矣，便主绝丁。逢此来脉，宜立午子兼向，则山上可用替，运盘之四变为武曲，当用六入中，顺行，而兑上之乾金变为艮土，非特不克，而反得“火运生土龙”之妙，主丁气大旺，此趋吉避凶之法也。余若九紫运遇一白龙，则为龙克运矣。余类推。

山龙出卦立向与平洋葬法

《宝照经》云：“子字出脉子字寻，莫教差错丑与壬。”可见来脉以清纯为尚，不独出卦为忌，而壬阳子阴虽属同宫，亦非所宜。山穴遇之，宜补偏救弊，以立清纯之向。若向立一卦而坐朝欹斜，形局不正者，只得内向，立一卦清纯，外向仍立出卦向以配堂局。此即谚所谓“内藏黄金斗，外掩时人口”也。

然外向用替，亦当乘时合运。若平洋则以水证龙脉，以水界气，以水聚与山峦非一家骨肉，只要迎龙立向，以朝有情之水，而取其“三吉五吉”可也。然亦在作者之心灵目巧，仍以形气兼赅为依归耳。

龙真穴的宜乘时下葬

凡定穴立向，贵乎形止气蓄，堂局整齐，此固不刊之论。虽然，地诚美矣，苟用非其时，非徒无益，反致凶咎，纵发亦甚颠倒。蒋杜陵所以有“我葬出王侯，人葬出盗贼”之语。味其词旨，吉凶祸福之系于天心得失明矣！不过福力之厚薄，仍视形局之大小为等差耳。

夫龙真穴的，本具自然之山向，固不当削足就履，以强立旺向，亦岂可不问元运而随时扦卜，以贻吉地凶葬之咎！夫然惟有如程子所云“非时不葬”而已。盖地理之道，形气并重，体用不能偏废。龙真穴的，固已树发福之根基，而立向纳气，实司穴中迎神之主宰，掌阳神招摄之化机，故葬不乘时，星衰运替，其凶转不可思议焉尔。

上山下水与收山出煞

《青囊序》曰：“山上龙神不下水，水里龙神不上山。”此语乃吉凶之枢纽，祸福之关键，为玄空理气中扼要法门。山主人丁，水主财源。龙神得失，所关至巨。偶或颠倒，则损丁破财，为祸百端。故山上排龙，切忌“下水”，必置旺星于高山实地；水里排龙，并忌“上山”，亦须挨旺星于池荡河流或低洼之处。此山、向飞星安排之要诀，不容倒置者也。

兹举七运乙山辛向一局，以例其余。

山上排龙，以运盘五到山，用五入中，乙阴逆行，山上飞星，七到山，七即当令之星，为旺气。八挨坤，八系将来者，为生气，故七、八两方要高。九在坎，遇高地则山上龙神得所矣，生旺之气放在高处，主旺人丁。六为衰气，临于巽方；四为死气，临于乾方，若巽、乾方高，则为衰死气得力，故宜巽、乾两方有水，则衰死之气放在水里而煞脱矣。

水里排龙，运盘九到向，用九入中，九即丁阴逆行，向上飞星，七到向，七为当运之旺气，八在乾，为未来之生气，故兑、乾两方有水，则水里龙神得所矣，生旺之气放在水里，主旺财源。六为衰气，五、四为死气，若有水则衰死之气得力而煞存也。故艮、离、坎三方宜高而不喜见水，则衰死之气放在高处矣。

且水里排龙，生旺固宜挨到水里；而山上排龙，衰死亦要放在水里，则兑、乾两方有水，俱一举而两得。反之，震、坤、坎三方有山，亦各得其宜。总之，能辨五行之衰旺以配合龙神，则岂徒免“上山、下水”之病，而“收山出煞”之妙用亦道在斯矣！

上山下水须以局断

水里排龙，旺星挨在低洼，主旺财源；若反跃高处，谓之“水里龙神上山”，则不仅破财，亦且伤丁。阴卦伤女丁，阳卦损男丁。不必高大星辰，即三尺墩阜，亦能发祸。但上山之后，而更有吉水挨到，其凶略减。大都水之旺星以到向为吉，然向上却逢墙垣高阜，形与气背，仍犯“上山”。若飞临坐后，固名“上山”，然坐后有水可收，亦能致福。水后若更有山，则合双星会合于坐山之局，堪舆家亦尝取之。

山上排龙，旺星挨在高处，主旺丁气；若反落低洼，谓之“山上龙神下水”，便致伤丁。缘山之旺星以临坐为吉，但坐后却逢池荡河流，局非所用，亦犯“下水”。若反值向首，原称“下水”，但苟与向上旺星同临，又得水外有山之局，亦能添丁，惟不甚旺。是名“双星合会于向首”，颇为堪舆家所重视。

综上，以论到山到向之局，必须配背山面水之地为合法，厥理甚明。上山下水，倘配于坐空朝满之局，龙真穴的，亦能发福，因“上山”而仍遇水，“下水”而又逢山故也。然巧夺天工究不及旺星到山到向之悠远弗替耳。即双星会合于坐山，亦不逮会合于向首者，何也？盖向首一星纳衰旺之气，司灾福之柄，非山上飞星所可同日语也。故或以谓“下水犹可，上山则断断不可”。此岂于山、向两星好为轩轾①，盖以向首乘天阳之气，朱雀发源司权特大故耳！

断财丁贵秀以太岁重加取验

凡断阴宅，须考其受气之元运与山、向之飞星为主，而以客星或太岁之加临为用，此用乃不二法门。然断新坟吉凶，以峦头为重，旁考其星辰是否当运，得水吉则更吉。倘方位不吉而遇吉星，挨到亦能减凶。若夫久葬之坟，形峦理气交相为用，则须视星辰之得失，以察形象之美恶，而更以太岁之加临为取验动机，然后用星分房，断祸福之谁属，秩然无遗矣。

《天玉经》云：“但看太岁是何神，立地见分明。”足征太岁加临之损益，非其他客星所堪比拟。然须就实地峦头加太岁以断吉凶，则财、丁、贵、秀分别推论，百不爽一。

大抵财以水断，当于向水或旁水上加太岁推其吉凶。例如，向上飞星是一白，交甲子年太岁亦是一白，先用年紫白顺飞至向上，得一白者即为“太岁加临”，一白重逢一白故也。向上有水主中房申子辰命发财，又用月紫白顺挨至向上得三碧者更妙，因三碧即甲卯乙也。是年太岁是

校者注　①　轩轾（xuān zhì）：车前高后低为“轩”，车前低后高为“轾”，引申为高低、轻重、优劣。语出《诗经·小雅·六月》：“戎车既安，如轩如轾。”朱熹集传：“轾，车之覆而前也。轩，车之却而后也。凡车从后视之如轾，从前视之如轩，然后适调也。”

甲子，一为子，三为甲，二星同临一宫，即“重加太岁”，其月建一白到向，亦名“重加”是也。

丁以山断，须就坐山与环峦或水口加太岁定房，次合年命，以断吉凶，其验乃神。至破财伤丁，亦不外以上山下水而又逢太岁冲破克泄之咎相推断，此山、洋同例也。

若论贵、秀，“山穴”以坐山断。大抵阳脉入首，不过财丁门族而已。穴后有突或墩阜形态端秀者，方主发贵。“洋穴”则须视前后左右水流曲折，愈折愈贵。然八国间有特异挺秀之峰或三叉水口城门交锁及流神屈曲之处，逢太岁填合，即能发贵。仍以实地峦头断其生肖可也。

太岁有地盘、年盘之别。子年在子，丑年在丑者，地盘太岁也。若年盘太岁，子年属一白，丑年属八白。以其飞轮无定，又名“飞太岁”。例如上元甲子年一白入中，即太岁在中宫。中元四绿入中，一白飞坤，则太岁在坤。下元七赤入中，一白到艮，太岁便居艮。后表所列，即年盘太岁加临之方位也。

断向不当旺客星加临之咎

阴阳两宅，如衰死到向为某字，逢流年客星到向又值某字，主伤丁口。向不当旺而逢流年紫白旺星挨到，亦反主发祸。例如，八白运立壬山丙向，旺星到坐，至甲午年，年星四绿入中，八白到向，便主发祸。此以向首断也。

水里龙神上山之局，并可就坐后断。如七赤运立子山午向，向上旺星到坎，已犯“水里龙神上山”，若坎方填实，或有高山高屋，已属不吉。缘飞星双七临坎，天盘三到坎，交八运，七为衰气，逮癸卯流年二月，客星三又到坎，是为三七迭临，必遭劫盗、官讼之祸，主乙卯、癸未肖人发祸。至十一月，虽有三到，却不为害，因月建已属甲子，非太岁故也。此以“加临客星”与“年月太岁”合参而断生肖。

然气运既衰，凶星来袭，变故之生，如响斯应，纵无乙卯、癸未生肖，亦岂能免祸哉？

断阴宅发迹生肖

大凡善相墓者，首察龙、穴之真伪，次考星、运之衰旺，而断其发迹之能否。地果美也，令果得也，因而辨公位之谁属，然后进推其生肖。大都阴宅所发何肖，可从出脉入首处之某字断。换言之，即从坐上断。如子山午向，即断肖鼠者发；但入首倘为亥，则断肖猪者发，不必用飞星推也。

山上旺星到向，则可从向上之地盘某字以断所发生肖。如双星会合于向首之局，立子山午向，断肖马者发；立午山子首，断肖鼠者发。依向类推可也。然亦不可死执此板法，有时却当从飞星断。如《宅断》中“上虞鲤鱼山钱姓祖墓”，向上双二共九，仲山即断为丙申命发词林是也。更有以城门对宫之分金断者，如《宅断》中之论“钱茶山祖墓”是也。但四山环绕，独缺一口，在地盘某字，即可断某肖绝也。若其缺口适合城门锁钥正气，反主大吉，是又当别论矣。

飞星四绿方宜高

向上飞星之四绿方，当生旺之时，固忌窒塞，须见明水，若水外有高峰、高屋及塔井、旗杆等，主旺科名；值衰死之际，放在高处，亦主功名之应。

反伏吟

山、向两星五入中宫，顺局为伏吟，逆局为反吟，盖所忌在与地盘相犯耳。然仅犯反吟，亦未尝为虐。

如一运中之子午、癸丁，即其明证。且逢五逆行，令星无一不到山、向，虽名“穿心煞”，当令不忌，故章氏取为正向而不疑。若伏吟则实能作祟，反、伏并犯，更不待言。然全局合成三般卦者，化凶为吉，得保无虑。此《从师随笔》所载“为商姓卜葬”一段可征信焉。

或云："反伏吟之为害，莫甚于向首，其他方位空实得宜，亦堪制化。"此可信也。然反、伏吟每与上山下水不牟而合，欲图补救，良非易易，除合三般者不忌外，惟有用替以变其星。苟不能移宫换宿，则亦惟待时而葬而已。广义言之，伏吟不仅限于地盘，即飞星与天盘之字相同及兼向之八纯卦，亦俱得谓之伏吟也。

零神照神

凡水之宫位与运合十者为"正吉零神"，合生成者为"催吉照神"，故一二三四之运须收九八七六之水为正吉零神，六七八九之水为催吉照神。反之，六七八九之运以四三二一之水为正吉零神，一二三四之水为催吉照神。其方位不若配水之以流转星辰为断，而以元旦盘为归。如：

一白主运，以离宫为正吉零神，乾宫为催吉照神，艮兑两宫为吉照；

二黑主运，以艮宫为正吉零神，兑宫为催吉照神，离乾两宫为吉照；

三碧主运，以兑宫为正吉零神，艮宫为催吉照神，离乾两宫为吉照；

四绿主运，以乾宫为正吉零神，离宫为催吉照神，艮兑两宫为吉照；

六白主运，以巽宫为正吉零神，坎宫为催吉照神，坤震两宫为吉照；

七赤主运，以震宫为正吉零神，坤宫为催吉照神，坎巽两宫为吉照；

八白主运，以坤宫为正吉零神，震宫为催吉照神，坎巽两宫为吉照；

九紫主运，以坎宫为正吉零神，巽宫为催吉照神，坤震两宫为吉照是也。

惟五黄主运，须分甲申、甲午二旬。上十年以戌丑为正吉零神，午丁为催吉照神；下十年以辰未为正吉零神，子癸为催吉照神。因五黄运八宫寄旺于四维，故取裁不若他运之易。凡配水与零神相合，其效益神，城门亦如之。

零神方位源出先天卦序

"山用顺，水用逆"，此二语为零正入用之瘟矢，故正神取当元旺神。如一运坎、二运坤，用以排龙；而零神则转取失元衰神，一运用离、二运用艮，以之排水是也。

然零神方位后天虽用逆，而阐之先天卦序，父统三男，母统三女，阳顺阴逆，井然而不紊。

上元一白当令，取后天离方水者，离乃先天乾位，乾为老父，故居第一。又一六共宗，故以乾六为照神。

二黑当令，取后天艮方水者，艮乃先天震位，震为长男，故居第二。又二七同道，故以兑七为照神。

三碧当令，取后天兑方水者，兑为先天坎位，坎为中男，故居第三。又三八为朋，故以艮八为照神。

中元四绿当令，取后天乾方水者，乾为先天艮位，艮为少男，故居第四。又四九为友，故以离九为照神。

此先天四阳卦，先长后少，依序顺轮者也。

中元六白当令，取后天巽方水者，巽乃先天兑位，兑为少女，故居第六。而一六共宗，因以坎一为照神。

下元七赤当令，取后天震方水者，震乃先天离位，离为中女，故居第七。而二七同道，因以坤二为照神。

八白当令，取后天坤方水者，坤乃先天巽位，巽为长女，故居第八。而三八为朋，因以震三为照神。

九紫当令，取后天坎方水者，坎乃先天坤位，坤为老母，故居第九。而四九为友，因以巽四为照神。

此先天四阴卦，先少后长，依序逆轮者也。

八卦效用，以先、后天同位，其验乃神。章氏仲山于三元九运中每取五里山为正向者，即隐寓零神于向首耳。

然水里排龙，星仍用顺，苟当令旺星挨到水里，即为“拨水入零堂”也。若夫正神与零神相对待，揆之先天卦序，适成反比例，学者可得而悟矣。

山上排龙，旺星挨到高山实地，为之“正神正位装”。但“正神百步始成龙”，平洋立穴，忌数十步便为河流界断，所谓“水短便遭凶”也。总之，零正对待，消长无定，随运流转，识其所在，则排龙排水知所配合，可不致犯零正颠倒之病矣！

零神正神逐运方位吉凶表

元运 零 正 地盘		坎	坤	震	巽	乾	兑	艮	离
一运	龙	正神	气平	气平	气平	气死	气死	气死	正凶
	水	正煞	凶照	凶照	催煞	催吉	吉照	吉照	零神
二运	龙	气退	正神	气平	气平	气死	气死	正凶	气死
	水	凶照	正煞	催煞	凶照	吉照	催吉	零神	吉照
三运	龙	气死	气退	正神	气平	气死	正凶	气死	气死
	水	凶照	催煞	正煞	凶照	吉照	零神	催吉	吉照
四运	龙	气死	气死	气退	正神	正凶	气死	气死	气死
	水	催煞	凶照	凶照	正煞	零神	吉照	吉照	催吉
五运上旬（前十年）	龙	气死	气死	气退	正神	正凶	气死	气死	气死
	水	催煞	正煞	凶照	正煞	戌方零神	吉照	丑方零神	催吉
五运下旬（后十年）	龙	气死	气死	气死	正凶	正神	气平	气平	气平
	水	催吉	未方零神	吉照	辰方零神	正煞	凶照	正煞	催煞
六运	龙	气死	气死	气死	正凶	正神	气平	气平	气平
	水	催吉	吉照	吉照	零神	正煞	凶照	凶照	催煞
七运	龙	气死	气死	正凶	气死	气退	正神	气平	气平
	水	吉照	催吉	零神	吉照	凶照	正煞	催煞	凶照
八运	龙	气死	正凶	气死	气死	气死	气退	正神	气平
	水	吉照	零神	催吉	吉照	凶照	催煞	正煞	凶煞
九运	龙	正凶	气死	气死	气死	气死	气死	气死	正神
	水	零神	吉照	吉照	催吉	催煞	凶照	凶照	正煞

（上表，一为推断来龙吉凶，一为推断水洋吉凶。）

城 门

城门为穴内进气之关键，水之三叉聚会或照穴有情、权力独胜处，而又合乎五行生旺之方位者，谓之“城门”。其五行生旺之方位维何，即向旁左右两宫是也。天、人两元之向遇运星一、三、七、九飞到邻宫，便合城门；地元向逢二、四、六、八飞临亦然。

大凡城门纯以逆飞取得旺气，故于同元一气中舍阳而取阴。向旁运星之五有水挨到，亦作城门论。但同元可用，又有正马、借马之别。以元旦盘宫位为率，如坎之与乾，乾之与坎，互合生成者为正马，余则为借马，其力略轻。有以出宫兼向为借库，一卦纯清为自库者，此城门之正格也。若言变格，例如挨星之一临于乾位，暗中生成于邻宫者是也。其环山独缺一口，用作城门方位，亦依此类推。

大抵向衰者得城门一吉，足资补救；向旺者得之，益臻昌盛。因是气无异中宫之气故也。谚所谓“雪中送炭，锦上添花”者，城门两有之故。《经》有“城门一诀最为良”之赞美，然城门轮到衰死之星，则亦不免凶耳。

水 法

旺向逢水即为旺水，苟无通流，或有而不见，则其力薄，此《天玉经》所以有“龙要合向向合水”，以致其叮咛之意也。但旁水得令，映照切近，则亦不亚于向上旺水，此言水之用，而其体亦殊多美恶。

屈曲流神，名曰“御街”。一卦清纯，谓之“三阳”。二者皆体之上格，均主贵秀。

若斜飞直射，反弓无情，水之所忌。裹头、割脚，出卦、斩头，纵发不久。凡此皆水法所不取，亦即非龙真穴的之显征。

平洋以水证龙，体用得失，胥关吉凶，顾不重欤！但八国有水而无峰相配，其气散漫，亦有财无丁。如六运立戌山辰向，水神一到离，九到坎，离方有水，与向首合一六共宗，名“催官水”。若更有坎方高峰相配，力加十倍，无峰力轻。此取山水相对，其中盖有精义存焉。

三吉五吉

三吉、五吉，为水法所最喜。何谓三吉？即一白、六白、八白，等于奇门之休、开、生。一白居九星之首，既统诸卦，合冠三吉。然天气下降，地气上升，亦何所容其轩轾，坚金遇土，富并陶朱。八六相生，异途擢用。六白八白之同为吉曜，盖可知矣！

至五吉，则合三般而兼取贪辅，如上元一运取一、二、三之水而配以六、八；中元四运取四、五、六之水而配以八、一；下元七运取七、八、九之水而配以一、六是也。

总之，三吉、五吉，安排得法，取珠相贯，其发福自久而弗替耳。

阳宅三十则

城乡取裁不同

乡村气涣，立宅取裁之法，以山水兼得为佳。城市气聚，虽无水可收，而有邻屋之凹凸高低、街道之阔狭曲直。凹者、低者、阔者、曲动者为水；直者、凸者、狭者、特高者为山。

挨　星

阳宅挨星与阴宅无异，以受气之元运为主，山、向飞星与客星之加临为用。阴宅重向、水，阳宅重门、向。然门、向所以纳气，如门外有水放光，较路尤重。衰旺凭水、权衡在星之理，盖亦无稍异也。

屋向门向

凡新造之宅，屋向与门向并重。先从屋向断“外六事”之得失，倘不验，再从门向断之。若屋向既验，不必复参。门向反之。验在门向，亦可不问屋向也。

堂局环境

凡看阳宅，先看山川形势气脉之是否合局，继看路气与周围之“外六事”及邻家屋脊、牌坊、旗杆、坟墩、古树等物落何星宫，辨衰旺以断吉凶。

大门旁开

凡阳宅，以大门向首所纳之气断吉凶。大门旁开者，则用大门向与正屋向合两盘观之。外吉内凶，难除瑕疵；外凶内吉，仅许小康。

屋大门小

凡屋与门须大小相称，若屋大门小，主不吉。然屋向、门向皆旺，屋大门小亦无妨。

乘旺开门

凡旧屋欲开旺门，须从旧屋起造时某运之飞星推算。如一白运立壬山丙向，旺星到坐，原非吉屋；到三碧运在甲方开门，方能吸收旺气。缘起造时，向上飞星三碧到震，交三运乘时得令，非为地盘之震三也。若开卯门，亦须兼甲，以通山、向同元之气也。

新开旺门

凡旧屋新开旺门后，其断法可竟用门向，不用屋向也。打灶作房亦从门向上定方位。

则先按：此指旺门大开，原有大门堵塞或紧闭者而言。须辨方向之阴阳顺逆，与乘时立向无异。若开便门以通旺气，则取同元一气，仍照起造立极之屋向断之可也。

旺门蔽塞

凡所开旺门，前面有屋，蔽塞不能直达，从旁再开一低小便门，以通旺门，则小门只作路气论，不必下盘。

旺门地高

旺门门外有水，本主大吉，但门基反高于屋基者，虽有旺水不能吸收；门基高于门内之明堂者亦然。若门外路高，当别论也。

黑　衕

凡宅内有黑衕不见日光者，作阴气论。二黑或五黄加临，主其家见鬼，即不逢此二星，亦属不吉。

造　灶

不论宅之生旺、衰死方，均可打灶，但生旺方可避则避。灶以火门为重，灶神坐朝可弗问焉。

火门，向一白为水火既济，向三碧、四绿为木生火，均为吉灶。火门，向八白，火生土，为中吉。向九紫，亦作次吉论，但究嫌火太炽盛耳。六白、七赤，火门不宜向，因火克金也。二黑、五黄，更不宜向，因二为病符，五主瘟瘽也。

然火门所朝之向，乃造屋时向上飞星所到之活方位，非指地盘九星言也。如一白运所造之屋，至八、九运打灶，仍须用一白运之向上飞星是也。惟飞星之九紫方，切忌打灶，火气太盛，恐遭火患。此造灶方位之概略也。

粪窖牛池

秽浊不宜向迩，五黄加临则，主瘟瘽；二黑飞到，亦罹疾病。以较远之退气方为宜。

隔运添造

凡屋同运起造，固以正屋为主。如后运添造前后进或侧屋，而不另开大门者，亦仍作初运论，不作两运排也。若添造之屋，另开一门，独自出入，方作两运排。倘因后运添造而更改大门，则全宅概作后运论可也。

分房挨星

凡某运起造之宅，至下运分作两房者，仍以起造时之宅运星图为主，而以两边私门为用。盖星运定于起造，不因分房而变动。分房以后，各以所处局部之星气推断吉凶可也。同运分房者类推。参看《宅断》中“会稽章宅，七运子午兼癸丁”图自明。

数家同居

一宅之中，数家或数十家同居，断法以各家私门作主，诸家往来之路为用。看其路之远近、衰旺，即知其气之亲疏、得失也。

分　宅

一宅划作内室，另立私门者，从私门算。但全宅通达毗连，仍作一家排，不从两宅断也。

逢囚不囚

向星入中之运，如二、四、六、八进之屋，逢囚不囚者，何也？因中宫必有明堂，气空可作水论，向星入水，故囚不住。若一、三、五、七进之屋，中宫为屋，入中便囚，但向上有水放光者，亦囚不住。

店　屋

凡看店屋，以门向为君，次格柜，又次格财神堂，俱要配合生旺。若门吉、柜凶，或财神堂凶，吉中有疵，主伙友不和，或多阻隔。其衰旺之气皆从门向吸受。

吉凶方高

宅之吉方高耸，年月飞星来生助，愈吉；来克泄，则凶。若凶方高耸，年月飞星来克泄，反吉；来生助，则凶。此指山上龙神之方位也。

竹木遮蔽

阳宅旺方有树木遮蔽，主不吉，竹遮则无碍，然亦须疏朗，因竹通气故也。衰死方，竹、木皆不宜。

一白衰方

阳宅衰气之一白方，有邻家屋脊冲射者，主服盐卤死。兽头更甚！

财丁秀

财气，当从宅之向水或旁水看旺在何方，加太岁断之。

功名，当从向上飞星之一白、四绿两方看峰峦或三叉交会、流神屈曲处，加太岁合年命断之。

丁气，当从宅之坐下及当运之山星断之，其验乃神！

流年衰死重临与旺星到向

阳宅，衰死到向是某字，逢流年飞星到向又为某字，主伤丁。旺星不到向，逢流年旺星到向，亦转主发祸。阴宅同断。

鬼　怪

衰死方，屋外有高山、屋脊，屋内不见，名为“暗探”。屋运衰时，阴卦主出鬼，阳卦主出怪，阴阳并见主神，然必须太岁月日时加临乃应。初现时有影无形，久而弥显，甚或颠倒物件，捉弄生人。枯树冲射，屋运衰时，阴卦亦主鬼，阳卦主神，阴阳互见主妖怪。

路　气

路为进气之由来，衰旺随之吸引。离宅远者，应微，然亦忌冲射，名为“穿砂”，有凶无吉，二宅皆然。

贴宅近路，与宅中内路，尤关吉凶，故内路宜取向上飞星之生旺方，合三般者，吉。而外路亦须论一曲之首尾，察三湾之两头，看其方位落何星卦，湾曲处作来气，横直者作止气，其法系从门向上所见者排也。《天元五歌》云：“酸浆入酪不堪斟”，即言屋吉路凶之咎也。

井

井为有源之水，光气凝聚而上腾，在水里龙神之生旺方，作文笔论；落衰死克煞方，主凶祸。阴宅亦然。

塔

塔呈挺秀之形，名曰“文笔”。在飞星之一四、一六方，当运主科名，失运亦主文秀。若在飞星之七九、二五方，主兴灾作祸，克煞同断。阴宅亦然。

桥

在生旺方，能受荫；落衰死方，则招殃。石桥力大，木桥力轻。二宅同断。

田　角

取兜抱有情，忌反背、尖射。二宅皆然。

九星断略

窃闻河图泄两仪之秘，洛书阐九曜之灵。

一白先天在乾，后天居坎上，应贪狼之宿，号为文昌。行属水，色尚白，秋进冬旺，春泄夏死。士人遇之，必得其禄；庶人遇之，定进财喜。第一吉神也。为克煞，则庄子鼓盆之嗟，卜商丧明之痛有诸。

二黑属土，星号巨门，发田财则青蚨阗阗，旺人丁则螽斯蛰蛰。然为晦气病符，忧愁抑郁，有所不免。暗闷淹延，盖尝有之。为克煞，孕妇有坐草之虑，孀居矢柏舟之志。或涉妇人而兴讼，或因女子以招非。大抵此方不宜修动，犯者，阴人不利，其病必久。

三碧禄存，星隶震宫，其色碧，其行木。值其生，兴家立业；当其旺，富贵功名。若官灾讼非，遇其克也；残病刑妻，遭其凶也。犯之者，脓血之灾；触之者，足疾大祸。

巽得四数，其色绿，风中木，文曲居之。当其旺，登科甲第，君子加官，小人进产。为克煞，疯哮自缢之厄，不得免焉；淫佚流荡之失，势所有之。

五宫廉贞，位镇中央，威扬八表，其色黄，行属土。宜静不宜动，动则终凶；宜补不宜克，克之则祸。叠戊己大煞，灾害并至；会太岁岁破，祸患频仍。故此星值方，在平坦之地，门路短散，犹有疾病；临高峻之处，门路长聚，定主伤人。值其凶，遭回禄之灾，万室咸烬；遇瘟瘟之厄，五子云亡。其性最烈，其祸最酷，何其甚也！盖以土为五行之主，中为建极之基，有天子之尊，司万物之命，不可轻犯者也。倘有大石尖峰触其怒，古树神庙壮其威，如火炎炎，不可响迩矣。

乾宫六白，武曲居之，行属金，性尚刚。其生旺也，威权震世，巨富多丁；其克煞也，伶仃孤苦，刑妻伤子。

七赤破军，位居正西。有小人之状，为盗贼之精。其生旺也，财丁亦增；为克煞也，官非口舌。秋金主杀，九紫可制。夏月忌临，八白和之。

艮得八数，其色白，其行土。生旺则富贵功名，克煞则小口损伤。性本慈祥，能化凶神，反归吉曜，故与一六皆归吉论，并称“三白”。

离宫九紫，星名右弼，行属火，性最燥。吉者遇之，立刻发福；凶者值之，勃然大祸。故术家以为赶煞催贵之神。但火性刚，不能容邪，宜吉不宜凶，故曰“紫白并称”。

六亲吉凶断

聿九星有生克之辨，六亲有休咎之占。

乾称乎父，六白居之，其行属金，畏九紫之克，其性喜土。赖八白之生，配乎坤，内助攸资；得乎艮，中和吉庆。当其克，宅主有迍邅之虑；遇乎生，老翁得矍铄之容。

坤称乎母，二黑主之，行属土，喜生火。九紫到，享闺房之福。土畏木克，三、四临，遭采薪之忧。

帝出乎震，为长男，三碧木也。木非水不生，一白至则欣欣向荣；木无金不克，六、七来则萧萧日瘁。

坎乃次男，其数一白，其行为水。遇六、七，仲房发达；逢二、八，中子受殃。

艮土八白，少男当之，畏伯兄之克。然木虽无情，得仲姊之生，九紫有助，风行压制。逢主母之扶，二、五可安。

长女代母行权，为父克，不和于季妹。七赤来则闺中狼狈，有赖乎仲弟，一白至，壶内鸿禧。

离为中女，九紫属火。火之炽也，资乎木，三、四助之；火之灭也，畏乎水，一白克之。当其炽，仲女福集闺房；值其灭，仲妇灾生床席。

兑，季女也，阴金，可知六白来临，父也，助予；二黑飞至，母兮，鞠我。金生水为泄气，一白到，未免生灾；火制金为煞地，九紫来，安能无恙？总之，生旺比和，一家均获休祥；死败墓绝，六亲各罹灾咎。

暗　建

例如中元四运，甲子年四绿入中，值年太岁一白到坤，坤为二黑，每月调递太岁所临之二黑，即名“暗建煞”。

如正月八白入中，暗建在艮；二月七赤入中，暗建在离。每月退一位。乙丑年三碧入中，太岁八白到坎，则以每月调递之一白为暗建煞。

余类推。

暗建煞切忌修造，犯则凶祸立见，此选择应避之一端也。

余友陈君念劬，昔年卜地葬亲，不敢假庸地师手，缘纵览《青囊》诸籍，知三元三合之相去霄壤，遂治玄空家言，蒐集是类秘本，不遗余力。兹编所述冶诸家秘笈于一炉，而以陈君藏本采辑为多。惟按原本语气，有类师门授受信笔挥洒之作，而于篇次之程序，文字之繁简，雅俗胥不之计。加以转辗抄传，鱼鲁滋多，则先为公世计，爰为之权衡损益，循序归纳，或录其要而参以己意，或存其真而量予润饰，旁参诸家，附表系说，摭述成编，以供同好。盖沈公以尽泄此中天机为怀，而陈君亦不以严守秘密为然。此《玄空辑要》之所由作也。

则先并识

玄空古义

说卦录要

近人卦象，多宗孟氏，逸象虽多而不切实用。端木氏《周易指》经生习焉，于此篇则简略。初学入门，不如江陵郑石元氏所著《读易辑要浅释》为易解。手录此篇，并变易体裁，使人一目了然。

丙戌夏　沈竹礽识于上虞福祈山下

☰乾，健也。乾纯阳，动而不息。
☷坤，顺也。坤纯阴，静而从阳。
☳震，动也。震刚好进，锐作上起。
☴巽，入也。巽柔始生，潜伏上侵。
☵坎，陷也。坎，一阳在阴中，上下皆顺，必溺而陷之。
☲离，丽也。离，一阴在阳中，上下皆健，必附而丽之。
☶艮，止也。艮，一阳健极于上，前无所往，必止。
☱兑，说也。兑，一阴顺见于外，情有所发，必说。

此言八卦之性情。

☰乾为马。马性健而不息，其蹄圆，乾象也。
☷坤为牛。牛顺而载重，其蹄坼，坤象也。
☳震为龙。震以奋动之身而静息于重阴之下，龙象也。
☴巽为鸡。巽以入伏之身而出声于重阳之表，鸡象也。
☵坎为豕。豕外质浊而心躁，刚在内也。
☲离为雉。雉外文明而性介阳，明在外也。
☶艮为狗。艮外刚能止物而内柔者，狗也。
☱兑为羊。兑外柔能悦群而内狠者，羊也。

此言远取诸物。

☰乾为首。首为众阳所会，圆而在上，乾也。

☷坤为腹。腹为众阴所藏，虚而有容，坤也。

☳震为足。一阳动于下，足也。

☴巽为股。阴坼而入于下，股也。

☵坎为耳。阳明在内，犹耳之聪在内也。两旁暗而内一阳明，能纳言在内，故为耳。

☲离为目。阳明在外，犹目之明在外也。阳白阴黑，离之黑居中，黑白分明，目之象也。

☶艮为手。动于上而握物，艮止之象也。

☱兑为口。口开于上而能言笑，兑悦之象也。

此言近取诸身。

☰乾天也，故称乎父。

☷坤地也，故称乎母。

六子皆自乾坤而生，故称父母。

☳震，一索而得男，故谓之“长男”。

☴巽，一索而得女，故谓之“长女”。

索者，阴阳相求也。阳先求阴，则阳入阴中而为男；阴先求阳，则阴入阳中而为女。一索者，初爻也。

☵坎，再索而得男，故谓之“中男”。

☲离，再索而得女，故谓之“中女”。

在中爻，为再索。

☶艮，三索而得男，故谓之“少男”。

☱兑，三索而得女，故谓之“少女”。

在三爻，为三索。

此以八卦分父母男女，一家之象也。

☰乾为天。乾纯阳在上，故为天。

为圜。天体圆而运转不息为圜。

为君。居上为万物主为君。

为父。万物资始为父。

为玉。色白而纯粹无瑕为玉。

为金。质坚而纯刚能断为金。

为寒为冰。后天乾居西北，当戌亥之月，其候“水始冰，地始冻”，故为寒为冰。

为大赤。先天乾居正南，火方，故色为大赤。

为良马。纯阳善走者，马也。德莫尚者为良马。

为老马。智莫尚为老马。

为瘠马。骨莫尚为瘠马，健之最坚者也。

为驳马。力莫尚为驳马，健之最猛者也。

为木果。圆而在上为木果。“天之大德曰生”，木上有果，生气之完也。

《荀九家》有：为龙、为直、为衣、为言。《来氏补》有：为蒂、为旋、为知、为富、为鼎、为戎、为武。《邵氏补》有：为郊、为野、为虎。

☷坤为地。纯阴在下为地。

为母。万物资生为母。

为布。地东西为经，南北为纬，中广平而旁有边幅，故为布。

为釜。容物熟物而能养物者，釜也，且六斗四升为釜。坤包六十四卦，故为釜也。

为吝啬。阴主收敛，故为吝啬。

为均。卦象平分而地无私载，故为均。

为子母牛。性顺多孕，生生相继，为子母牛。

为大舆。形方能载重，故为大舆。

为文。奇为质，偶为文，三画平分而成章也。

为众。三画断而为六画，六画断而为十二画，故为众。

为柄。在下而承物于上为柄，坤持成物之权也。

其于地也，为黑。极阴之色，先天坤居正北，故色为黑。

《荀九家》有：为牝、为迷、为方、为囊、为裳、为黄、为帛、为浆。《来氏补》有：为未、为小、为能、为明、为户、为敦。《邵氏补》：无。

☳震为雷。震正东方，二月之卦，阳气动于下为雷。

为龙。神物动于渊为龙。

为玄黄。乾坤始交，兼有天地之气为玄黄。

为旉。阳气始施为旉。

为大涂。上二偶开张，前无壅塞，为大涂。

为长子。一索而得男，为长子。

为决躁。阳动决阴，其进也锐，为决躁。

为苍筤竹，为萑苇。东方之色苍，下苞上茂，本实干虚，阳下阴上之象，故为苍筤竹，为萑苇。

其于马也，为善鸣。上偶开张，故于马为善鸣。

为馵足。《尔雅》："马左白，曰馵。"震居左，下一阳白，又为足，故为馵足。

为作足。两足并举曰作，震性动，故为作足。

为的颡。额有白色曰的颡，头上旋毛如射之的，故为的颡。

其于稼也，为反生。子坠苗抽，刚反而生于下，故于稼为反生。

其究为健，为蕃鲜。阳长终究必至于乾健，故其究为健。始旉而终必盛，蕃育鲜明，极言盛长之不可量。震巽独以究言，刚柔之始也。

《荀九家》有：为玉、为鹄、为鼓。《来氏补》有：为青、为跻、为奋、为官、为园、为春耕、为东、为老、为筐。《邵氏补》：为车、为得。

☴巽为木。巽，入也。物之善入者惟木，无木不穿。

为风。气之善入者惟风，无物不被。

为长女。一索而得女，为长女。

为绳直。木曰曲直，绳所以纠木之曲者，故为绳直。

为工。引绳制木为工。

为白。先天巽居西南金方，其色为白。

为长。风行最长。

为高。木升最高。

为进退，为不果。阳性至果，阴性多疑，风行无常，或东或西，故为进退，为不果。

为臭。一阴伏于二阳之下，气郁不散，以风传之，故为臭。

其于人也，为寡发。发为血所生，一阴入于下而未上行，故其人为寡发。

为广颡。阳气独上，感为广颡。

为多白眼。阳白阴黑，离之黑居中，为目之正；巽则二白在上，一黑在下，故为多白眼。

为近利市三倍。后天离居正南，巽居东南，近离，离为日中之市，其数三，为利市三倍。巽入而贪，侵牟二阳，故为近利市三倍。

其究为躁卦。震为决躁，巽错即震，其究长而上之复反，必为躁卦也。

《荀九家》有：为杨、为鹳。《来氏补》有：为后、为鱼、为草茅、为宫人、为老妇。《邵氏补》：为瓜、为洁、为丝、为床。

☵坎为水：坎一阳内明为水。

为沟渎。物陷则汙，小者为沟，大则为渎。

为隐伏。水由地中行，为隐伏。

为矫揉。矫，直使曲；揉，曲使直。阳欲直而阴欲曲，有水流曲直之象，故为矫揉。

为弓轮。水激射如弓，运转如轮，二物中劲皆矫揉而成，故为弓轮。

其于人也，为加忧。陷而成险，心危虑深，于人为加忧。

为心病。中满而不虚灵，为心病。

为耳痛。坎为耳，耳以虚为体，一画实于中为耳痛。

为血。坎在天地为水，在人身为血，水固天地之血脉也。

卦为赤。得乾中画，亦分乾之赤色，但不大耳，故为赤。亦由血卦之色相承而言也。

其于马也，为美脊。刚在中而两阴旁分，故于马为美脊。

为亟心。刚在内而躁为亟心。

为下首。柔在上，故首垂不昂。

为薄蹄。柔在下，故蹄薄不厚。

为曳。陷而失健，足行无力为曳。

其于舆也，为多眚。行险而劳，卦象上下皆缺口，故其舆多为眚。

为通。上下皆虚，流而不滞，故通。

为月。水之精为月。

为盗。阳刚伏阴中而能陷人，为盗。

其于木也，为坚多心。阳刚在中则心坚实，故于木为坚多心。

《荀九家》有：为宫、为律、为可、为栋、为丛棘、为狐、为蒺藜、为桎梏。《来氏补》有：为沫、为泥涂、为孕、为德、为淫、为北、为幽、为浮、为河。《邵氏补》：为鹿、为金。

☲离为火。离，丽也，丽木而生为火。

为日。火之精丽于天为日。

为电。火之光丽于云为电。

为中女。再索而得女，为中女。

为甲胄。刚在外则外坚，故为甲胄。

为戈兵。火上炎则上锐为戈兵。

其于人也，为大腹。中空虚为大腹。

为乾卦。火性躁为乾卦。

为鳖，为蟹，为蠃，为蚌，为龟。外刚内柔，象乎介虫，离得坤中之黄，其物介而有黄者，为鳖、为蟹。形锐善丽且圆转而上尖，为蠃；内虚含明，为蚌；文明含智，为龟。

其于木也，为科上槁。木之中空者上必槁，火虚上炎之象也。

《荀九家》有：为牝牛。《来氏补》有：为苦、为朱、为焚、为泣、为噩、为号、为垣墉、为不育、为害。《邵氏补》：为巷、为虎。

☶艮为山。一阳高出二阳之上而止，其所为山。

为径路。一阳塞于外，不通大涂，与震相反，为径路。

为小石。坚而止于小山下为小石。

为门阙。上画相连，下画双峙而虚，故为门阙。

为果蓏。得乾之上爻，坚圆在上为果蓏。

为阍寺。禁止人之出入者为阍寺。

为指。人能止物者在指。

为狗。畜能守物者为狗。

为鼠。其刚在上，如鼠刚在齿也。

为黔喙之属。黔黑色，为鸟喙之黑色者，其类不一。

其于木也，为坚多节。阳在上，刚而不中，故于木为坚多节。

《荀九家》有：为鼻、为虎、为狐。《来氏补》有：为床、为握、为终、为宅、为庐、为笃、为章、为尾。《邵氏补》有：为丧。

☱兑为泽。坎水上入而下不泄为泽。

为少女。三索而得女，故为少女。

为巫。以歌悦神为巫。

为口舌。以言悦人为口舌。兑为口，为悦也。

为毁折。兑为正秋八月，万木凋落，其象上缺，故为毁折。

为附决。柔附刚为附决。

其于地也，为刚卤。流水甜而止水咸，兑泽止水凝而至坚，为刚卤。

为妾。少女从嫡为妾。

为羊。外悦内狠为羊。

《荀九家》有：为辅颊、为有常。《来氏补》有：为笑、为食、为跛、为眇、为西。《邵氏补》有：为虎、为袂、为金。

此章言象必合正卦、变卦、错卦、综卦、互卦、先后天八卦方位，参观之六十四卦中，言象者皆不外此。

先后天八卦取象

坎卦为水星，为贪狼，数为一白。人为中男、为酒徒、为舟子、为盗、为淫、为加忧、为多眚、为孕、为鬼。于德为敬、为劳恻、为疑、为险、为乱。于身为耳、为肾、为血。动物为豕、为鼠、为燕。静物为池塘、为河海、为泥涂、为幽谷。其性浮而荡。

坤卦为地星，为巨门，数为二黑。人为老母、为寡妇、为女子、为小人、为吝啬。于德为智、为安宁。于身为腹、为脾、为肉。动物为牛、为羊、为猴。静物为冢墓、为郊墟。其性柔而静。

震卦为雷，星为禄存，数为三碧。人为长男、为秀士、为官、为好爵、为侯、为里甲、为言。于德为决躁。动物为龙、为狐、为兔。静物为栋梁、为园、为陵、为刑具。其性劲而直。

巽卦为风，星为文曲，数为四绿。人为长女、为文人、为婢妾、为富、为官、为工、为近利市三倍。于德为进退、为损。于身为股肱、为寡发、为广颡、为多白眼、为气。动物为鸡、为龙、为蛇。静物为庙、为藤萝、为绳索。其性和而缓。

乾卦为天，星为武曲，数为六白。人为老父、为贼盗、为军吏、为富。于德为大、为道、为德、为福祉庆祥。于身为首、为项、为肺、为骨。动物为马、为犬、为猪。静物为钟鼎、为玉、为石、为金。其性刚而动。

兑卦为泽，星为破军，数为七赤。人为少女、为谗人、为武人、为倡优、为巫祝。于身为口舌、为涎、为毁折、为跛眇。动物为羊、为虎豹、为鸡、为鸟。静物为刀戟、为斧锄。其性决而利。

艮卦为山，星为左辅，数为八白。人为少男、为僮仆、为樵竖、为君子、为损疾。于身为手、为指、为背、为鼻。动物为狗、为鼠、为虎、为牛。静物为园林、为岩壑、为门阙、为宅庐、为邱。其性安而止。

离卦为火，星为右弼，数为九紫。人为中女、为颖士、为通人。于德为蓄、为言、为敬。于身为目、为心、为三焦、为大腹、为不孕。动物为雉、为鹿、为马。静物为炉灶、为灯烛、为焚。其性躁而烈。

八卦变六十四卦世次图

本宫上世	一世	二世	三世	四世	五世	游魂四世	归魂三世
乾为天	天风姤	天山遁	天地否	风地观	山地剥	火地晋	火天大有
震为雷	雷地豫	雷水解	雷风恒	地风升	水风井	泽风大过	泽雷随
坎为水	水泽节	水雷屯	水火既济	泽火革	雷火丰	地火明夷	地水师
艮为山	山火贲	山天大畜	山泽损	火泽睽	天泽履	风泽中孚	风山渐
坤为地	地雷复	地泽临	地天泰	雷天大壮	泽天夬	水天需	水地比
巽为风	风天小畜	风火家人	风雷益	天雷无妄	火雷噬嗑	山雷颐	山风蛊
离为火	火山旅	火风鼎	火水未济	山水蒙	风水涣	天水讼	天火同人
兑为泽	泽水困	泽地萃	泽山咸	水山蹇	地山谦	雷山小过	雷泽归妹

骆士鹏六十四卦论

此为收山出煞之用，录自《图书发秘》。

乾为天。（运属中元甲辰、甲寅。）

为金、为阳、为老父。于身为骨、为首、为肺、为上焦。

于数合西方四、九。

配坎——为天水讼。（水吉、山凶。）

配艮——为天山遁。（砂吉、水凶。）

配震——为天雷无妄。（水吉、山凶。）

配巽——为天风姤。（水吉、山平。）

配离——为天火同人。（山龙上吉、水凶。）

配坤——为天地否。（水吉、砂凶。）

配兑——为天泽履。（山龙上吉、水凶。）

坎为水。（运属上元甲子、甲戌。）

为阳、为中男。于身为耳、为血、为肾、为寒。

于数合北方一、六。

配艮——为水山蹇。（水吉、砂平。）

配震——为水雷屯。（山龙上吉、水凶。）

配巽——为水风井。（山龙上吉、水凶。）

配离——为水火既济。（向水兼收吉、砂实凶。）

配坤——为水地比。（山龙吉、水凶。）

配兑——为水泽节。（山次凶、水吉。）

配乾——为水天需。（山次凶、水吉。）

艮为山。（运属下元甲申、甲午。）

为土、为阳、为少男。于身为手指、为首鼻背。

于数合中央五、十。

配震——为山雷颐。（水吉、砂凶。）

配巽——为山风蛊。（水吉、山凶。）

配离——为山火贲。（山龙上吉、水凶。）

配坤——为山地剥。（水吉、山凶。）

配兑——为山泽损。（水平、山退。）

配乾——为山天大畜。（山平、水次吉。）

配坎——为山水蒙。（水吉、山凶。）

震为雷。（运属上元甲辰、甲寅。）

为木、为阳、为长男。于身为肝、为足、为发、为声音、为惊恐。

于数合东方三、八。

配巽——为雷风恒。（山龙上吉、水凶。）

配离——为雷火丰。（砂次吉、水吉。）

配坤——为雷地豫。（砂次吉，冲则凶；水次吉。）

配兑——为雷泽归妹。（水吉、砂凶。）

配乾——为雷天大壮。（水吉、砂凶。）

配坎——为雷水解。（山次吉、水次凶。）

配艮——为雷山小过。（山次吉、水吉。）

巽为风。（运属中元甲子、甲戌。）

为木、为阴、为长女。于身为股肱、为气、为风疾。

于数合东方三、八。

配离——为风火家人。（水吉、山凶。）

配坤——为风地观。（砂退、水次凶。）

配兑——为风泽中孚。（山龙上吉、水凶。）

配乾——为风天小畜。（向水兼收吉、水吉。）

配坎——为风水涣。（山平、退，尖峰吉；水吉。）

配艮——为风山渐。（山、水均次吉。）

配震——为风雷益。（山吉、水凶。）

离为火。（运属下元甲辰、甲寅。）

为阴、为中女。于身为心、为目、为热。

于数合南方二、七。

配坤——为火地晋。（山龙平、吉，水吉。）

配兑——为火泽睽。（砂平、吉，水次凶。）

配乾——为火天大有。（砂秀吉、水次凶。）

配坎——为火水未济。（山向兼收吉、水吉。）

配艮——为火山旅。（山退、次吉，水次吉。）

配震——为火雷噬嗑。（龙吉、砂凶、水次吉。）

配巽——为火风鼎。（水吉、山凶。）

坤为地。（运属上元甲申、甲午。）

为土、为阴、为老母。于身为皮肉、为腹胃、为谷不化。

于数合中央五、十。

配兑——为地泽临。（水吉、山凶。）

配乾——为地天泰。（水吉、龙次吉。）

配坎——为地水师。（山退、中吉，水次吉。）

配艮——为地山谦。（水吉、山凶。）

配震——为地雷复。（山吉、水凶。）

配巽——为地风井。（山龙吉、水凶。）

配离——为地火明夷。（水吉、山凶。）

兑为泽。（运属下元甲子、甲戌。）

为金、为阴、为少女。于身为肺、为口舌、为痰涎。

于数合西方四、九。

配乾——为泽天夬。（山退、中吉，水平、吉。）

配坎——为泽水困。（砂水兼收吉、水吉。）

配艮——为泽山咸。（龙砂吉、水凶。）

配震——为泽雷随。（山中凶、水吉。）

配巽——为泽风大过。（水吉、山凶。）

配离——为泽火革。（山龙上吉、水凶。）

配坤——为泽地萃。（水吉、山凶。）

以上虽论先天河图，当与后天洛书参看。盖收山出煞乃地主静而常守，配先天运行，即天主动而不息。尤宜看本卦干支，有用此支干入中，宜顺宜逆，上元、中元、下元之不同。上元如坎一卦，子癸为吉，壬子凶之类。若下元用壬之一、二入中顺布，即六、七到穴，何凶之有？或上元坐水向实，仍吉。余例仿此。

祖绵按：骆氏所谓吉凶，系迂执己见，学者万勿拘泥。

河洛生克吉凶断

录《元合会通》。

河图：

一六水——生旺：为文秀、为榜首、为材艺聪明；克煞：为淫佚、为寡妇、为溺水、为漂荡。

二七火——生旺：为横财巨富、为多女；克煞：为吐血、为堕胎难产、为夭亡横祸。

三八木——生旺：为文才、为元魁、为多男；克煞：为少亡、为自缢、为绝嗣。

四九金——生旺：为巨富、为好义、为多男；克煞：为刀兵、为孤伶、为自缢。

五十土——生旺：为骤发、为多子孙；克煞：为瘟瘽、为孤孀、为丧亡。

此层数之大略也。然五行临间，喜水、金、木，忌火、土。以火、土兴废靡常，不耐久长故也。一六生震巽，旺坎，克离，煞午。二七生艮坤，旺离，克乾兑，煞乾。三八生离，旺震巽，克坤艮，煞坤。仿此推之。

洛书：

一白水——为中男，为魁星。生旺：少年科甲，名播四海，多生聪明智慧男子；克煞：刑妻，瞎眼，夭亡，飘荡。

二黑土——为老阴。生旺：发田财，旺人丁，不产文士，止应武贵，妻夺夫权，阴谋鄙吝；克煞：寡妇相传，产难刑耗，腹疾恶疮。

三碧木——为长男。生旺：财禄丰盈，兴家创业，贡监成名，长房大旺；克煞：疯魔哮喘，残疾刑妻，是非官讼。

四禄木——为长女、为文昌。生旺：文章名世，科甲联芳，女子容貌端妍，联姻贵族；克煞：疯哮自缢，妇女淫乱，男子酒色破家，漂流绝灭。

五黄土——为戊己大煞，不论生克俱凶，宜安静不宜动作。年神并临，即损人丁，轻则灾病，重则连丧，至五数止。季子昏迷痴呆，孟、仲官讼淫乱。

六白金——为老阳。生旺：威权震世，武职勋贵，巨富多丁；克煞：刑妻孤独，寡母守家。

七赤金——为少女。生旺：发财旺丁，武途仕宦，小房发福；克煞：盗贼离乡，投军横死，牢狱口舌，火灾损丁。

八白土——为少男。生旺：孝义忠良，富贵绵远，小房福洪；克煞：小口损伤，瘟瘽膨胀。

九紫火——为中女。生旺：文章科第，骤至荣显，中房受荫，易废易兴；克煞：吐血疯癫，目疾产死，回禄官灾。

玄机赋（阴阳二宅同断）

[宋] 吴景鸾

大哉！居乎成败所系。危哉！葬也兴废攸关。

气口（即城门）司一宅之枢，龙穴乐三吉之辅。

阴阳虽云四路（四山四水合上下两元也），宗支只有两家（一阴一阳）。

数列五行体用，恩仇始见星分。九曜吉凶，悔吝斯章。

宅神不可损伤（静以待动），用神最宜健旺（即龙穴之入首）。

值难不伤，盖因难归闲地（即水之低平无动作处）；逢恩不发，只缘恩落仇宫（即不当令处，或向水被官神所克）。

一贵当权，诸凶慑服（龙神得生旺，虽克亦吉）；众凶克主，独力难支（立穴虽吉，若龙水皆不当令，又遇诸星来克，故独力难支）。

火炎土燥，南离何益乎艮坤；水冷金寒，坎癸不滋乎乾兑（炎燥、寒冷，太过也，皆不当元之故）。

然四卦之互交，固取生旺（山水品配，又得元也）；八宫之缔合，自有假真（真假，于来情辨之）。

地天为泰，老阴之土生老阳（土生金也）。若坤配兑女，庶妾难投寡母之欢心（盖纯阴也）。

泽山为咸，少男之情属少女（下元大发）。若艮配纯阳，鳏夫岂有发生之几兆（品配必审乎时）？

乾兑托假邻之谊（山水皆可相兼），坤艮通偶尔之情（二八为配，取比肩也）。

双木成林，雷风相薄（此后天也，亦如先天）。中爻得配，水火方交（坎离中爻互易，即天地交泰之理）。

木为火神之本（木生火也），水为木气之元（水生木也）。

巽阴就离，风散则火易熄（宜审元运）；震阳生火，雷奋而火尤明（即“栋入南离”之义）。

震与坎为乍交，离共巽而暂合（皆得相生之义，惟非正配，偶然而已）。

坎元生气，得巽木而附宠联欢（即“上元车驱北阙”之义）；乾乏元神，用兑金而傍城借主（乾不当元，而兑当今，亦得生旺）。

风行地上，决定伤脾（土受伤也，风为木，脾为土）；火照天门，必当吐血（金主肺，被火克，故吐血也）。

木见戌朝，庄生难免鼓盆之叹（巽为长女，乾金克之，故主克妻）；坎流坤位，买臣常遭妇贱之羞（坎为中男，坤土克之，即我不克而反克我，主遭妇辱，故以朱买臣为证）。

艮非宜也，筋伤股折（艮主股肱筋络，如受木克，即有伤折之应）；兑不利欤，唇亡齿寒（兑主唇齿，若受金克，故主唇亡齿寒）。

坎宫缺陷而堕胎，离位巉岩而损目（二方以形势言，坎为当元，离失元也）。

辅临丁丙，位列朝班（应在下元）；巨入艮坤，田连阡陌（艮坤为土，故旺田园）。

名扬科第，贪狼星在巽宫（即“四一同宫”之义）；职掌兵权，武曲峰当庚兑（应在下元）。

乾首坤腹，八卦推详（即乾为首，坤为腹，离为目，坎为耳，兑为口，震为足，巽为股，艮为手之类）；

癸足丁心，十干类取（甲头、乙项、丙肩、丁心、戊胁、己脾、庚脐、辛股、壬胫、癸足。此十干之应也。子疝气、丑脾肝、寅背肱、卯目手、辰背胸、巳面齿、午心腹、未脾胁、申咳嗽、酉背肺、戌头项、亥肝肾。此十二支之应也。参合八卦，其应如响）。

木入坎宫，凤池身贵（应在上元，此亦“四一同宫”之义）；**金居艮位，乌府求名**（应在下元）。**金取土培，火宜木相**。

玄空秘旨

按：此篇有三注本。旧注本及鲍士选注本，均题“宋吴景鸾著”；章仲山注本，题“明目讲僧著”。玩其理论，实与《玄机赋》同，或本吴景鸾作，而目讲传之欤！兹将“原注”、“鲍注”列于句下，“章注”则附于每段之后。其字句不同处，亦逐一注明，读者参证之可也。

不知来路（章作变易），**焉知入路**（章作但知不易）？**盘中**（章作九星）**八卦皆空**；

原注：开章最重来脉、来源与入首、入路，即五行城门一诀之义，故为至要。若呆拘于坐向，谬曰此是一卦，而实非此一卦也，故曰“盘中八卦皆空”。

鲍注：来路者，理气之根，宅之大门，地之来脉，水之三叉是也。入路者，领气之诀，即宅之门路，墓之明堂是也。识得理气之根，方知领气之诀。盘，罗盘也，盘中八卦方位，随时颠倒转换，南不是离，北不是坎，东非卯而西非酉，故曰“八卦皆空”。空，即玄空之谓也。

未识内堂（章作不识三般），**焉识外堂**（章作那识两片）？**局里**（章作凡属）**五行尽错**。

原注：受外来立极之所，名曰“内堂”。不解玄空者，不知内堂所受之气，皆外来之气，则局里之五行皆错矣。

鲍注：内堂，旺神也，当加诸向首。外堂，砂水方位也，当挨之卦内。明得立向挨加之法，砂水方能取用。若拘定二十四字，则毫厘差而千里谬矣，故曰“尽错”。

乘气脱气（章作颠之倒之），**转祸福于指掌之间；**

原注：以“排山掌诀”挨运令之兴衰也。

鲍注：气者，生旺之气者。得卦中生旺之气则福，不得卦中生旺之气则祸。天地之气，以生旺衰谢分吉凶，故阴阳二宅重在“乘气”也。

左挨右挨，辨吉凶于毫芒之际。

原注：吉凶，即在本卦左右，杂与不杂，该顺该逆之分。

鲍注：生旺衰谢之气，两宫同至，或挨左以乘其吉，或挨右以避其凶。即毫芒几微，不宜夹杂，一夹杂即龙神交战矣。

一天星斗，运用只在中央；

原注：即先看龙从何来，路从何至，阳宅以路为入气，与水从何入口，便将来脉来路之卦入中宫取用。

鲍注：中央，中宫也。如天之北辰，众星环拱，八方从中宫而定，中宫由山向而来。识得此诀，方知运用之妙。

千瓣莲花，根蒂生于点滴（章作九曜干支，旋转由乎北极）。

原注：来脉来源，即山向之根蒂，所谓月窟、天根者，此也。

鲍注：山川之气，腾而为云，降而为雨，故曰“水为气母”。凡墓宅收得吉卦之水，即吸得山川之吉气，如莲花之根蒂，生于点滴之水也。

章注：此言玄空大卦，阴阳五行，纵横颠倒，变化不测，毫厘千里，甚属玄微。目讲恐读者无所适从，又将众星旋转之机以示之，谓“众星之所以旋转也，其机在乎北极阴阳之所以颠倒也，其枢在乎三般”。读者当细细揣之，则纵横颠倒之机，随时变易之理，自可得而知之矣。

夫妇相逢于道路，却嫌阻隔不通情；

原注：若来脉来源，一杂他卦，则我该纳何气，不能得何气矣，故云“阻隔”。或山水皆从一卦来，《经》曰：“夫妇同行脉路明，须认流郎别处寻。”盖水须对宫之卦为配也。

鲍注：夫向之吉方也，宜有水；妇山之吉方也，宜有山。苟无山水以应之，是为阻隔，不必上山下水也。

儿孙尽在于门庭，犹忌（章作恐）凶顽非孝义。

原注：一卦管三山，虽在一宫之内，而脉有左右之分，须知用此爻则吉，彼爻则凶，即“子癸为吉壬子凶，三字真假在其中”，故用之各别。盖人元为顺子，地元为逆子，天可兼人、地，而地不能兼天，犹父母之带子息，是为一卦纯清。

鲍注：山向吉方有砂水以应之，固佳，然犹忌情顽形劣，不能端拱朝揖，他日子孙虽盛，必难望其孝顺也。

章注：相逢者，即山上水里，阴阳相见，配合生生之谓也。相见而得其所，自有福禄之荫；相见而不得其所，便是祸咎之根。用法即得是方，或逢形势反背，水法倾流，似是而非，定有阻隔、凶顽之更变矣。

此节及下文，总言山上、水里挨星得失之元微。其中奥妙，全在说卦以推气，用卦以明理，系辞以辨吉凶。因形察气，因气求形，以推休咎也。

卦爻杂乱，异性同居；吉凶相并，螟蛉为嗣。

原注：总结上文，杂乱之应也。

鲍注：山水界乎吉凶二卦之间，是为杂乱，故有异性同居之应。向上排来，已有吉水；山上排来，又有凶峦。更无一吉砂朝拱，有财无丁，宜其螟蛉为嗣也。

章注：出卦则卦气杂乱，杂乱即龙神交战，交战杂乱，自有此应。杂乱，指干支方位而言；相并，指挨星反伏而言。所谓“用得，即是相见；用失，便谓反吟”。

山风值而泉石膏肓，

原注：艮被巽克也。

鲍注：艮止巽伏，故有山林之癖。篇中凡言吉者皆得运，凶者皆失运。人丁，指山上言；财禄，指水里言。

午酉逢而江湖花酒（章作柳）。

原注：午酉虽属同元，而火能克金，虽无大碍，亦不免好花好酒之应。

鲍注：离为目、为心、为喜；兑为悦、为妾、为少女。皆阴柔卦，故有柔媚之象。如八运丙向，主败风俗、荡花酒。又有成劳瘵者，盖劳瘵亦好色之所致也。

虚（章作星）**联奎、壁，启八代之文章；**

原注：虚，壬也。奎木、壁水，在乾戌之间，其中水木相生，虽居金土之位，而有制有化，故有八代文人之应。盖一元而兼两元，所谓“一六共宗”也。

鲍注：星、日，离也，文明之宿。奎、壁，乾也，图书之宿。六运而直接七、八、九曰“联”，故有八代文章之应。其吉全在一联字，若但六兼九，反嫌火金相烁矣。

胃入斗、牛，积千箱之玉帛。

原注：胃土，在酉庚之位，入于艮丑斗木金牛之位，在下元主富。胃，兑也；斗、牛，艮也。艮为天市垣，又七、八相生，故有巨富之应。入者，言辅星当飞在水口三叉也。

鸡交鼠而倾泻，必犯徒流；

原注：鸡，酉也；鼠，子也。若酉金到子，虽属相生，苟不当元而又倾泻，必犯徒流破败。以水冷金寒也，轻则肾、耳有病。

鲍注：倾泻，散漫奔流也。兑为刑，坎为陷。坎水流而不返，故有充军之象，“交”字，宜味之。

雷出地而相冲，定遭桎梏。

原注：雷，震也；地，坤也。土被木克，若出元，必遭桎梏之刑。

鲍注：坤为刑、为小人；震为土、为正直。“出”字作克字解，震木克坤土，故有桎梏之象。“冲”，指水言。

章注：艮为山，止也，阳在上则止；巽为风，入也，阴在下则伏。止者，不事王侯，高尚之士也；伏者，山林隐逸，“不求闻达于诸侯”者也。止伏相投，自有泉石之癖。离为火、为目、为心，性喜流动；兑为金、为少女、为妾，性爱娇奢。离，丽也，一阴附于阳则喜；兑，说也，少阴出于阳则说。离兑相逢，故有江湖花柳之应也。星应日，司文章翰墨之神，躔于奎、壁，定卜文才杰出。胃为土，主仓廪五谷之府，躔于斗、牛，定致千箱之积。兑如加坎，或倾泻奔流，一遇岁君，徒流不免；震若交坤，或相冲相射，年逢三碧，桎梏难逃。

火（增若字）克金兼化木，数惊（章作经）回禄之灾；

原注：此即七与九会也。七为先天火数，九为后天火数，若不当元，或山上龙神下水，水里龙神上山，或七九在三四运内，或七九运水该三四而在山、山本七九反在水，或七九而并有三四配到，或龙运夹杂，或阳宅兴工动作，皆主有回禄之灾也。

鲍注：九七同宫，又遇流年一白飞到，则火灾立见，盖丁壬化木，一九相激也。

土（增能字）制水复生金，自（章作定）主田庄之富。

原注：土本克水，有金来化，则金生水而土又生金，故主田庄之富。虽不当元，亦无碍也。

鲍注：一六相生，遇流年坤艮加来，似嫌克制一白，不知生金益水，反有田庄之应。乾为金玉，坤为财，为大业，坎为纳也。

木见火，而生聪明奇士；

原注：木火通明，乃文明之象，虽不当元，亦生聪敏之子。

鲍注：山上排来是震巽，水里排来遇离，木火通明，故出秀士。

火见土，而出愚钝顽夫。

原注：火炎土燥，虽当元，亦主生顽钝愚夫，何况出元也?

鲍注：坤为冥晦、为迷，虽遇离明相生，而火炎土燥，故出顽钝。尝见有九运立丙向，丁未坤方有高山，出蠢子，几不辨菽麦。

无室家之相依，奔走于东西道路；

原注：有山而无水以界气，故东西奔西无定所，其应如此。

鲍注：有阳无阴，无所归宿，故主奔走劳碌。

鲜姻缘之作合，寄食于南北人家。

原注：南北为诸卦之首，倘本卦无特朝之水为配，若南北有水合得图、书之秘，亦主小富小贵。

鲍注：有阴无阳，不能自立，故主寄食依人。

章注：此节专言生克制化之理，妙在山水峰峦，五星九星正变之象，辨别清楚；再辨玄空随时变易之机，往来进退之理，认得分明，当补者补，当泻者泻，制化得宜，自能得心应手。稍有偏胜，定见荣枯，理之必然者也。如火金相剥，当扶水以克之，或培土以泄之，乃是扶金壮水之至理。若反以木助火，火藉风而愈炽，木生火而愈旺，回禄难逃。土克水则水自涸，得金曜重重，泄土壮水，自有田庄之富。所谓“强者宜泄，弱者宜扶”，即同此意。火由木出，相得则木火通明，定生聪俊。土本火生，太过则火炎土燥，自产顽愚。男以女为室，女以男为家，无家无室，是言孤阴孤阳无所依靠，故主奔走，寄食于东西南北也。

男女多情，无媒妁则为私约（章作合）；

原注：若山水无从，中用不合图、书之秘，虽山水有情，只为私约。盖中五立极之所，犹丹家“黄婆为媒”之义。

鲍注：多情如掀裙舞袖，抱肩挨背之砂，形既不洁，复界于阴阳两卦之间，故有私约之应。

阴阳相见，遇冤仇而反无冤（章作情；鲍云：情当作猜）。

原注：山水各得其位，当元合令，虽是相克，而反有相济之功。

鲍注：冤仇，即上山下水，即阴阳正配，亦属无情。

非（章作惟）**正配而一交，有梦兰[1]之兆；**

原注：坐下虽无龙气，倘得外山与我所蓄，明堂来水合配图、书，亦主妾生子而发贵。

校者注 ① 梦兰：妇人怀孕称为“梦兰”。语出《左传·宣公三年》：“郑文公有贱妾曰燕姞，梦天使与己兰，曰：‘余为伯儵（tiáo）。余，而祖也，以是为而子。以兰有国香，人服媚之如是。’既而文公见之，与之兰而御之。辞曰：‘妾不才，幸而有子。将不信，敢徵兰乎？’公曰：‘诺。’生穆公，名之曰兰。”唐·杜甫《同豆卢峰贻主客李员外贤子棐知字韵》：“梦兰他日应，折桂早年知。”其实梦兰是一种兰科植物，可填充枕头等，具有保健功效。

鲍注：九一、三四、七八，为正配，兼之固吉；一二、二三、六七、八九，虽非正配，若用得合宜，必产佳儿。梦兰，郑穆公事，见《左传》。

得干神之双至，多折桂之英。

原注：即“支兼干出最豪雄”之义。

鲍注：干神，以四正卦言，如震之甲乙是也。双至，言山上、水里俱吉，总以不出卦为重。既不出卦，则山非一山，水非一水，用又合宜，故多折桂。折桂者，捷秋闱也。四维卦，亦可谓干神。

章注：多情，言山形水势相得之情；媒妁，谓立穴定向之得宜。如立穴定向，少有差错，犹男女不用媒妁，便为私合。阴阳虽得相见，遇反伏、冲克、上山下水，颠倒误用，反恩为仇，定见灾殃。双至，即干支品配得宜，山上水里排来都吉之谓。此即《青囊》所谓“四神第一”者是也。

阴神满地成群，红粉场中空（章本无）**快乐；**

原注：山本阴质，仍得阴星，水亦得阴神，虽多妻妾，只有空乐而无子。

鲍注：阴神，二、四、七、九也。阴宅叠见于向首砂水，阳宅重遇于门方向首，皆主好色。

火曜连珠相值，青云路上自（章本无）**逍遥。**

原注：山得阳星，水亦得阳星，虽贵而不富。

鲍注：火曜，尖秀之峰，即文笔也。连珠，一六、二七、三八、四九、九一、一四等是也。遇文笔之砂，挨以官贵之星，故发贵。

非类相从，家多淫乱；

原注：水若反弓，虽相合而亦主淫。

鲍注：非一九、二六、三四、七八之正配，即为非类相从杂乱也，故有此应，亦兼砂不洁言。

雌雄配（章作相）**合，世出贤良。**

原注：山迎水抱，雌雄正配，故出人亦正。

鲍注：山上之阳，遇水里之阴；水里之阳，遇山上之阴，是为配合，故有“出贤良”之应。

章注：四、七、九、二为阴神，诸星重叠于水口三叉，或值门方向首，男女贪淫。火曜，即尖秀挺拔之峰，排立于主山朝案，用又得一六连珠之妙，自能早登科第，得志于当时也。所云相从、相合者，总言山上水里之玄空，及方位干支清纯错杂之应验耳。

栋（章作负栋）**入南离，骤**（章作伫）**见厅堂再**（章作更）**焕；**

原注：九紫运，龙从卯乙来，脉坐午山子兼丁癸，则九紫运当骤发，木生火，尤速也，此为龙来三、九，逆去为穴，应主八十年之富贵。

鲍注：三、九而逢流年巽至，有厅堂再焕之象。巽为栋，震为喜笑，离为光明也。

车驱（章作驱车朝）**北阙，时闻丹诏频来。**

原注：一白运，龙从巽来，立坎山离向，即“四三二一龙逆去，四子均荣贵”之义。

鲍注：一、六而逢年上坤来，有丹诏之应。坤为车、为国、为书，乾为君，坎为三岁。

苟（章作全）**无生气入门，粮艰**（章作蹇）**一宿；**

原注：入首一节应初年，若入首值衰败，则家无隔宿之粮。或用顺排父母，主代代人才消退。

鲍注：阴宅水上排来，全无生旺，阳宅向首门路又逢衰败，故有此应。

会有旺星到穴，富积千钟（章作箱）。

原注：入首生旺，以水为救，水之克入，正龙之生入也。

鲍注：会者，二三处吉水会于向也，如果屈曲朝来，主大富。

章注：负者，排也，挨也。挨排震木，加于离火，出乎震者，复相见乎离，故有厅堂之再焕。乾金排于坎水，成乎地者，又生乎天，天地生生不息，定主丹诏频来。无生气，有旺神，总言宜生不宜克，宜旺不宜衰，此亦趋吉避衰之最要者也。

相克而有相济之功，先天之乾坤大定；

原注：先天之气，惟以生旺衰败为主，若山水皆得生旺，虽相克无碍也。

相生而有相凌之害，后天之金木（章作水）交并。

原注：若山水不合，各有生旺，虽相生而亦主凶，便以后天金木相克断之。

章注：此言河洛先后天阴阳变易之机，五行颠倒之气，颠倒变易，相克相生，乃阴阳五行自然之理。且先天主体，后天主用，为体者不可以用言，为用者不可以体言。所谓“先后八卦，体用咸明”者，此也。

鲍注：平视后天卦，有方位无对待；竖看先天卦，有对待无方位。以地面视之，天在上，地在下，故高者乾而低者坤。天之黄道，高于午，低于子，故乾南而坤北。日生于东，月出于西，故离东而坎西。此先天对待之象也。洛书坎离二卦，势常违而情常亲，故有相济之功，究之先天，本属乾坤。洛书坎兑，金水相生，先天则为坎坤，非对待卦也。玄空妙用，无与先天。此独牵言者，示人以对待之象也。

木伤土而金位重重，虽祸（章作祸须）有救；

原注：木克土以金制之，故云“祸有救”。

火克金而水神叠叠，灾不（章作亦）能侵（章作禳）。

原注：火有水制，故不为害。

土困（章作涸）水而木旺，无妨；金伐木而火荧，何忌？

原注：以木制土，以火制金也。

章注：此节申言生克制化得宜之妙，必须形气兼看，方得制化之精微。如形合而气不合，或气合而形不合，稍有偏胜，制化虽得，亦见荣枯，理势之必然者也。

鲍注：玄空之法，不以生克为吉凶，而以“得时、失时”为吉凶。得时者，生我吉，克我亦吉；失时者，生我凶，克我尤凶。如艮交震巽，七运无碍，破武遇弼，兼贪反吉。贪若兼巨，尤须震巽。文兼武破，要用弼星。此因时补救之大旨也。

吉神衰（章作忌神旺）**而忌神旺**（章作制神弱），**乃入室而**（章作以）**操戈；**

原注：吉不当令，忌反当今，故有操戈之暴。若山下水，水上山，两相冲克，亦如此断。

凶神旺（章作吉神衰）**而吉神衰**（章作凶神旺），**直开门而揖盗。**

原注：复接上二句。制神失令，忌神当令，犹开门揖盗，何所用耶！

章注：克我者，谓之忌神；制神，即克制我之神也。旺者，强也；衰者，弱也。制克无权，定见操戈之患。吉不敌凶，自有揖盗之灾。要之一贵当权，诸凶咸服；众凶克主，独力难支。此亦扶生制克之一法也。

鲍注：忌神、凶神，三、七也。忌神言山上排龙，凶神言水里排龙。旺谓强旺，非生旺也。制神、吉神，主当元生旺，说生、旺方之山水弱而小，三、七方之山水强而大，其应如此。

重重克入，立见消（章作死）**亡；**

原注：既不当令，又遇重重相克，故有立见消亡之祸。

鲍注：克入，指衰败之气，言阴宅向首峰峦、三叉水口皆遇衰败，立见伤丁；阳宅向首、门路俱属衰败，先破财后伤丁。

位位生来，连添财喜（章作喜气）。

原注：若更当元，又重重生入，美之愈美，故有连添财喜之庆。

鲍注：生，生旺也，阴阳二宅向首、水口、门路等，叠见生气旺神，故主添丁发财。

不克我而我克（我克，章作克我同类），**多出鳏寡孤独之人；**

原注：他既不来克我，而我反去克他，亦犹生出、克出之义。

鲍注：克，衰败也。水上排来，虽得一、二吉神；山上排龙，俱属克气。出鳏寡孤独，是指山地言。

不生我而我生（我生，章作生我家人），**乃生俊秀聪明之子。**

原注：不生我而我自相生，虽不当元，亦生俊秀聪明之子，至当令时必发矣。

鲍注：生，生旺也。水上排来，得一、二吉星；山上排来，不止一、二吉星，故主生聪明之子。合上文参观，可见人丁为重。我，向首也，同类家人，左右二爻也。

章注：生则不克，克则不生，阴阳五行自然之理也。所云“位位，重重”，指门方水口而言。门方水口，有生入、克入之利害。同类家人，指干支卦爻而言。干支卦爻，有正克、旁克之吉凶。一生一克，一正一旁，应验各殊，读者当察五行之性情，山水之形势，去来得失之间，趋生避死，迎旺去衰，自无死伤孤寡之患矣！

为父所克，男不招儿；

原注：被当令阳星所克或破碎，皆有此患。

被母所伤，女不成（章作难得）**嗣。**

原注：生旺处被水冲断，或衰败方有冈路直冲，则女不能成荫。

鲍注：此四语，指两卦夹杂，言如乾杂震巽，即为父所克；三四夹七，即为母所伤。金克木，长子难招；土克水，仲子必亡；木克土，少男有厄是也。

后人不肖，因生方之反背无情；

原注：言生旺方，来龙反背而去，或生旺水去反跳者，皆是。

贤嗣承宗，缘生位之端拱（章作方）**朝揖。**

原注：生位有情，端拱朝揖，虽不当元，亦生贤嗣。

鲍注：旺主当时，生主将来，故后嗣全赖生方之山，端拱朝揖，不可反背无情。

章注：木受金克，长子难招；水被土伤，次子无嗣。皆指玄空而言，非指方位。朝揖反背，言山水之情形。生方旺方，言挨星之得失。生方果有真情相向，并有朝揖情形，儿孙定多贤良孝友。此因形察气，因气求形之法，总之，必兼形、气、理以推休咎，方一毫不爽耳。

我克彼而反（章作竟）**遭其辱，因**（章作为）**财帛以丧身；**

原注：水本以克我为旺，而我反去克他，故有因财帛丧身之应。

鲍注：山形乖戾，势或逼近，适山上之星克制水里之星，一失运必有是应。

我生之而反被（章作受）其灾（章作殃），为（章作因）难产以致死。

原注：我不当令，而反生彼；彼不当令，反以生旺之星下水，故有此应。

鲍注：此亦指山形凶恶破碎，言山上之星适生水里之星是也。

章注：生之太过，反主死伤；克之太急，反遭其辱。均由形气乖戾之故，所谓“过犹不及”者，此也。

腹多水而膨胀，

原注：坤为腹，遇坎水重重，不当令者应。

足以（章作见）金而蹒跚。

原注：震为足，被金克而不当令，故有蹒跚之应。

鲍注：坤为腹，坎为水，土败不能制水，故主腹疾；震为足，遇六、七克之，故主足跛。

巽路（章作宫）水宫（章作路）缠乾，为（章作主有）悬梁之犯（章作厄）；

原注：或水或路，巽乾相冲。乾为首，巽为索，如不当元，故有悬梁之厄。

兑位明堂破震，主（章作定生）吐血之灾。

原注：明堂，聚水处也。兑以震为明堂，兑在下元，阴阳相反，两敌为难。兑为口、为血、为肺；震为肝，兑被震水冲破，肺肝两伤，故有吐血之应。

鲍注：山得三，水得七，恰逢向首是也。

风行地而硬直难当，室有欺姑之妇；

原注：坤为老母，如姑；巽为长女，如妇。形来硬直，如值失令，以巽木克坤土，故家有欺姑之妇也。如当元则减等。

火烧天而张牙相斗，家生骂父之儿。

原注：乾为天、为父，离火来克，其形更如张牙相斗之状，必生骂

父之逆子，失元者应。

章注：坤为腹、为土，土衰不能制水，自有膨胀之病。震为足，为木，为肝，肝主血，受乾兑金克，则木坏肝伤，主足跛、吐血之证。巽为长女，坤为老母，风行地则坤母受制于巽女，更兼形势硬直无情，故有欺姑之妇。乾为天、为父、为金，乾金受克于离火，更有张牙不逊之势，必生不孝之儿。此种大关风化，全在立穴定向之际，斟酌得宜，苟能挽逆为顺，实有功于名教也。

此节总言相克之利害。腹胀吐血，欺姑骂父，皆形气相克之应验也。读者当细心参考，务宜兼形兼气，方得九星八卦之精微耳。

两局相关，必生双（章作孪）**子；**

原注：即静一局、动一局，皆得当时生旺，或辛、戌二峰连在六、七运中，乙、辰二峰连在三、四运中，亦生双子。此即“支兼干出”之义。

孤龙单结，定主（章作有）**独夫。**

原注：如乙辛丁癸之类，惟一字上来，脉懦弱，故主单传。

章注：两局，指承气收水而言；孤单，指地气形势而言。此节专言龙水阔狭厚薄之应。

鲍注：孪子，双产也；两局，相关两卦会局也。如立向在阴阳交界，或两卦骑缝处，必一吉一凶。两局皆吉，故生孪子；两局皆凶，亦应祸不单行；一吉一凶，有见吉不见凶，有吉凶并见者，须细细详之方准。孤龙，一吉之龙也，不能兼他卦补救，故有独夫之应。

坎宫高塞而耳聋，

原注：下元坎方高塞，应主耳聋。

离位摧残而目瞎。

原注：上元离位摧残，或建厕，皆主损目、堕胎。

兑缺陷而唇亡齿寒，

原注：下元兑方缺陷，或水冲败，皆主缺唇、音哑、口喉诸病。

艮伤残（章作破碎）**而筋枯臂折。**

原注：艮为脾、为背、为手、为足、为鼻，下元艮位伤残，故有臂折、筋枯之应。

山地被风（章作风吹），**还生疯**（章作风）**疾**；

原注：山，艮；地，坤，皆属土，若失元而被巽木来克，故有风疾之应。

雷风金伐（章作因金死），**定被刀伤**（章作兵）。

原注：震，雷；巽，风，皆属木，若失元而被金克，定主刀斧之伤，或遭兵惨。

章注：坎耳、离目、艮手、震足，皆兼形气以占休咎。所言卦理，是玄空变易之卦理，非南离、北坎之定位，读者切勿误会。如坎方高塞，定主耳聋；离位伤残，必多目疾。兑取象于口，缺陷则唇亡齿寒；艮取象于身，破碎则筋枯臂折。艮坤为土，巽风吹劫，风疾难逃；震巽为木，乾兑金伤，刀兵必至。种种均白纵横颠倒，相冲相射形气之所应也。

家有少亡，只为冲残子息卦；

原注：我生者为子息，若子息位被冲伤破损，每主少亡。

庭无耋耄（章作耆老），**多因裁**（章作攻）**破父母爻**。

原注：生我者为父母，若父母卦位破碎，则家无耆老，或中元乾位损者，亦如是。

章注：乾坤为父母，六卦为子息，此八卦之父母也；诸卦自为母，三爻为子息，此一卦之父母也。玄空之父母、子息，则又以变易干支者为父母，以何位何宫倒地翻天者为子息。冲残、攻破，言生气之受克耳。

鲍注：如乾卦，乾为父母，戌亥为子息；乾坤为父母，震巽为长，坎离为仲，艮兑为季，俱为子息。父母破损，家无耆老；子息破损，室有少亡。冲残、攻破，皆言受克也。

漏道在坎宫，遗精泄血；

原注：遗精泄血，肾经下体之病也。上元坎方有漏道，则男主遗精，妇主泄血也。

破军居巽位，颠疾风狂。

鲍注：破军，非兑卦也，言欹斜破碎，形似金星，巽上逢之，故出颠狂也。

开口笔插离方，必落孙山之外；

原注：离主文明，峰宜尖秀，故曰“文笔”。官星倘破碎而开口，虽有文而不中，故有落孙山之应。

离乡砂见艮位（见章作飞），**定遭**（章作亡）**驿路之亡**（章作中）。

原注：艮为山、为岩壁，倘此方有反背离乡砂，更遇失元，主流亡于外，或山脚驿路之旁。

鲍注：砂形向外反抱，曰“离乡”，艮为径路，此砂见于艮位，故主客死。

章注：水分两处曰“漏道”，非“分滨分枝”之谓也。坎为水、为肾，主精血，是方有水倾泻奔流，便是肾气不固，自有遗精、泄血之病。其余颠病风狂，皆言因形察气之法。

金水多情，贪花恋酒；

原注：坎为中男，兑为少女，主男女多情。坎为水、为酒；兑为金、为娼。水性淫荡，值失元之时，故有贪花恋酒之应。

水（章作木）**金相反，背义忘恩。**

原注：上文七运而用一白，此则一运而用七亦，为运之相反，失令，金主义，故曰“背义忘恩”，无所取用。

鲍注：金，兑也；水，坎也；木，震也。兑为少女、为密；坎为淫、为酒。多情，如砂有抱肩、挨背等形。木，为仁；金，为义。相反，形向外也。此皆形体不整，故有此应。

震庚会局，文臣而兼武将之权；

原注：震甲为义士，庚为武将。若上元震山庚水，庚峰向水兼收，即“三阳水向尽源流”之义；下元兑山震水，甲峰亦主文武全备，失元不应，谓为金木交并。

鲍注：山三水七，或山七水三，得时皆有此应。

丁丙朝乾，贵客而有耆耄之寿。

原注：下元九八七六逆排，父母主八十年之久，故主贵寿。上元不应。

鲍注：离为南极，主寿；乾为贵客，山上六水遇九，得时者应。

天市合丙坤，富堪敌国；

原注：天市，艮也。合丙坤，即二、一、九、八进气，或“坤山坤向坤水流”之类，故曰“富堪敌国”也。

鲍注：八、九排在水上，又二来合十，故有此应。

离壬会子癸，喜产多男。

原注：离水至壬而止，子癸进气，即“支兼干出最豪雄”也。在上元，主多男丁盛。

鲍注：离为喜，九、一为正配，故主多男也。

章注：金水多情，木金相反，是言玄空之金木，非西金东木之方位。震为天禄，庚号武爵，玄空会合，文武全才。丁为南极，丙为太微，果真情朝拱，主贵而多寿。艮为天市，本主财禄，又得火土相扶，故富可敌国。离、壬子癸，会成既济，主多男之庆。然必体得其体，用得其用，方有是征。若拘拘于呆法者，百无一得也。

四生有合人文旺，

原注：上元一二三四之山，有九八七六之水，配成合十之数；下元六七八九之山，有四三二一之水配合一六、二七、三八、四九生成之数，主旺人文。

四旺无冲田宅饶。

原注：四旺，即上元九八七六、下元四三二一之水，无有冲破，故主田宅富饶。如失运，即有山上龙神下水之患。

鲍注：寅申巳亥四生方之山，挨着吉星，主旺人文。子午卯酉四旺方之水，挨着生旺，主饶田宅。虽为临穴之大旨，实挨星进一层法也。

丑未换局而出僧尼，震巽失宫而生贼丐。

二语，旧本无，今照章本增入。鲍注：坤为寡，艮为阍寺，故同僧尼；震为守、为草莽，动而不正，有贼象；巽为近市利，卑而不正，有丐象。二语当兼形体言。

南离北坎，位极中央（章作天）；

原注：南、北，为中天立极之所，八卦之父母，其力最厚，能管诸方，故配合之道，以天地为定位也。

鲍注：坎离二卦，得乾坤之中气，合时者至贵。

长庚启明，交战四国。

原注：长庚，西也；启明，东也。东在天地之左，为阳、为生，主昼，即日之东升，升则处处皆得阳明生旺之气。西在天地之右，为阴、为死，主夜，即日之降也，降则处处皆昏暗阴惨矣。四面八方，此阳彼阴，此阴彼阳，山水匹配，交媾之义准此。

鲍注：兑为长庚，震为启明，合时用之，主出武略之人。

健而动，顺而动（三字章本无），**动非佳兆**；

原注：健者，龙也；顺者，水也。若龙水皆得时令之阳，阳为生旺，宜于龙脉之主动。水本静也，受时令之阴气，今亦反阳，是独阳不生矣，故曰“非佳兆”也。

止而静，顺而静（三字章本无），**静亦**（章作罔）**不宜**。

原注：脉之止处，亦得时令之阴气，盖入首最要生旺，而与水皆阴，是孤阴不生也，故曰“不宜”。

鲍注：乾健、坤顺、艮止、巽入，不宜冲动，宜安静，此以动静审吉凶也。

富并陶朱，断是坚金遇土（章作堆金积玉）；

原注：下元六、七之山而遇坤水，为水之生入，主富；或六、七之山而遇艮水亦然，此即“六七八之山一片”是也。

贵比王谢，总缘乔木扶桑（章作疏）。

原注：即上元震山而配兑水或艮水，主富贵，即“三四辅扶”是也。

辛比庚而辛要（章作更）**精神**，

原注：辛庚虽属同卦，然有顺有逆，所用不同，故有遇庚固吉，而遇辛更精神百倍也。

甲附乙而甲亦（章作益）**灵秀**。

原注：此言震卦一官，总要从父母而来，即“三阳一官”之义也。

鲍注：辛庚皆兑，甲乙俱震，四向各有所宜。辛略胜庚，甲不逊乙，合下壬癸、丙丁方言罗经立向，随时不同。举四正以例四维，学者融会贯通之可也。

癸为元龙，壬号紫气，昌盛各得有因（章作有攸司）。

原注：癸旺本官，壬顺对位，各有顺逆不同，元有六甲之辨，故曰“各得有因”也。

鲍注：癸、壬，各有宜用之时，非癸向为吉、壬为凶，亦非壬向为吉、癸为凶也，故曰“昌盛各有攸司”也。

丙临文曲，丁近伤官，人财因之耗乏。

原注：丙杂巳，巳为文曲；丁杂未，以火生土为伤官。龙水有犯此者，人财有耗乏之应，龙杂主丁，水杂主财也。

鲍注：五运丙向，四运丁向，皆人财耗散之局。伤官，五黄也；近，邻近也。

章注：有合无冲，即彼此生生无冲射、反伏也。东木西金，南离北坎，言四生四旺各得其宜也。健动止静，谓干支卦爻，清纯者为静止，错杂者为动健。论山水则以形动者为动，形静者为静，所谓“行乎不得不行，止乎不得不止”，气势两兼，方是真动真止。王谢、陶朱，皆言砂水峰峦体用兼得之妙；甲、乙、庚、辛，不拘来山去水方位，干支须归一路。如丙杂巳，丁入未，不知挨星妙用而又出卦，自有偏枯、耗散之病矣。

见禄存，瘟癀必发；遇文曲，荡子无归。

原注：此二句总结上文，若龙水杂，此应于三碧、四绿运中。

值廉贞而顿见火灾，

原注：值五黄运，在中央为土，在外即廉贞火也。

逢破军而多亏身体。

原注：火克金也，以上皆因夹杂之故，至其元而应。

鲍注：禄存，三也；文曲，四也；廉贞，五也；破军，七也。非时而向上逢之，其应如此，向可忽乎哉！

四墓非吉，阳土阴土之所裁（章作贵剪裁）；

原注：四墓辰戌丑未，乃戊己寄旺之所，阳戊寄未辰，阴己寄丑戌。四墓有生旺时，便以为龙；有衰败时，便为消水。俗师止知用于水口，而不知亦有卯金龙之动时也。惟犯乙、辛、丁、癸之位，则每多消索，用者须知所忌耳。

四生非凶，卦内卦外由我取。

原注：四生本吉非凶，若在卦内则吉，卦外则凶，无有一定，总以得时为吉，悖时则凶。惟在人之合令取用配合图、书而已。

鲍注：辰戌丑未四墓支向，俗谓不吉，然有时大吉；寅申巳亥四生支向，俗谓无凶，然有时大凶。皆须以运为准。且四墓、四生，最易出卦，有杂乙辛丁癸、甲庚壬丙而凶者，亦有兼之而反吉者，学者须辨明卦内卦外，然后取用之可也。

若知祸福缘由（章作因），**妙在天心橐籥。**

原注：此尾句以结通篇大旨。

鲍注：橐，冶器，喻砂水也；籥，管籥，喻九星也。《道德经》云："天地之间，其犹橐籥乎。"注云："橐者，外椟以受籥也；籥者，内管以鼓橐也。"由是观之，必橐籥两备，方能造福，故曰"妙在天心橐籥"。天心，即天心正运之一卦也。识得天心，方能持籥以寻橐，因橐以核籥，以此卜阴阳两宅，可无遗憾矣，学者勉之！）

章注：此节专辨诸星之应验，必须测气象，辨九星，察形势，看远近；再推五行生克制化之理，吉凶消长之机，而言得言失，言祸言福，自能百不失一。阴土阳土者，"借库、自库"之谓；卦内卦外者，"得、失"之谓。读者须从天心颠倒之间裁取得失，自无不当矣！）

《青囊》万卷，总不出"体用"二字。体有山水之分，用有得失之辨。体有移步之不同，用有随时之更变。用必依形而显休咎，体必因气而见吉凶。要之体无用不灵，用无体不验，必须形气两兼，默参九星生克之理，以推休咎，方得体用之精微。此《秘旨》言体言用，缕析条分，阐发精详，无微不入，非深得《青囊》之奥，河洛之理者，焉能道其只字耶？

道光癸未　无心道人注

飞星赋（又名《飞星断》）

“赋”一作断。是篇未详作者姓名。篇中言吉者从略，言凶者特详，足补《玄空秘旨》之未备，欲人知所避也。惟须知九宫摩荡，随时变易；若呆板轮流，不啻毫厘千里矣！姚士选识。

周流八卦，颠倒九畴。察来彰往，索隐探幽。承旺承生，得之足喜；逢衰逢谢，失则堪忧。人为天地之心，凶吉原堪自主；《易》有灾祥之变，避趋本可预谋。小人昧理妄行，祸由己作；君子待时始动，福自我求。

此节发明吉凶得失，惟人自召之故。

试看复壁揕身，

坤为积土，有墙壁之象，又为身。震犯坤土，故主土击。篇中借用六十四卦名，以明山与向之飞星也，下仿此。

壮途踬足。

壮，大壮也。震为足，乾为行人。乾金克震木，故主跌仆也。

同人车马驰驱，

乾为马、为远、为行人，离日克之，故有此象。

小畜差徭劳碌。

巽为命令，乾为大人，乾克巽，故有差徭劳碌之象。

乙辛兮家室分离，

乙即震，为主、为夫、为反、为出；辛即兑，为妻妾，为少女，为毁折。震兑对待冲克，故有此应。

辰酉兮闺帏不睦。

辰即巽，巽为长女；酉即兑，兑为少女。兑巽相克，故主闺帏不睦。

寅申触巳，曾闻虎咥家人；

参宿为白虎，在申宫；寅宫亦有尾虎。申寅冲，冲则动，再遇流年巳火吊来，寅刑巳，巳刑申，三刑会，自有咥人之象。又象取坤虎艮山巽风，然事不常见，下故取象于犬伤。

壬甲排庚，最异龙摧屋角。

震为龙，坎为云、为雨，兑为泽。震坎相生，云从龙象，兑来冲克，龙飞腾象，主有龙阵摧屋，然事亦非常见，下故取象于蛇。

或被犬伤，

艮为狗，逢三刑以猘犬断；若坤为主，则断牛伤。

或逢蛇毒。

解见上。又巽为蛇，必吊太岁到向，方断伤人，否则见蛇而已。

青楼染疾，只因七弼同黄；

兑为少女、为贼妾；离为心、为目。心悦少女，淫象也，五黄性毒，故主患杨梅疮毒。

寒户遭瘟，缘自三廉夹绿。

震为虫，中五性毒，巽风夹之，故瘟，又有风疹。

赤紫兮，致灾有数；

七赤为先天火数，九紫乃后天火星，二星相并，水如冲动，灾必骤发；泄之，反不见殃，火性炎烈故也。

黑黄兮，酿疾堪伤。

二黑在一、二运为天医，余运为病符，若与五黄同到，疾病损人。

交至乾坤，吝心不足；

乾为金，坤为吝啬，故吝而无厌。

同来震巽，昧事无常。

震为出，巽为入，出入不当，故因循误事。

戌未僧尼，自我有缘何益；

戌为僧，未为尼，失时，相生何益？

乾坤神鬼，与他相克非祥。

乾为神，坤为鬼，克则有鬼神指责。

当知四荡一淫，淫荡者扶之归正；

四为风，故荡，水趋下须扶，盖得时吉，失时凶。此四为主，非一为主也。

须识七刚三毅，刚毅者制则生殃。

凡三七皆不可克制，克制则其祸尤烈。

碧绿风魔，他处廉贞莫见；

雷风相薄，本主疯病，叠五黄则立应。

紫黄毒药，邻宫兑口休尝。

火味苦，五性毒，故为毒药。若兑金贪五土之生，则毒药入口矣，嗜烟者如之。

酉辛年，戊己吊来，喉间有疾；

兑为喉舌，逢五黄必生喉症。

子癸岁，廉贞飞到，阴处生疡。

一为肾，故云阴处，五主脓血，故有生疡之象。

豫（雷地也）拟食停，

坤为脾胃，木克之，脾胃受伤，故食停。

临（地泽也）云泄痢。

泽金泄坤腹之气，泽性注下，故主痢。

头响兮六三，

乾为首，震为声，雷性上腾，故头鸣，大抵肝阳上升等症。

乳痈兮四五。

四为乳，五脓血。

火暗而神志难清，

火为神，若离宫幽暗，主神昏，此兼气色断。下仿此。8 风郁而气机不利。

在天为风，在人为气，巽宫窒塞，故有此应。

切莫伤夫坤肉震筋，岂堪损乎离心艮鼻。

此言方位不可有恶形。

震之声，巽之色，向背当明；

向背，指形势言。

乾为寒，坤为热，往来切记。

往来，指形势及门路，言遇乾坤双至，必患三阴疟。

须识乾爻门向，长子痴迷；

乾爻，戌也，乾为知、为健，失时则痴迷矣。

谁知坤卦庭中，小儿憔悴。

二为病符，若飞到东北方，主少男病。凡乾坤二卦，以老父老母断，十有一、二验；以所到方之卦断，十有八、九验，因六子当事故也。

因星度象，木反侧兮无仁；

反侧，指形说，震为仁。

以象推星，水欹斜兮失志。

坎为志，敧斜亦指形言。

砂形破碎，阴神值而淫乱无羞；

阴神，阴卦也，二、四、七、九是。

水势斜冲，阳卦凭则是非牵累。

阳卦，一、三、六、八也。

巽如反臂，总怜流落无归；

四绿到处，砂形如臂向外反抱者，主流落他乡，因风性飘荡故也。

乾若悬头，更痛遭刑莫避。

悬头，断头砂也，遭刑杀戮也。

七有葫芦之异，医卜兴家；

七为刑，有除恶之象，故为医；《洪范·七稽疑》，故为卜；葫芦砂，形如葫芦也。

七逢刀盏之形，屠沽居肆。

刀盏，砂形也；七乃西方金，故为屠；又为口舌，故为沽也。

旁通推测，木工因斧凿三宫；触类引伸，铁匠缘钳锤七地。

此凭砂之形象以断，千变万化，总在形与星也。

至若蛾眉鱼袋，衰卦非宜；犹之旗鼓刀枪，贱龙则忌。

娥眉，女贵；鱼袋，男贵，失运反贱。旗鼓、刀枪，用不合法，反主盗贼也。

赤为形曜，那堪射胁水方；碧本贼星，怕见探头山位。

射胁水、探头山，最凶，若七、三临之，祸更甚。

若夫申尖兴讼，

尖者，尖峰也。在一、九为文笔，在四为画笔，在申为词讼笔。

辰碎遭兵。

辰乃天罡，破碎非宜。

破近文贪，秀丽乃温柔之本；

一、四杂七，其弊如此。

赤连碧紫，聪明亦刻薄之萌。

三、九杂七，始聪明而渐刻薄，两卦夹杂之弊如此。

五黄飞到，三叉尚嫌多事；

用法俱合流年，五黄到三叉，尚有小疵。

太岁推来，向首尤属堪惊。

承气虽吉，太岁到向，犹恐损人。

岂无骑线游魂，鬼神入室；

骑线，如巳、丙、丁、未等骑线之向也；游魂，如乾离坎坤、艮巽震兑是也。若游魂失运，鬼神昼见。如九运用巳丙向，堂中黑暗，承巳气多、丙气少，堂中午后或见鬼神，人不敢居，或疑堂下有伏尸，不知非也，乃卦气使然耳。

更有空缝合卦，梦寐牵情。

空缝，乃一卦之空缝，如丙午辰巽等是也。合卦，如乾坤坎离是也。见此则人尝用心于无用之地，梦寐萦怀，若用骑线向，较空缝尤甚。

寄食依人，原卦情之恋养；抛家背父，见星性之贪生。

承上“骑线空缝”而言，如九运亥壬，门向申庚，宅向外卦承乾气，亥九喜生壬五为恋养。养者，养之也。内承兑气，庚七喜受坤二之生，即为贪生。生者，生我也。如是者，主寄食依人，抛家而去也。壬亥门向，又为空缝合卦。

总之助吉助凶，年星推测；

流年九星入中宫，吊动运盘，足以助吉，亦足以助凶也。

还看应先应后，岁运经营。

吉凶先后不一，年星与运气一一推排，自知先后之应，故曰“岁运经营”。

玄关同窍歌

司马头陀作。此篇自《消遣集》、《地理辨正补》中录出。玄者，令星以当运之星入中也；关者，天根以山向挨得之星入中也；窍者，城门亦以挨得之星入中也。

知妙道，玄关一诀为至要；识真情，玄上天机窍上分（即“城门一诀最为良”之义）。漫说天星并纳甲，且将左右问原因；先观水倒向何流，玄关造化此中求。内外玄关同一窍（内外，即山、向飞星，城门亦同，故云“同窍”），绵绵富贵永无休；一窍通关作大谋（以城门之星入中也），玄关交媾亦堪求。若是玄关俱不媾，局堪图画没来由；重重生气入关中，连逢三五位三公。转关一节逢生旺，便知世代出豪雄；不论阴阳纯与杂，犹嫌墓气暗相攻。其间造化真玄奥，不与时师道；吾今数语吐真情，不误世间人。

八卦掌诀

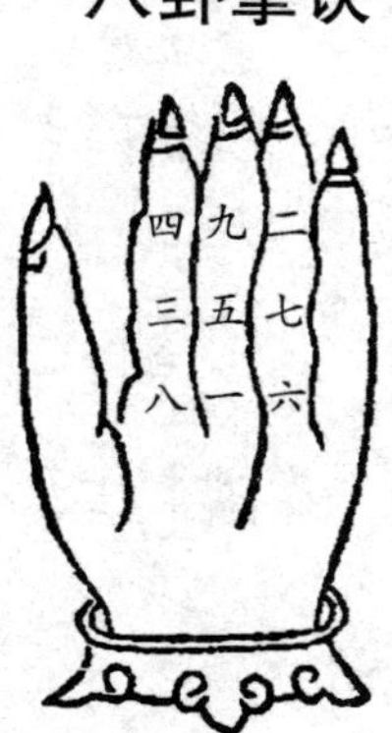

排山掌诀

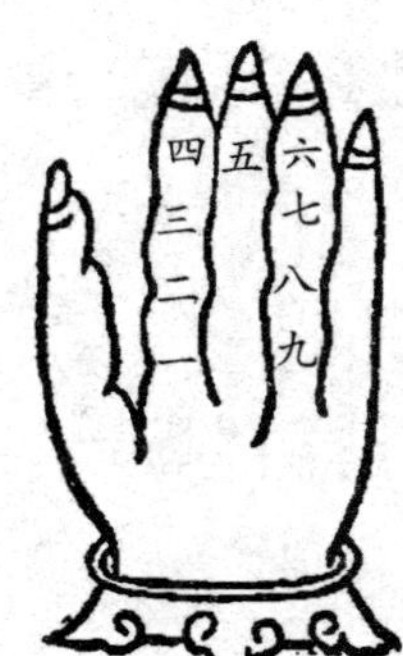

年上紫白吉星歌

年上吉星论甲子，逐年星逆中宫始；

上中下作三元汇，一上四中七下使。

推算法：

上元甲子年，一白入中；中元甲子年，四绿入中；下元甲子年，七赤入中。

如上元甲子年，一白入中，二黑到乾，三碧到兑，四绿到艮，五黄到离，六白到坎，七赤到坤，八白到震，九紫到巽。

乙丑年九紫入中，丙寅年八白入中；

丁卯年七赤入中，戊辰年六白入中；

己巳年五黄入中，庚午年四绿入中；

辛未年三碧入中，壬申年二黑入中；

癸酉年又为一白入中，周而复始。中、下两元，照此例推。（凡起法，从中宫起年顺飞，星则逆数。）

上元甲子六十年紫白图

中元甲子六十年紫白图

下元甲子六十年紫白图

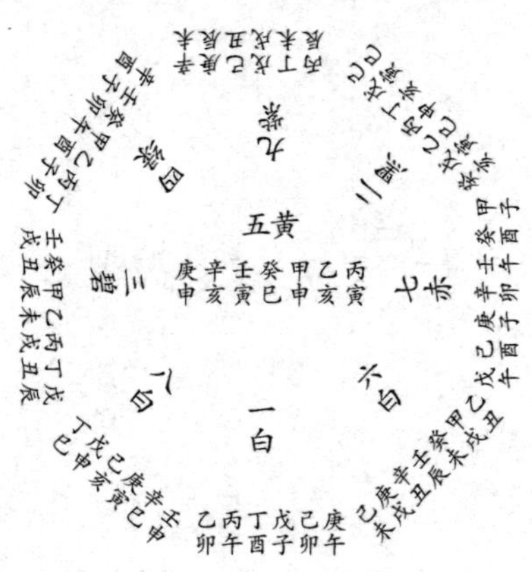

月上紫白吉星歌

旺年八白中宫得，墓是五黄生是黑；

逐月逆星次第行，一周之内可推测。

推算法：

子午卯酉为旺年，正月起八白；辰戌丑未为墓年，正月起五黄；寅甲巳亥为生年，正月起二黑。俱从中宫起，随月星逆数。

凡子午卯酉年，正月八白入中，二月七赤入中，……至十月仍八白入中，周而复始。辰戌丑未年，正月五黄入中；寅申巳亥年，正月二黑入中，不论上、中、下三元，均依此例推。

凡年、月紫白，于开山、立向、修方，最忌者五黄一星，切不可犯，犯则诸事不利！此外九星有吉有凶，于开山、立向、修方，均无妨碍，惟在配合玄空飞星，定其衰旺生死，合其五行生克而已。

子午卯酉年月上紫白图　　**辰戌丑未年月上紫白图**

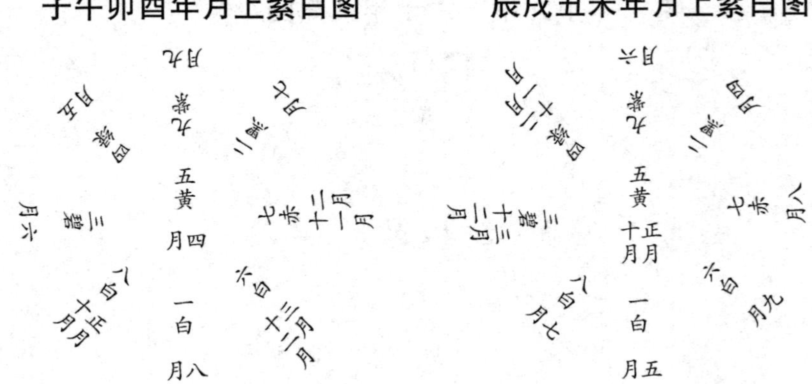

寅申巳亥年月上紫白图

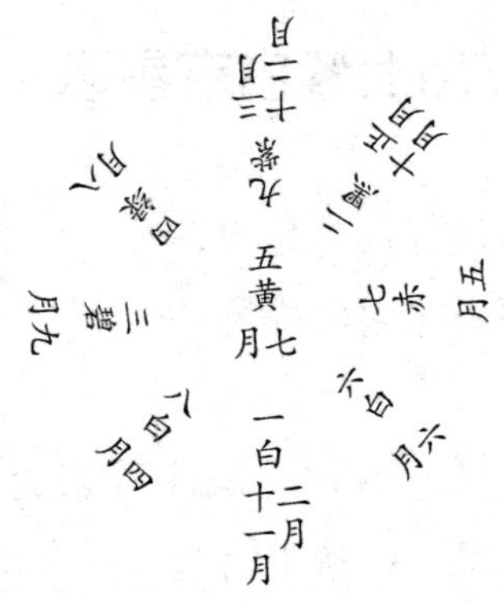

日家白星起例

杨锡祺加注。

《宝海经》云："日家白法不难求，二十四气六宫周；冬至雨水及谷雨，阳顺一四七中游；夏至处暑霜降后，九六三星逆行求。"

如冬至后，甲子为上元起一白，乙丑二黑；雨水后，甲子为中元起七赤，乙丑八白；谷雨后，甲子为下元起四绿，乙丑五黄。并顺布求值日星，入中宫顺行。

夏至后，甲子为上元起九紫，乙丑八白；处暑后，甲子为中元起三碧，乙丑二黑；霜降后，甲子为下元起六白，乙丑五黄。并逆布求值日星，入中宫逆行。

时家白星起例

《宝海经》云："时家紫白更精微，须知二至与三元（谓顺局以冬至起，逆局以夏至起，务要分清，三元方与日白相吻合）；

冬至三时一四七（冬至与雨水、谷雨为三时，凡此三时，在四孟日子时则一白入中，四仲日子时则四绿入中，四季日子时则七赤入中，故云"一四七"也），子酉宫中顺布之（子时与酉时，飞星入中均同，"顺布"专指冬至三时而言）。

夏至九六三星逆（夏至与处暑、霜降，在四孟日子时则九紫入中，四仲日子时则六白入中，四季日子时则三碧入中，故云"九六三"也），九星挨巽震排之（此指逆布之法，如子日一白到巽，二黑到震是也）；

顺逆两边如日例（谓顺逆不同，颠倒两边，如日白飞星之起例也），戌丑亥寅一般施（言其子酉二时，无论孟、仲、季日，飞星入中均同，故丑未二时、寅申二时亦与子酉二时相似也）。"

如子午卯酉四孟日，上元冬至、中元雨水、下元谷雨后，子时起一白，丑时二黑，顺行。上元夏至、中元处暑、下元霜降后，子时起九紫，丑时八白，逆行。

如辰戌丑未四仲日，上元冬至、中元雨水、下元谷雨后，子时起四绿，丑时五黄，顺行。上元夏至、中元处暑、下元霜降后，子时起六白，丑时五黄，逆行。

如寅申巳亥四季日，上元冬至、中元雨水、下元谷雨后，子时起七赤，丑时八白，顺行。上元夏至、中元霜降、下元处暑后，子时起三碧，丑时二黑，逆行。

上元日紫白九星顺局表

此表推算法：每岁在冬至后之甲子日起一白，顺布推算至芒种后癸亥日九紫入中为止。以下即与夏至后之甲子日九紫入中对头。

冬至	雨水	谷雨	甲子	乙丑	丙寅	丁卯	戊辰	己巳	庚午	辛未	壬申
小寒	惊蛰	立夏	癸酉	甲戌	乙亥	丙子	丁丑	戊寅	己卯	庚辰	辛巳
大寒	春分	小满	壬午	癸未	甲申	乙酉	丙戌	丁亥	戊子	己丑	庚寅
凡在此三节后之甲子日以前概属大雪节算	凡在此三节后之甲子日以前概属立春节算	凡在此三节后之甲子日以前概属清明节算	辛卯	壬辰	癸巳	甲午	乙未	丙申	丁酉	戊戌	己亥
立春	清明	芒种	庚子	辛丑	壬寅	癸卯	甲辰	乙巳	丙午	丁未	戊申
凡在此节后之甲子日概归雨水节算	凡在此节后之甲子日概归谷雨节算	凡在此节后之甲子日概归夏至节算	己酉	庚戌	辛亥	壬子	癸丑	甲寅	乙卯	丙辰	丁巳
			戊午	己未	庚申	辛酉	壬戌	癸亥			
一白	七赤	四绿	中	巽	震	坤	坎	离	艮	兑	乾
二黑	八白	五黄	乾	中	巽	震	坤	坎	离	艮	兑
三碧	九紫	六白	兑	乾	中	巽	震	坤	坎	离	艮
四绿	一白	七赤	艮	兑	乾	中	巽	震	坤	坎	离
五黄	二黑	八白	离	艮	兑	乾	中	巽	震	坤	坎
六白	三碧	九紫	坎	离	艮	兑	乾	中	巽	震	坤
七赤	四绿	一白	坤	坎	离	艮	兄	乾	中	巽	震
八白	五黄	二黑	震	坤	坎	离	艮	兑	乾	中	巽
九紫	六白	三碧	巽	震	坤	坎	离	艮	兑	乾	中

上元日紫白九星逆局表

此表推算法：每岁在夏至后之甲子日起九紫，逆布推算至大雪后癸亥日一白入中为止。以下即与冬至后之甲子日一白入中对头。

夏至	处暑	霜降	甲子	乙丑	丙寅	丁卯	戊辰	己巳	庚午	辛未	壬申
小暑	白露	立冬									
大暑	秋分	小雪	癸酉	甲戌	乙亥	丙子	丁丑	戊寅	己卯	庚辰	辛巳
凡在此三节后之甲子日以前概属芒利节算	凡在此三节后之甲子日以前概属立秋节算	凡在此三节后之甲子日以前概属寒露节算	壬午	癸未	甲申	乙酉	丙戌	丁亥	戊子	己丑	庚寅
			辛卯	壬辰	癸巳	甲午	乙未	丙申	丁酉	戊戌	己亥
立秋	寒露	大雪	庚子	辛丑	壬寅	癸卯	甲辰	乙巳	丙午	丁未	戊申
凡在此节后之甲子日概归处暑节算	凡在此节后之甲子日概归霜降节算	凡在此节后之甲子日概归冬至节算	己酉	庚戌	辛亥	壬子	癸丑	甲寅	乙卯	丙辰	丁巳
			戊午	己未	庚申	辛酉	壬戌	癸亥			
九紫	三碧	六白	中	巽	震	坤	坎	离	艮	兑	乾
八白	二黑	五黄	乾	中	巽	震	坤	坎	离	艮	兑
七赤	一白	四绿	兑	乾	中	巽	震	坤	坎	离	艮
六白	九紫	三碧	艮	兑	乾	中	巽	震	坤	坎	离
五黄	八白	二黑	离	艮	兑	乾	中	巽	震	坤	坎
四绿	七赤	一白	坎	离	艮	兑	乾	中	巽	震	坤
三碧	六白	九紫	坤	坎	离	艮	兑	乾	中	巽	震
二黑	五黄	八白	震	坤	坎	离	艮	兑	乾	中	巽
一白	四绿	七赤	巽	震	坤	坎	离	艮	兑	乾	中

中元日紫白九星顺局表

此表推算法：每岁在雨水后之甲子日起七赤，顺布推算至立秋后丁巳日九紫入中为止。以下倒数六日，即与处暑后甲子日碧入中相符合。

雨　水	谷　雨	夏　至	甲子	乙丑	丙寅	丁卯	戊辰	己巳	庚午	辛未	壬申
惊　蛰	立　夏	小　暑	癸酉	甲戌	乙亥	丙子	丁丑	戊寅	己卯	庚辰	辛巳
春　分	小　满	大　暑	壬午	癸未	甲申	乙酉	丙戌	丁亥	戊子	己丑	庚寅
凡在此三节后之甲子日以前概属立春节算	只在此三节后之甲子日以前概属清明节算	凡在此三节后之甲子日以前概属芒种节算	辛卯	壬辰	癸巳	甲午	乙未	丙申	丁酉	戊戌	己亥
清　明	芒　种	立　秋	庚子	辛丑	壬寅	癸卯	甲辰	乙巳	丙午	丁未	戊申
凡在此节后之甲子日概归谷雨节算	凡在此节后之甲子日概归夏至节算	凡在此节后之甲子日概归处暑节算	己酉	庚戌	辛亥	壬子 亥癸	癸丑 戌壬	甲寅 酉辛	乙卯 申庚	丙辰 未己	丁巳 午戊
			戊午	己未	庚申	辛酉	壬戌	癸亥			
七赤	四绿	一白	中	巽	震	坤	坎	离	艮	兑	乾
八白	五黄	二黑	乾	中	巽	震	坤	坎	离	艮	兑
九紫	六白	三碧	兑	乾	中	巽	震	坤	坎	离	艮
一白	七赤	四绿	艮	兑	乾	中	巽	震	坤	坎	离
二黑	八白	五黄	离	艮	兑	乾	中	巽	震	坤	坎
三碧	九紫	六白	坎	离	艮	兑	乾	中	巽	震	坤
四绿	一白	七赤	坤	坎	离	艮	兑	乾	中	巽	震
五黄	二黑	八白	震	坤	坎	离	艮	兑	乾	中	巽
六白	三碧	九紫	巽	震	坤	坎	离	艮	兑	乾	中

中元日紫白九星逆局表

此表推算法：每岁在处暑后之甲子日起三碧，逆布推算至立春后丁巳日一白入中为止。以下倒数六日，即与雨水后甲子日七赤入中相符合。

处暑	霜降	冬至	甲子	乙丑	丙寅	丁卯	戊辰	己巳	庚午	辛未	壬申
白露	立冬	小寒	癸酉	甲戌	乙亥	丙子	丁丑	戊寅	己卯	庚辰	辛巳
秋分	小雪	大寒	壬午	癸未	甲申	乙酉	丙戌	丁亥	戊子	己丑	庚寅
凡在此三节后之甲子日以前概属立秋节算	凡在此三节后之甲子日以前概属寒露节算	凡在此三节后之甲子日以前概属大雪节算	辛卯	壬辰	癸巳	甲午	乙未	丙申	丁酉	戊戌	己亥
寒露	大雪	立春	庚子	辛丑	壬寅	癸卯	甲辰	乙巳	丙午	丁未	戊申
凡在此节后之甲子日概归霜降节算	凡在此节后之甲子日概归冬至节算	凡在此节后之甲子日概归雨水节算	己酉	庚戌	辛亥	壬子 亥癸	癸丑 戌壬	甲寅 酉辛	乙卯 申庚	丙辰 未己	丁巳 午戊
			戊午	己未	庚申	辛酉	壬戌	癸亥			
三碧	六白	九紫	中	巽	震	坤	坎	离	艮	兑	乾
二黑	五黄	八白	乾	中	巽	震	坤	坎	离	艮	兑
一白	四绿	七赤	兑	乾	中	巽	震	坤	坎	离	艮
九紫	三碧	六白	艮	兑	乾	中	巽	震	坤	坎	离
八白	二黑	五黄	离	艮	兑	乾	中	巽	震	坤	坎
七赤	一白	四绿	坎	离	艮	兑	乾	中	巽	震	坤
六白	九紫	三碧	坤	坎	离	艮	兑	乾	中	巽	震
五黄	八白	二黑	震	坤	坎	离	艮	兑	乾	中	巽
四绿	七赤	一白	巽	震	坤	坎	离	艮	兑	乾	中

下元日紫白九星顺局表

此表推算法：每岁在谷雨后之甲子日起四绿，顺布推算至寒露后辛亥日九紫入中为止。以下倒数十二日，即与霜降后甲子日六白入中相符合。

谷　雨	夏　至	处　暑	甲子	乙丑	丙寅	丁卯	戊辰	己巳	庚午	辛未	壬申
立　夏	小　暑	白　露									
小　满	大　暑	秋　分	癸酉	甲戌	乙亥	丙子	丁丑	戊寅	己卯	庚辰	辛巳
凡在此三节后之甲子日以前概属清明节算	凡在此三节后之甲子日以前概属芒种节算	凡在此三节后之甲子日以前概属立秋节算	壬午	癸未	甲申	乙酉	丙戌	丁亥	戊子	己丑	庚寅
			辛卯	壬辰	癸巳	甲午	乙未	丙申	丁酉	戊戌	己亥
芒　种	立　秋	寒　露	庚子 亥癸	辛丑 戌壬	壬寅 酉辛	癸卯 申庚	甲辰 未己	乙巳 午戊	丙午 巳丁	丁未 辰丙	戊申 卯乙
凡在此节后之甲子日概归夏至节算	凡在此节后之甲子日概归处暑节算	凡在此节后之甲子日概归霜降节算	己酉 寅甲	庚戌 丑癸	辛亥 子壬	壬子	癸丑	甲寅	乙卯	丙辰	丁巳
			戊午	己未	庚申	辛酉	壬戌	癸亥			
四绿	一白	七赤	中	巽	震	坤	坎	离	艮	兑	乾
五黄	二黑	八白	乾	中	巽	震	坤	坎	离	艮	兑
六白	三碧	九紫	兑	乾	中	巽	震	坤	坎	离	艮
七赤	四绿	一白	艮	兑	乾	中	巽	震	坤	坎	离
八白	五黄	二黑	离	艮	兑	乾	中	巽	震	坤	坎
九紫	六白	三碧	坎	离	艮	兑	乾	中	巽	震	坤
一白	七赤	四绿	坤	坎	离	艮	兑	乾	中	巽	震
二黑	八白	五黄	震	坤	坎	离	艮	兑	乾	中	巽
三碧	九紫	六白	巽	震	坤	坎	离	艮	兑	乾	中

下元日紫白九星逆局表

此表推算法：每岁在霜降后之甲子日起六白，逆布推算至清明后辛亥日一白入中为止。以下倒数十二日，即与谷雨后之甲子日四绿入中相符合。

霜降	冬至	雨水	甲子	乙丑	丙寅	丁卯	戊辰	己巳	庚午	辛未	壬申
立冬	小寒	惊蛰	癸酉	甲戌	乙亥	丙子	丁丑	戊寅	己卯	庚辰	辛巳
小雪	大寒	春分	壬午	癸未	甲申	乙酉	丙戌	丁亥	戊子	己丑	庚寅
凡在此三节后之甲子日以前概属寒露节算	凡在此三节后之甲子日以前概属大雪节算	凡在此三节后之甲子日以前概属立春节算	辛卯	壬辰	癸巳	甲午	乙未	丙申	丁酉	戊戌	己亥
大雪	立春	清明	庚子 亥癸	辛丑 戌壬	壬寅 酉辛	癸卯 申庚	甲辰 未己	乙巳 午戊	丙午 巳丁	丁未 辰丙	戊申 卯乙
凡在此节后之甲子日概归冬至节算	凡在此节后之甲子日概归雨水节算	凡在此节后之甲子日概归谷雨节算	己酉 寅甲	庚戌 丑癸	辛亥 子壬	壬子	癸丑	甲寅	乙卯	丙辰	丁巳
			戊午	己未	庚申	辛酉	壬戌	癸亥			
六白	九紫	三碧	中	巽	震	坤	坎	离	艮	兑	乾
五黄	八白	二黑	乾	中	巽	震	坤	坎	离	艮	兑
四绿	七赤	一白	兑	乾	中	巽	震	坤	坎	离	艮
三碧	六白	九紫	艮	兑	乾	中	巽	震	坤	坎	离
二黑	五黄	八白	离	艮	兑	乾	中	巽	震	岫	坎
一白	四绿	七赤	坎	离	艮	兄	乾	中	巽	震	坤
九紫	三碧	六白	坤	坎	离	艮	兑	乾	中	巽	震
八白	二黑	五黄	震	坤	坎	离	艮	兑	乾	中	巽
七赤	一白	四绿	巽	震	坤	坎	离	艮	兑	乾	中

三元时紫白顺逆合局表

新表分上中下三元，各元照各元节气分布顺逆与日紫白，每岁顺逆布法庶相符合。

如上元冬至后子日子时顺局，为一白入中；夏至后子日时逆局，为九紫入中，此即“合十”之义也。且与日白顺逆两局相符。

上元冬至后 甲子日起 中元雨水后 戊午日起 下元谷雨后 壬子日起			一 白	二 黑	三 碧	四 绿	五 黄	六 白	七 赤	八 白	九 紫
上元夏至后 甲子日起 中元处暑后 戊午日起 下元霜降后 壬子日起			九 紫	八 白	七 赤	六 白	五 黄	四 绿	三 碧	二 黑	一 白
子午 卯酉 四孟日	辰戌 丑未 四仲日	寅申 巳亥 四季日									
子酉	午	卯	中	乾	兑	艮	离	坎	坤	震	巽
丑戌	未	辰	巽	中	乾	兑	艮	离	坎	坤	震
寅亥	申	巳	震	巽	中	乾	兑	艮	离	坎	坤
卯	子酉	午	坤	震	巽	中	乾	兑	艮	离	坎
辰	丑戌	未	坎	坤	震	巽	中	乾	兑	艮	离
巳	寅亥	申	离	坎	坤	震	巽	中	乾	兑	艮
午	卯	子酉	艮	离	坎	坤	震	巽	中	乾	兑
未	辰	丑戌	兑	艮	离	坎	坤	震	巽	中	乾
申	巳	寅亥	乾	兑	艮	离	坎	坤	震	巽	中

上表为江苏淮安杨君锡祺去年辩证之新表，云：“得自乃师汪澄伯先生所授，汪氏什袭盖累世矣，以旧表不分三元，有失《宝海经》本旨，爰秉其师承，加以订正”云。

则先并识

神煞

太岁

子年在子方，丑年在丑方……，推之，亥年则在亥方。

太岁为一年主宰，掌一年吉凶。宜坐不宜向，避之为吉，犯则祸大且久。如子年立子山午向即为坐太岁，午山子向即为向太岁，修子方即为动太岁。能“不坐不向不动”最佳，否则，坐之动之，须看年月有吉神方可。语云：“若要贵，修太岁。”其中盖有玄妙，切勿轻犯！

七煞

子年在午方，丑年在未方……，推之，亥年则在巳方。

七煞即岁破，切不可犯！否则，须看年月有太阳及贵人、禄马等吉神飞到方可，否则，其凶立见。

年三煞

申子辰水局在巳午未，寅午戌火局在亥子丑；

亥卯未木局在申酉戌，巳酉丑金局在寅卯辰。

年煞宜向不宜坐。如子年立巳、午、未三山，即为坐煞；立丙、丁二山，即为夹煞；立亥、壬、子、癸、丑五山，即为向煞；修巳、丙、午、丁、未五山，即为犯煞。虽有吉神临方，不能化解。不得已向之无妨，然须有吉神到向方可。

月三煞

正、五、九月，煞在亥、子、丑；

二、六、十月，煞在申、酉、戌；

三、七、十一月，煞在巳、午、未；

四、八、十二月，煞在寅、卯、辰。

月煞按月迁移，宜向不宜坐，犯则凶祸立见，迟则一月，速则旬日。如正月立亥、子、丑三山为坐煞，立壬、癸二山为夹煞，立巳、丙、午、丁、未五山为向煞，修亥、子、丑方为动煞，凶。不得已向之，须有吉神到向方可。

紫白诀上篇

录华亭姚廷銮《阳宅全秘》。

姚云："此诀无作者姓氏，或云目讲，或云王思山，无可证也。篇中颇多奥旨，阳宅精蕴，阐发殆尽，应验如神。惜世无刻本，抄录者字多舛错，爰为细心校雠，逐句诠释，庶作者精意大白，读者亦不致有误解错用之弊"云。

紫白飞宫，辨生旺退杀之用；三元气运，判盛衰兴废之时。

紫白，洛书九星也。以排山掌诀，飞布八方。如坎宅一白入中，二黑乾，三碧兑，四绿艮，五黄离，六白坎，七赤坤，八白震。九紫巽。八宅均以本宅入中，照此飞去。九星各有五行，一白水；二黑、五黄、八白土；三碧、四绿木；六白、七赤金；九紫火。八方飞星来生中宫为生，乾宅遇二黑、五黄、八白土是。与中宫比和为旺，乾宅遇七赤金是。

中宫去生八方为退，乾宅一白水是。八方来克中宫为杀，乾宅遇九紫火是。中宫去克八方为死，乾宅遇三碧、四绿木是。三元，即上、中、下三元。得元运则兴盛，失元运则衰废。

生旺宜兴，运未来而仍替；退杀当废，运方交而尚荣。总以气运为之君，而吉凶随之变化。

此二节总摄通篇大旨，而归重于元运。如一白水遇六、七金为生，遇一水为旺，然未交金水元运，则水不得令，仍衰废而替。遇三、四木为退，遇二、八土为杀，然正交金水元运，则一白得令，即退杀不作废论。君主也，无论生旺退杀，总以三元气运为主。得元则吉，失元则凶，故云“随之变化”也。

以图运论体，书运论用，此法之常也；以图运参书，书运参图，此法之变也。

此节总提图、书二运，下文逐一承明之。河图之运，即下文五子运也。八宅坐定之星为体，由宅星飞布八方为用。洛书之用，即下文上、中、下三元大小运也。以图、书五行参合而论，有时用图兼书，有时用书兼图。或重或轻，常、变互用之法也。

河图之运，以甲丙戊庚壬五子，配水火木金土五行。五子分元，五行定运，秩然不紊。

河图之数，一六水，二七火，三八木，四九金，五十土，一生一成，顺挨其序。甲子十二年为水运，丙子十二年为火运，戊子十二年为木运，庚子十二年为金运，壬子十二年为土运。秩然不紊也。

凡屋层与间，值水数者喜金水运，值木数者嫌金火运。火、金、土数，依此类推。

屋之一层、六层，一间、六间者为水数，值庚子十二年金运为生，甲子十二年水运为旺，戊子十二年木运为退，壬子十二年土运为杀，丙子十二年火运为死。其二层、七层，二间、七间为火数，三层、八层，三间、八间为木数，四层、九层，四间、九间为金数，五层、十层，五间、十间为土数。值五子运，俱喜生旺而忌克泄。

生运发丁而渐荣，旺运发禄而骤富。退必冷退绝嗣，杀则横祸官灾。

死主损丁，吉凶常半。应如桴鼓，图运有然。

此三节申明“图运论体”句。

五行屋数，遇五子运来生者，发丁而荣显；比和者，发贵而发财；屋生运者为退，主贫穷夭绝。运来克屋，则祸生不测，官事连绵；屋克运者为死，但比运来克屋为轻，故“吉凶互见”也。

九星遇此，喜忌亦同。木星金运，宅逢劫盗之凶；火曜木元，人沐恩荣之喜。书可参图，盖如是也。

此一节申明“书可参图”句。

“此”字指图运言，以洛书之九星，遇河图之五运，其喜生旺比和，忌死退克杀，亦同上文所云。“木星……”四句，正申明此句之意。洛书三四木星，遇河图庚子金运，木被金克，故逢劫盗；洛书九紫火星，遇河图戊子木运，木能生火，故沐恩荣。木星火曜，洛书五行也。金运木元，河图五行也。洛书之吉凶，参用河图之元运，所谓“书可参图”也。

洛书之运，上元一白，中元四绿，下元七赤，各管六十年，谓之“大运”。上元一二三，中元四五六，下元七八九，各管二十年，谓之“小运”。

上元运，一白统管六十年，而前二十年小运，亦一白管；中二十年，二黑管；后二十年，三碧管。

中元运，四绿统六十年，而前二十年小运，亦四绿管；中二十年，五黄管；后二十年，六白管。

下元运，七赤统管六十年，而前二十年小运，亦七赤管；中二十年，八白管；后二十年，九紫管。

上、中、下三元，其一百八十年，九星则一白至九紫，周而复始也。

元运既分，更宜论局。如八山上元甲子、甲戌二十年，得一白龙穴，一白方砂水，一白方居住，名“元龙主运”，发福非常。至甲申、甲午二十年，得二黑龙穴，二黑方砂水，二黑方居住，名“旺星当运”，发福亦同。一元如是，三元可知。

三元之运，生旺退杀，俱由此别，然吉凶应验，均在局上。局者，龙穴砂水方位也。如上元前二十年，大小运俱一白司令，若住屋龙穴砂水皆一白，为“元龙主运”，发福无量。元，三元也；龙，龙穴也。一白龙遇一白运，则一白专主，不杂他运，故曰“主运”。如中二十年小运，是二黑司令，住屋之龙穴砂水皆二黑，其发福与合一白者同。上元前、中二十年如是，后二十年可知。上元如是，中、下元亦可知矣。

二者不可得兼。或当一白司令，而震巽受元运之生；四绿乘时，而震巽合元运之旺。此方居住，亦庆吉祥。

言主运不可得，或一白运，震巽受生气；四绿运，震巽受旺气，住震巽方之屋，亦主获福。

先天之坎在兑，后天之坎在坤。上元之坤兑，未可言衰。先天之巽在坤，后天之巽在兑。中元之兑坤，亦可云旺。此卦之先后天运，可合论者也。

此四节申明“书之运论用”句。

兑金坤土，值上元一白水运，则金生水为退气，土克水为死气。不知先天之坎在后天兑位，后天之坎在先天坤位，则兑虽值后天退气，而先天则得令；坤虽值后天死气，而先天却乘旺。坤兑俱先天之吉，故不为衰。先天之巽，在后天坤位，坤虽被中元木克，而先天巽木却是得令。后天之巽在先天兑位，兑虽克中元木，而先天巽木正值得令，是中元木运，坤兑亦遇先天之吉，故可云旺。玩先、后天卦位图自明。

一白司上元，而六白同旺；四绿主中元，而九紫均兴；七赤居下元，而二黑并发。此即河图“一六共宗，二七同道，三八为朋，四九为友”之义。图可参书，不信然乎！

此一节申明“图可参书”句。

洛书一白管上元，则一白为主，而水得运。河图“一六共宗”，一旺则六亦旺。是河图之一六，可参用上元一白之水运矣。二七、三八、四九、五十，可以类推。

或局未得运，而局之生旺财方，有六事得地者，发福亦同。水为上，山次之，高楼、殿塔、亭台之属，又其次也。再论其山与山之六事，如门、路、井、灶之类；次论其层与层之六事，或行大运，或行小运，俱可富荣。否则，布置六事，合山与层及其间数生旺，则关杀俱避。若河洛二运未交，仅可小康而矣。

此一节承上，专论其局，句意而归重于“河洛二运”。

局之六事，外六事也，凡屋外桥庙山水之属皆是；山层间之六事，内六事也，凡屋内门户井灶之属，皆须从局上山上，飞布九宫，生旺为福，克泄为祸。如六事排在局、山、层、间之生旺方，不犯关煞，一交河洛二运，发福非常，未交运则仅小康。若排在关杀方，不交运犹可，苟一得运则兴灾作祸，有不可当者，不可不知也。

夫八门之加临，非一、九星之吊替多方。纳音支干之管杀，有统临、专临之名，而入中太岁之为旺为生，最宜详审。管山星宿之穿宫，有逆龙顺飞之例，而入中禽星之或生或克，尤贵同参。

此一节乃将下文诸诀总提在前，以后逐一分疏之。

何谓统临？即三元六甲也。六甲虽同，三元之泊宫则异，中宫之支干纳音亦异。

六甲者，甲子、甲戌、甲申、甲午、甲辰、甲寅也。三元俱有六甲，而泊宫各有不同。上元甲子泊坎宫，中元甲子泊巽宫，下元甲子泊兑宫。支干纳音者，即下文“上元己已入中纳音木，中元壬申入中纳音金”之类。

如上元一白坎，于本宫起甲子，逆数至中宫得己巳木音也。中元四绿巽，于本宫起甲子，逆数至中宫得壬申金音也。下元七赤兑，于本宫起甲子，逆数至中宫得丙寅火音也。每十年一易，此其异也。

上元坎上起甲子，离乙丑，艮丙寅，兑丁卯，乾戊辰，中己巳，为大林木，故木音。中元巽上起甲子，震乙丑，逆数至中为壬申，为剑锋金，故金音。下元兑上起甲子，乾乙丑，逆数至中为丙寅，为炉中火，故火音也。十年一易，详下节。

如上元甲子十年，己巳在中宫，甲戌十年则己卯。中元甲子十年，壬申在中宫，甲戌十年则壬午。

上元六甲俱从坎上起甲子，逆轮至中宫，故甲子至癸酉十年为己巳入中，甲戌至癸未十年为己卯入中，其甲申、甲午、甲辰、甲寅，每甲俱如是推。

中元六甲俱从巽上起甲子，逆轮至中宫，故甲子至癸酉十年俱壬申入中，甲戌至癸未十年俱壬午入中，其甲申、甲午、甲辰、甲寅，每甲俱如是推。

下元六甲俱从兑上起甲子。不言下元者，省文也。

每甲以中宫纳音，后以所泊宫星与八山论生、比，此所谓“统临之名”也。

此四节申明“统临之名”句。

中宫纳音者，即己巳入中纳音木之类。所泊宫星者，即上元甲子泊坎，中元甲子泊巽之类。论生比者，将入中宫星之纳音，并此宫所泊星之纳音，与八山论其生、比。

如上元甲子、己巳入中，纳音木，是泄坎山也。上元甲子，坎上泊甲子，纳音金，是生坎山也。举此一例，则各元各甲入中星纳音，各山泊宫星纳音，八山较生、比之法，可类推矣。

何谓专临？即六甲旬飞到八山之干支也。三元各以本宫所泊，随宫逆数至本山，得何干支，即以此干支入中宫，顺布以论八山。生旺则吉，克杀则凶。

每甲十日，故为甲旬。八山干支，如上元甲子旬，甲子坎，乙丑离，丙寅艮之类。三元所泊之干支，每元各异，要将本宫所泊干支，逐一逆数，看系何干支到山，入中顺飞，与八山生克何如。

如上元甲子泊在坎，随宫数去，乙丑离，丙寅艮，丁卯兑，如此逆挨。数至坎上得癸酉，即以癸酉入中顺布，则甲戌乾，乙亥兑，丙子艮，顺排一周，看山系何山，值何干支，即以所值干支之纳音与八山较生克，生山者吉，克山者凶。

又当与本宫原坐星杀合论。或为生见生，或为生见杀；或为旺见生，或为旺见退。祸福霄壤，一一参详。此所谓“专临之名”也。

此二节申明“专临之名”句。

如上元甲子在坎，是甲子为原坐星，由坎逆数，到坎为癸酉，遂以癸酉入中顺飞，到坎为戊寅，即以戊寅与原坐甲子合论生克如前。飞来泊宫之坐星，与此山为生，而后飞到之星，与山又相生，是为生见生；

如相克，则为生见杀。若前飞来泊宫之坐星，与此山为旺，而后飞到之星，与山又相生，是为旺见生。如被坐星相克，是为旺见退。生旺退杀，祸福有霄壤之分，不可不细审也。

统临、专临皆善，吉莫大焉。统临不善，而专临善，不失为吉。统临善而专临不善，不免于凶，然凶犹未甚也。若统临、专临皆不善，斯凶祸之来，莫可救矣！

此一节总束“统临、专临”，而尤归重于“专临”。

至于流年干支，亦入中宫顺飞，以考八山生旺，如其年不得九星之吉，而得岁音之生旺，则修动亦获吉征。

此一节申明“太岁入中”二句。

如甲子年，甲子入中，乙丑乾，丙寅兑，顺飞八山，将其纳音与八山较生旺。如坎山属水，甲子纳音金，为金生水，吉，乙丑乾，乾上系坎山，二黑方，土生金为泄气。余可类推。八山俱有流年，九星入中，从中宫顺飞八方，各有生旺退杀之辨，倘此年到山之星不吉，而太岁干支之纳音，与山或生或旺，则修理动作，亦可获吉也。

禽星穿宫，当先明二十四山入中之星。巽角木，辰亢金，乙氐土，卯房日，甲心月，尾火，寅箕水，艮斗木，丑牛金，癸女土，子虚日，壬危月，室火，亥壁水，乾奎木，戌娄金，辛胃土，酉昴日，庚毕月，觜火，申参水，坤井木，未鬼金，丁柳土，午星日，丙张月，翼火，巳轸水，各以坐山所值之禽星入中顺布，以论生克。但山以辰戌分界，定其阴阳，自乾至辰为阳山，阳顺布；自巽至戌为阴山，阴逆行。星生宫者，动用与分房吉；星克宫者，动用与分房凶。

此一节申明“管山星宿”句。

流年之禽星，则以值年之星入中宫，阳年顺飞，阴年逆飞，而修造之休咎，于此可考。

此一节申明“每年禽星”二句。

流年之禽星，是本年所值之禽星也。其起例以日、月、火、水、木、金、土七宿，顺排，周而复始，即知值年为何宿；又以虚、鬼、箕、毕、氐、奎、翼七宿，周而复始，即知值年及管事之宿矣。如上元甲子年，毕宿值年，毕月乌是太阴禽也。又如庚寅年，胃宿值年，胃土雉是土禽也。凡太阳禽值年，虚宿管事；太阴禽值年，鬼宿管事；火禽值年，箕宿管事；水禽值年，毕宿管事；木禽值年，氐宿管事；金禽值年，奎宿管事；土禽值年，翼宿管事也。阳年者，子、寅、辰、午、申、戌；阴年者，丑、卯、巳、未、酉、亥是。

八门加临者，乾山起艮，坎山起震，艮则加巽，震则从离。巽从震，离从乾，坤从坤，兑从兑。以起休门，顺行八宫。分房安床，独取开、休、生为三吉。

八门，奇门也。休、生、伤、杜、景、死、惊、开为八门，八门五行随八卦而起，休隶坎属水，生隶艮属土，伤隶震属木，杜隶巽属木，景隶离属火，死隶坤属土，惊隶兑属金，开隶乾属金。加临者，加于八山也。乾山从艮上起休，震生、巽伤、离杜、坤景、兑死、乾惊、坎开。坎山从震上起休，艮山巽上起休，震山离上起休，巽山震上起休，离山乾上起休，坤山坤上起休，兑山兑上起休。俱顺布八宫，以开、休、生三门为最吉，分房安床，必取诸此。

又有三元起法。上元甲子起乾，顺行四维乾、艮、巽、坤，周而复始。中元甲子起坎，顺行四正坎、震、离、兑。下元甲子起艮，顺行四维艮、巽、坤、乾。

四维，四隅之方也。每年起法，只就四维，不用四正。上元甲子年，乾上起休，乙丑年艮上起休，丙寅年巽上起休，丁卯年坤上起休是也。惟每年轮法，仍兼用八方。如上元甲子年，乾上起休，坎生、艮伤、震杜、巽景、离死、坤惊、兑开是也。周而复始者，每年起法，如上元甲子，乾上起休，至丁卯起坤为一周，戊辰又从乾上起休，己巳艮上起休为复始。其轮法即干支阴山阳山，阳顺布，阴逆行也。中元甲子坎上起休，轮法照上元、下元甲子，艮上起休，轮法照上、中元。

论流年系何宫起休门，亦论其山之阴阳顺逆。如寅甲为阳，阳主顺；乙卯为阴，阴主逆。但取门（奇门也）生宫，宫门比和为吉，宫克门次之，宫生门则凶，门克宫则大凶。

此三节申明“八门加临”句。

八宫起休之法，在分二十四宫之阴阳，以为顺逆排去。就震宫一局论之，震分甲、卯、乙三山，如本年当年震上起休，则甲、卯、乙三山俱起休门，但其中甲系阳干，为阳山，主顺，则震休、巽生、离伤、坤杜、兑景、乾死、坎惊、艮开；乙系阴干，卯系阴支，为阴山，主逆，则震休、艮生、坎伤、乾杜、兑景、坤死、离惊、巽开。若奇来生宫，得生气，如休到木宫之类；宫与门比和得旺气，如休到水宫之类，皆吉。宫去克门为死气，如休到土宫之类，次凶。宫去生门为泄气，如休到金宫之类，主凶。门来克宫为杀气，如休到火宫之类，大凶。

九星吊替者，如三元九星，入中飞布，均谓之“吊”。而年替年，月替月，层替方，门替间，皆以替名。

自此以下五节，俱申明“九星吊替多方”句，此节又总提吊替各法。

如上元甲子年，一白入中宫，轮至子上，乃岁支，系六白，即以六白入中，飞布八方，视其生克，而支上复得二黑，是年替年也。

此一节申明“年替年”句。

子隶坎宫，一白入中，坎上飞到六白，子系甲年之支，故以岁支之六白入中，而坎又飞到二黑，是以年替年之法也。

又如子年三月，六白入中宫，轮至辰上，三月建系五黄，即以五黄入中宫，轮见八方伏位，而月仍复四绿，是月替月也。

此一节申明“月替月”句。

三月建辰，子年三月，六白入中，七乾、八兑、九艮、一离、二坎、三坤、四震、五巽，辰隶巽，以月支五黄入中，周围轮布，而月支辰巽上，仍系四绿到宫，是以月替月之法也。

月白每年起法诀曰：“四仲之年正月八，四孟二黑却相逢。若向四季如何取，正月黄星逆数通。”

如子、午、卯、酉为四仲年，正月八白入中，二月七赤入中，三月六白入中，四月五黄入中，五月四绿入中，六月三碧入中，七月二黑入中，八月一白入中，九月九紫入中，十月八白入中，十一月七赤入中，十二月六白入中，每月逆数九星。

寅、申、巳、亥为四孟年，正月二黑入中，二月一白入中，每月逆数九星。

辰、戌、丑、未四季年，正月五黄入中，二月四绿入中，每月逆数九星。

凡此星入中，则当令不可动其原坐本方，如五黄入中，不作乾坤艮巽，盖五黄入中，四面八方，此月俱不宜动作也。此名“暗建杀”，为伏吟，即大月建，犯必损人，此杀最烈。紫、白、太阳、大腊俱不可解，虽隔河亦忌。神杀之凶，此为最矣！

如二层屋，下元辛亥年，五黄入中，六白到乾，以六白入中，轮布八方论生克，是层替方也。

此一节申明“层替方”句。

又二层屋，二黑居中，如开离门，则六白为门星，辛亥年五黄入中，见九紫到门克原坐金星。复以九紫入中，轮数八方，而六白到坤及第七间，是门替间也。

此一节申明“门替间”句。

此用九星分层，故层属二黑。以二黑入中，六白到离，开离门，则六白为门星。下元辛亥年，年白五黄入中，九紫到离，离门原坐星是六白，今流年飞九紫，到离来克，原坐金星即以九紫入中，一到乾、二到兑，艮、离、坎、坤，逐一挨去，坤上得六白矣。九紫入中，即从第一间起九紫，二间一白，三间二黑，四、五、六、七挨去，第七间是六白，此以门替间之法也。

此河图之妙用，运令之灾祥，无不可以预决矣。

此一节总结河图运令之妙。

紫白诀下篇

“诀”一作“断”，一作“赋”。《宅谱指要》、《元合会通》录之。又有鲍士选注本。兹仍录姚，以较诸家注解为详也。

四一同宫，准发科名之显；九七合辙（“合辙”一作“穿途”）常招

回禄之灾；二五交加，罹死亡并生疾病（原作“而损主亦且重病”）；**三七叠至，被劫盗更见官灾。**

此节总提九星同宫分别吉凶。

四绿一白同到曰“同宫”，如坎宅一白入中，流年又四绿入中；坎宅艮方是四绿，流年又一白到艮；巽宅四绿入中，流年又一白到中宫；巽宅一白到坤，流年又四绿到坤。均为“四一同宫”。一白为官星，一作魁星，四绿为文昌，故发贵。九紫七赤同入中宫，或同到方位，名曰“合辙”。九紫为后天火星，七赤是先天火数，故主火灾。二黑与五黄同入中宫，或同到方位曰“交加”。二黑为病符，五黄为廉贞，故主死亡、疾病。三碧七赤同入中宫，或同到方位曰“叠至”。三碧为蚩尤，七赤为破军，故主盗讼。

盖四绿为文昌之神，职司禄位（原作“天辅太乙”）；**一白为官星之应，主宰文章**（原作“牙笏文章”）。**还宫复位固佳，交互叠逢亦美。**

一白之宅与方，流年又一白到；四绿之宅与方，流年又四绿到，名为“还宫复位”。一白之宅与方，流年遇四绿到；四绿之宅与方，流年遇一白到，名为“交互叠逢”。余可例推。

故三九、九六、六三，惟乾、离、震攀龙有庆；而二、五、八之位（“位”原作“间”），**亦可蜚声。**

三九，三碧九紫也。震宅三碧入中，乾方是四绿，遇流年九紫入中，乾方是一白。离宅九紫入中，乾方是一白；遇流年三碧入中，乾方是四绿，则在三九之宅，乾方四一同宫。

九六，九紫六白也，离宅九紫入中，离方是四绿。遇流年六白入中，离方是一白。乾宅六白入中，离方是一白。遇流年九紫入中，离方是四绿，则九六之宅，离方四一同宫。

六三，六白三碧也。乾宅六白入中，震方是四绿，遇流年三碧入中，震方是一白。震宅三碧入中，震方是一白，遇流年六白入中，震方是四绿，则六三之宅，震方四一同宫。

乾、离、震攀龙者，言三九宅，四一在乾；九六宅，四一在离；六三宅，四一在震也。

二、五、八者，二谓第二间，承三九言。震宅三碧入中，即将三碧加第一间上，数至二间是四绿，流年遇九紫入中，将九紫加第一间，数至二间是一白，故二间内四一同宫。离宅与三碧流年仿此。

五谓第五间，承上九六言。离宅九紫入中，将九紫加第一间上，数至五间是四绿，流年遇六白入中，将六白加第一间上，至第五间是一白，故五间内四一同宫。乾宅与九紫流年仿此。

八谓第八间，承上六三言。乾宅六白入中，将六白加第一间上，数至八间是四绿，流年遇三碧入中，将三碧加第一间上，数至八间是一白，故八间内四一同宫。震宅与六白流年仿此。亦可蜚声者，言非独乾、离、震之方位遇四一，可发科名，即二、五、八之间，亦逢四一，可以蜚声也。

一七、七四、四一，但坤、艮中附凤为祥；而四、七、一之房，均堪振羽。

一七、七四、四一，照上节三九等挨法。

艮、坤、中者，艮字承上一七言，艮上四一同宫；坤字承上七四言，坤上四一同宫。中，中宫也，承上四一言，中宫四一同宫也。

四、七、一者，四谓第四间，承上一七言。坎宅一白入中，将一白加第一间上，数至第四间是四绿，流年遇七赤入中，将七赤加一间上，数至第四间是一白，故四间内四一同宫。兑宅与一白流年仿此。

七谓第七间，承上七四言。兑宅七赤入中，将七赤加第一间上，数至第七间是四绿，流年遇四绿入中，将四绿加第一间上，数至第七间是一白，故七间内四一同宫。巽宅与七赤流年仿此。

一谓第一间，承上四一言。巽宅四绿入中，将四绿加第一间上，流年遇一白入中，将一白加第一间上，故一间内四一同宫。坎宅与四绿流年仿此。

附凤、振羽者，飞腾之意也，亦言四一到间之秒。

八二、二五、五八，在兑、巽、坎登云足贺；而三、九、六之屋，俱足题名。

八二、二五、五八，照前三九等挨法。

兑、巽、坎者，兑字承上八二言，兑上四一同宫；巽字承上二五言，巽上四一同宫；坎字承上五八言，坎上四一同宫。

三、九、六者，三谓第三间，承上八二言。艮宅八白入中，将八白加第一间上，数至三间是一白，流年遇二黑入中，将二黑加第一间上，数至三间是四绿，故三间内四一同宫。坤宅与八白流年仿此。

九谓第九间，承上二五言。坤宅二黑入中，将二黑加第一间上，数至第九间是一白，流年遇五黄入中，将五黄加第一间上，数到第九间是四绿，故九间内四一同宫。中宫与二黑流年仿此。

六谓第六间，承上五八言。五黄局五黄入中，将五黄加第一间上，数至第六间是一白，流年遇八白入中，将八白加第一间上，数至第六间是四绿，故六间内四一同宫。艮宅与五黄流年仿此。

俱足题名者，言三、九、六间，与兑、巽、坎，俱主发贵也。

沈注：三九、九六、六三，一七、七四、四一，八二、二五、五八，此三节为前人所未道破，实即指中宫山向之飞星也。第一节为六运之艮坤、寅申两局，第二节则四运之艮坤、寅申，第三节乃指二八两运之未丑，盖皆山向当旺之局也。仅举坤艮两卦者，因坤艮为生死之门，举一反三之义焉尔。

遇退杀可无嫌，逢生旺而益利。年与运固须并论，运与局尤贵参观。

此极赞“四一”二星到方到间之妙，而又提出看法：“局、运、年俱当并重。”鲍云：“局者，向首承气之局也。”

运气双逢分大小，年月加会辨三元。

如上元一白管运六十年，此大运也，前甲子、甲戌二十年，小运亦是一白，是运宜分大小也，各元类推。每岁交接加会，要辨明上、中、下三元之星各有不同。如同一甲子，上元在坎，中元在巽，下元在兑之类。

但住宅以局方为主，层间以图运为君。

住宅由局方上论，九星是以局方为主也。谈云：“水在离宫为坎局，在兑宫为震局。盖朝南为坎宅，朝西为震宅，宅论坐山也。”层与间之得运失运，以河图五子运为君。五子运者，即甲子十二年水，丙子十二年火，戊子十二年木，庚子十二年金，壬子十二年土。比较生克，以判吉凶。

故坤局兑流，左辅运临科名独盛；艮山庚水，巨门运至甲第流芳。下元癸卯，坎局之中宫发科；岁在壬寅，兑宅之六门入泮。

坤局二黑入中，兑上是四绿；左辅，八白也，交八运，兑上飞到一白，是四一同宫，故科名独盛。

艮山八白入中，兑上是一白；巨门，二黑也，交二运，兑上飞到四绿，亦四一同宫，故“甲第流芳”。

下元癸卯年，四绿入中，坎局本一白入中，是年又四绿入中，是四一同宫，故主发科。

兑宅七赤入中，六白飞到巽，是巽为六门。

下元壬寅年，五黄入中，四绿到巽，故曰“兑宅之六门入泮”。此言四六同到，文曲武曲会合亦妙，但只入泮，不能发科者，未得一四同宫故也。

此白衣求官，秀士赴举，推之各有其法。而下僚示升，废官思起，作之亦异其方。

此以上总申明上文“四一同宫”意。

求官重一白官星，求名重四绿文昌，方法各有不同。

夫杀旺，须求身旺为佳，造塔堆山，龙极旺宫加意。

杀位强盛，当于龙、局、宅生旺之方堆高，盖生方高则泄杀气，旺方高则助主山。但言龙者，省文也。

制杀不如化杀为贵，钟楼鼓阁，局山生旺施工。

此二节总提下文“各杀必须制化意”。

如坎局以土为杀，金为生，水为旺，遇土杀，当于金水二方起金水星体之楼阁，或用宅主金水之年命，或用金水年月日时，则土来生金，贪生忘克，两水比和，身强自不畏克，虽不与杀为敌，杀自不能为害，此“化杀”之谓也。

七赤为先天火数，九紫为后天火星。旺宫单遇，动始为殃；煞处重逢，静亦肆虐。

先天之数，二七为火，故七赤为先天火数。九紫隶离，离象为火，故九紫为后天火星，俱主火患。如局山旺方，七赤九紫，只到一位，动作则火发，不动则无虞。在局山杀方，而又二星同到，即不动作亦主火发也。

或为廉贞（五）叠至，或为都天（流年神煞）加临，即有动静之分，均有火灾之患。

廉贞，五黄也。都天，十二戊己最凶。红罗红舌主火，如七赤九紫上，五黄又到，都天又临，众煞相聚，是为群丑会集，无论动与不动，均有火灾。

是故亥壬方之水路宜通，通者闭之，则登时作祟；右弼方之池塘可凿，凿者填之，则随手生殃。

亥壬二宫属水，水可制火，故不可闭，闭则火无水制；右弼，九紫方也，火方有水，所以制火，故不可填。

庙宇刷红，在一白煞方，尚主瘟火。楼台耸焰，当七赤（先天火）旺地，岂免炎灾？

庙宇红色属火，在一白方似乎有制，岂知一白是局山上煞地？煞地见火，水不能制，故瘟火不免。七赤在旺地，已主发火矣，若于七赤上高造楼阁，火灾乌能免哉！

建钟楼于煞地，不特亢旱常遭；造高塔于火宫，须知生旺难恃。但一宫而二星同到，必片刻而万室全灰。

局山之煞地，已是凶方，又建钟楼，钟鸣则催动杀气，不但患火，且犯讼病。九紫七赤，本是火宫，虽是局山生旺之方，但高耸则火星强盛，况塔形尖利，又是火形，生旺何可恃乎？若九紫七赤会于一处，火灾之惨，遍地皆红。

巽方庚子造高楼，坎艮二局俱焚，而坤局之界不犯。

庚子，中元也。是年四绿入中，七赤飞艮，九紫飞坎，一白飞坤，巽方本九紫火星之位，造高楼则火动。艮之七赤，为先天火数；坎之九紫，为后天火宫，流年飞到之星最重，故坎艮俱焚也。坤上流年是一白飞到，水能制火，故可不犯。此就坎离定位，分八方方隅也。

巳上丙午兴杰阁，巽中离兑皆烬，而艮局远方不侵。知此明征，不难避祸。

此以上总申明前“九七合辙”句意。

丙午，中元也。是年七赤入中，故中宫被火。九紫到兑，故兑亦被火。二黑到离，二亦先天火数，故离亦被火。巽方本九紫火宫，于此造阁，所谓“动始为殃”也。艮上流年一白到，可制火星，故远则可免。此亦就坎离定位，分方隅也。

正煞为五黄，不拘临方到间，人口常损；病符为二黑，无论流年小运，疾病丛生。五主孕妇受灾，黄遇黑时出寡妇；二主宅母多痗，黑逢黄至出鳏夫。

五黄中央土，为正关煞，故最凶。二黑隶坤为病符星，故主病。五黄为阳土，二黑为阴土，主肚腹，故孕妇应灾。黄上加黑，阴压阳也，故出寡。二黑隶坤，坤为老母，故应宅母。黑上加黄，阳压阴也，故出鳏。

运如已退，廉贞（五）逢处眚不一，总以避之为良；运若未交，巨门（二）交会病方深，必须迁之始吉。

廉贞，五黄也。已失生旺运时，遇之灾难毕至，惟避为良。

巨门，二黑也，未交生旺运时，见之病不能免，惟迁始吉。

此以上总申明前“二五交加”句意。

蚩尤（三）碧色，好勇斗狠之神；破军（七）赤名，肃杀剑锋之象。是以交剑杀兴多劫掠，斗牛杀起惹官刑。七逢三到生财，岂识财多被盗？三遇七临生病，那知病愈遭官？

三碧为蚩尤，喜斗争；七赤为破军，主肃杀。七赤遇六白，为金见金，名“交剑煞”。三碧遇坤艮，为木克土，名“斗牛杀”。三碧木来被七赤金克，我克为财，但七赤是贼星，故主被盗。三碧木遇七赤金来克，克我则病，三碧喜战斗，故又遭官。

运至何虑穿心，然煞星旺临，终遭劫贼。身强不畏反伏，但助神一去，遂见官灾。

三七对冲，曰“穿心杀”，旺者如三碧值木运，七赤值金运，煞遇旺为得令，故劫贼在所难免。反吟与穿心煞同，即对宫相遇也。若三又见三，七又见七为伏吟，助神助局，宅之神也。助神去则身弱而煞旺，官灾必不能脱矣。

此以上总申明前“三七叠临”句意，

要知息刑弭盗，何须局外搜求；欲识愈病延年，全在星中讨论。

此节总提“吉凶总在局星上见”。

更言武曲（六）青龙，喜逢左辅（八）善曜。六、八武科发迹，否亦韬略荣身。八、六文士参军（文将），或则异途擢用。旺、生一遇已吉，死、退双临乃佳。

武曲六白，左辅八白，俱为吉宿。六遇八，主发武；八遇六，主发文。如在局上为旺为生，或六、或八，有一星到即吉。如在局上，为死、为退，则六八同到始佳。

九紫虽司喜气，然六会九而长房血证，七九之会尤凶。四绿固号文昌，然八会四而小口殒生，三八之逢更恶。

六白金遇九紫火克，故主血证，六白属乾，乾为老父，故应长男。七赤金遇九紫火克，理应少女受灾。六白是吉星，逢克已凶；七赤是破军恶曜，故尤凶。八白土遇四绿木克，八白艮为少男，故应小口。八白土遇三碧木克，亦主小口不利。四绿是吉星，逢克已凶；三碧是禄存恶曜，故更恶也。

八逢紫曜（九），婚喜重来；六遇辅星（八），尊荣不次。如遇会合之道，尽同一四之中。

八白本吉星，九紫又善曜，九紫火来生八白土，故主婚喜重来。六白本吉宿，八白又善曜，八白土来生六白金，故主不次之擢。会合，谓二星同度也，吉星同度，其吉征与四一同宫者同也。

欲求嗣续，紫白惟取生神；至论帑藏，飞星宜得旺气。

紫白吉曜，生主发丁。如九紫火来生土，一白水来生木，六白金来生水，八白土来生金，均为生神，加紫白，故发丁。飞来旺星皆紫白吉曜，旺星来主发财帛。

二黑飞乾，逢八白而财源大进，遇九紫则瓜瓞绵绵。三碧临庚

（七），逢一白而丁口频添，交二黑则仓箱济济。先旺丁，后旺财，于中可见；先旺财后旺丁，于理易详。

此以上申明前“息刑弭盗”句意。

坎宅二黑飞乾。二黑，土也，遇流年八白土亦到乾。土见土为旺，八白又为吉曜，故主发财。二黑土遇九紫火来生，九紫是吉曜，故发丁。坎宅三碧飞兑，三碧，木也，遇流年一白水亦到兑，水生木为生，一白又吉曜，故发丁。三碧木去克二黑土，我克为财，故交二运主发财。此数句均应上节四句而言。

凡生星先到，旺星后到，则先发丁而后旺财；旺星先到，生星后到，则先旺财而后发丁。

木间逢一白为生气，添丁不育，必因星到艮坤。火层遇木运为财官，官累不休，必是年逢戌亥。故遇煞未可言煞，须求化煞为权；逢生未可言生，犹惧恩星受制。

一白水生间。一白为子星，主生子，又遇八白土来克，故主添丁不育；木运能生火层，故发财。但火墓于戌，绝于亥，故交戌亥年，主官灾。如遇水为煞，则用木泄之，用土克之，所谓“化煞为权”也。遇水为恩，或土克之，木泄之，火退之，所谓“恩星受制”也。余类推。

但方曜宜配局配坐山，更配层星乃善；门星必合山合层数，尤合方位为佳。

凡八方飞到之星，要与局、山、层上配合生旺。各间轮到之星，要与山、层、方上配合生旺。

盖在方论方，原有星宫生克之辨。复配以山之生死，局之旺衰，层之退杀，而方曜之得失始彰。

在方论方者，言就本方之星论生克也。如本方为坎，遇六白、七赤飞到，金来生水为生；遇二黑、八白星到，土来克水为克。八方皆然。或生或克，必须辨之，更以方星与山、局较论，生旺则得，克泄则失。

就间论间，固有河图配合之殊，再合以层之恩、难，山之父、子，局之财、官，而间星之制化聿著。

就间论间者，言就本间之星论生克，以河图之数与之配合，如一间水，二间火之数。水间遇金水星吉，遇土、木星凶。更以层、山、局与间星较论，生我者为恩，克我者为难；生我者为父，我生者为子；我克者为财，克我者为官。如遇克、杀、退、泄，则用制化之法。

论方者，以局、山、层同到，观其得运失运，而吉凶悬殊。

将方与局、山、层飞到之星，合河洛二运，观其得失，得运则吉，失运则凶，大相悬殊也。

论间者，以运、年、月叠至，征其得气失气，而休咎迥别。

将此间看值河洛何运，年星又值何星，其星在生旺运中则得气，在克泄运中则失气。得气主休，失气主咎，两途分判，各不相同。

八卦六白属金，九星二黑属土，此号“老父配老母”。入三层则木来克土而财少，入兑局则星到生宫而人兴。更逢九紫入土木之元，斯得运而主科名财丁并茂。

河图八卦方位，乾位西北属金，洛书二黑属土，二黑到乾，土来生金，故善，乾金喜二黑来生矣。若乾宅屋造三层属木，二黑飞到却被木克，不能生金，故主财少。兑局属金，二黑飞到，则土来生金，主发丁，故人兴。九紫属火，元运值木，木生火为运生星；元运值土，火生土为星生运。星运相生，所以丁、财、贵均发也。

河图四间属金，洛书四绿属木，此为河图克洛书。入兑方，则文昌破体而出孤；入坤局，则土重埋金而出寡。若以一层入坎震之乡为得气，而增丁口，科甲传名。

此以上总论层、间星之吉凶。

河图水一、火二、木三、金四，第四间属金；洛书一白、二黑、三碧、四绿，第四间属木。是河图之金克洛书之木，而又在兑方，兑属金，金又克木，四绿为文昌被克则体破，四绿位巽，为稺木，受兑克，兑为女，女强则克夫，而稺木受灾，故出孤。四间金屋在坤局，坤为土，土重埋金，土势强矣；坤为老母，势强克夫，故出寡。一层属水，若在坎方，则水见水为旺；在震方则水层生木方为生，层、方互为生旺，始为得气，发丁发贵，理必然也。

局为体，山为用；山为体，运为用。体用一元，合天地之动静。

先看局，就局上分别山之吉凶，是局为体，山为用也。先看山，由山上分别运之与山生、旺、退、泄何如，是山为体，运为用也。体主静，用主动，局、山能合生旺，则体用合一矣，得天动地静之道也。

山为君，层为臣；层为君，间为臣。君臣合德，动神鬼之惊疑。

君，主也；臣，辅也。先以坐山为主，某山应配几层，是层从山而定者也，则山为君，层为臣。先以层为主，几层应配几间，是间从层而定者也，则层为君，间为臣。君臣合德者，山与层相生旺而不克泄，层与间亦然，是君臣合德矣，鬼神有不见而惊异者哉！

局虽交运，而八方六事，亦惧廉贞戊己、叠加；山虽逢元，而死位退方，犹惧巡逻天罡助虐。

局虽交生旺元运，而局上八方有六事，如流年戊己廉贞，凶星重叠而临，亦惧。六事宜分内外，内六事在宅内，如门户、井、灶、床房、（厕所、畜栏）等；外六事在宅外，如桥梁、殿塔、亭台、（道路、池塘、衙门）等。凡望见照着者皆是。虽曰六，实不止于六也。戊己每年用五虎遁，遁至戊己二方为戊己煞。如甲己之年丙作首，甲子年寅上丙寅，卯上丁卯，辰上戊辰，是戊煞；巳上己巳是己煞。廉贞，五黄也。

山虽交生旺元运，而山之死退方有巡逻天罡，恶煞加临，最可惧也。巡逻每年太岁为建，对宫为破，破为河魁，巡山罗睺是也；天罡是奇门内之恶星，其法：每年从辰上起子，逆行，遇太岁泊宫即是。

盖吉凶原由星判，而隆替乃由运分。局运兴，屋运败，从局召吉；山运败，屋运兴，从屋征祥。

此以上总论“局、山宜并重”。

星之吉者主吉，凶者主凶。星果吉矣，而又得生旺元运，则其吉愈隆。星虽吉矣，而值死、退之元运，则虽吉仍替。如局得元运而兴，屋失元运而败，则从局而舍屋。山失元运而败，局得元运而兴，则从局而舍山。

发明星运之用，启迪后起之贤。神而明之，存乎其人也。

此节总收通篇大旨而示叮咛告诫之意。

则先谨按：上《紫白诀》上下两篇，今之治阳宅者多宗之。篇中于图、书气运，体用参详，局山局间，吊替多方，大旨不外以九星辨生、旺、退、杀，而以气运判盛、衰、兴、废。华亭姚氏称此诀应验如神，意者其合于玄空活泼之妙用乎。然玄空之用，下卦、起星而已，吉凶悔吝，辨之于飞星之间，其法由于按运立极，而求山、向两星入中，分阳顺阴逆，以飞布八方。今按姚氏所注，乃此诀可不论起造元运与二十四山之阴阳，仅将八宅坐山入中顺飞一盘，即为坐定宫星，其构成推考之星局如此简单，似远逊玄空大卦三盘挨法之精密，岂理气中别具一格耶？善哉！沈公之遗注，发前人所未发，证明“三九、一七、八二”三节，乃指六、四、二、八运艮坤两卦山、向、中宫之飞星。因思旧注，殆未尽得作者之真诠，故表而出之，俾学者知所印证，以免胶柱而鼓瑟尔。

八宅天元赋

蒋大鸿　著

元天垂象，九霄开梵气之中；

大地炳灵，九野兆坤维之纪。

龙马以河图启瑞，神龟以洛书效珍。

剖混沌之先机，昭乾坤之大法。自然妙化，至人因之。

建都邑以御万邦，授室庐以绥兆姓。

明堂九室，见于《月令》之文；方井八家，考之彻田之制。（此段总论象数之始。）

粤稽黄帝，始创宫室；我祖文公，爰宫洛邑。

当时著为宪令，后世遵为遗规。

生民日用而不知，圣人先知而不议。

秦火之后，典籍荡然。千圣不传之心，一线寄诸哲士。

黄石授之圯上，乃出《青囊》；萧相功成未央，大开北阙。

逮于管、郭，微言莫稽；比及杨、曾，正术始显。

嗣后伪书杂出，异轨争驰。家造《灭蛮》之经，人排掌中之卦。

词能害志，伪且乱真。斯固世道之衰微，抑亦天机之隐秘。

不得云阳之诀，岂知幕讲之传？（此统论地理之流传，而归重于无极，得传于幕讲为正宗。幕讲为吉安刘达僧之高弟，无极实得幕讲之传，以续杨、曾之绪者也。）

万世洪荒，一朝剖破。（统结以上二段。）

坐山定宅，宅既不真；东西分宫，宫亦全谬。

五鬼六害，岂皆绝命之神？生气天医，不尽延年之路。

贪狼巨门高耸，本是吉星；廉贞破军昂头，讵真凶曜。

欲执游年诀法，断无取验机关。（此辨宅书之非。）

要明八宅之真，先识九宫之数。年分甲子，运转三元。

上元一白为君，坤震为辅；中元四绿居首，五六相承；七赤下元（为尊），艮离襄旺。（此指气数之真，是《天元赋》正文前后，皆发明此秘。）

春荣秋落，莫寻出运之龙；阳往阴来，须遇本宫之水。

正偏曲直，惟贵格清；广狭浅深，只求位的。（此示人以入用之法。）

形局之模糊犹可，方隅之杂乱难言。

旷野平原，端取流神结体；关厢村镇，多将衢路分踪。

城隅依城为凭，山谷傍山立局。

高楼峻宇，峤星借插于邻家；堰闸桥梁，动气交冲乎辙迹。

墙垣皆能障蔽，竹木亦可拦当。（此言气之所到，以形而受。）

总之，水为引气之神，察其来又看兜抱；风多动气之力，性主散须用遮阑。

呼吸须辨阴阳，化机总归一局。

风之所送，即是水之所交；阳之所嘘，亦即阴之所吸。

交类牝牡，如影随形；应若宫商，似响斯答。

水气在土肤之上，当以光交；风气来空虚之中，但随质取。

光交亲凭目睹，质取变有多端。

若逢空缺即为来，一有遮拦旋作止。辨明止来二气。方知嘘吸真机。（此言风、水二者分道扬镳，殊途同轨。）

更有宅神，尤多妙用。权衡内外，变化吉凶。

盖内气是宅内之方隅，外气是宅外之风水。

内外俱凶成废宅，内外俱吉是仙宫。

外凶内吉，谨许小康；外吉内凶，难除瑕玷。

此言旷野一家之宅，非言城市比屋之居。（论旷野居宅，但辨吉凶二气，凡宅皆同，俱宜分清者也。）

若夫接宇连甍，尤重升堂入室。略陈矩矱，以备推求。

大体先论宅形机括，更看门路。

四方正直，备有八宫；匾阔直长，偏居二卦。

一曲须论首尾，三湾亦取两头。长短消除，广狭转变。

均齐方正，有左衰右旺之时；缺曲偏斜，辨此浊彼清之界。

卦有定理，格不一方。（此论接宅法，而“一曲首尾，三湾两头”二语，为千古传心之秘，最宜详玩之也。）

假如震兑横若几样，二卦适均；艮坤折若磬形，两宫并至。

试问门开何地，乃知气入之源；严搜内室何方，始定归根之路。

若门通前后，则卦不一家；更卧室居中，则气收两舍。（此论形异则气别也。）

向兼寅甲，坐杂亥壬。东房富则西房必贫，南枝荣则北枝定萎。

察重轻于门路，测深浅于卦爻。

析爨乃彰，合居不判。（此分一宅荣枯，而以出卦兼爻为戒也。）

欲较门之力量，亦辨宅之形模。

方宅四周，门通八国。如其曲折，难以推移。

坤向深沉，兑离二门皆不应；正南重叠，巽坤两户总无凭。

门若居中，左右截然分气；门如旁启，一边独领真情。

全凭内路之曲折直长，引神入室；并审旁门之有无纯杂，漏气夺胎。

总之，多门不如一门之专精，远路岂同近路之亲切？

总门统一家之隆替，房门辨夫妇之安危。（此论门路。）

别有男女弟昆，验分居之房闼；下至婢奴妾媵，据所授之一廛。

万花谷里，岂无一树先零；数罟池中，亦有鲸鱼漏网。（此论大、小、男、女，主、奴之房室。）

宅大则所招之势必远，宅小则所受之气亦微。

总求领气为枢机，细审真方分顺逆。（此论大宅、小宅收气之厚薄。）

改一门，顿分枯菀；移一巷，立判灾祥。

拆屋添房，看取东宫西舍；整新换旧，须知旺位衰方。（此论修改之法。阳宅气从门入，尽有“失元之地，改一旺门，便能起衰；得元之地，行一衰门，便至减福”。尺寸之间，不可不慎也！凡开门当问其起造之年是何时，用“飞星掌诀”审明某方最旺，宜开门，而所开之门又必与目前最旺之运相合，方可起衰。若但知门旺，而本宅所造之元运在“或克或泄”之方，反见凶煞，所谓“改门宜从旺方开旺门”也。）

或彼家吉而此家凶，或昨日兴而今日替。其机可畏，其理难明。

叹肉食之终迷，遇真诠而罔觉。有宅于此，吾所共疑。

何祖父显而末祚中微？何旧主倾而更姓骤起？

亦有弟肥兄瘦，岂无主弱奴强？愚人不识气机，辄议全无宅法。

不见芳春绿蓐，陨秋霜而自凋；譬诸大旱赤苗，沛甘霖而立起。

吉人趋其景运，薄祚遘其衰时。实有天心，适符地脉。

此理捷于影响，至人秘而不传。（此示人审运以趋吉避凶，宫室不同，与生人之命相似也。）

世重《葬经》，每轻宅相。

夫反气入骨，固人道报本之常经；立命安身，亦孝子守身之本务。

祖先实以后昆为血脉，邱墓反以住宅为安危。其理甚微，不可不察。

且死者已枯之骨，非历久而不荣；生人食息之场，随呼吸而立应。

欲求朝瘁暮荣之术，须识移宫换宿之奇。

历试不渝，吾言若契。（此以阴宅比论。）

将此重任，慎简其人。苟非同天地之心，何以通造化之妙？

按图索骥，难悉端倪；触类引伸，粗陈大概。

省察之机寓乎目，变化之巧因乎心。书不尽言，言不尽意。

果精其术，真堪羽翼。斯民克守遗规，庶以延长世泽。

至理不易，上士何由传之下愚；天道无私，祖父岂敢贻其孙子！

我滋惧矣，尚慎？哉！（总结通篇。）

魏柏乡相国家藏有《传家得一录》[①]，蒋公得之武夷道人，始著此《赋》。其发明天元精奥，全豹可窥，视《五歌》更为细密，同志者宝之！

光绪丙戌钱塘沈竹礽录

附：天元五歌四・论阳宅[②]

无极子云阳君竺翁　　手授
中阳子平阶蒋大鸿　　撰述
吉安永宁尹有本一勺子　发义

人生最重是阳基，却与坟墓福力齐。宅气不宁招祸咎，骨埋真穴贵难期。建国定都关治乱，筑城置镇系安危。试看田舍丰盈者，半是阳居偶合宜。

言阳居与阴地并重，为建都立邑极大作用。

一勺子曰：此章语意归重阳宅之应验极速，而阴基稍迟。

阳居择地水龙同，不用前篇议论重。但比阴基宜阔大，不事秀丽喜粗雄。大荡大江收气厚，涓流点滴不关风。若得乱流如织锦，不分元运也亨通。

言阳居龙法亦如水龙，故不须论而必收局阔宽大，乃可容受。宜择多水曲折之地，即非本元，亦能发福。

一勺子曰：乱流支河为阴宅所忌，正阳宅所喜，一线之脉，阴宅真

校者注　①　《传家得一录》：即《传家阳宅得一录》。其“叙曰：阳宅之法，十有三家，言向者或遗门，言门者或遗运，所以祸福舛错，无有定见。夫阳基之旨较阴地更元而应运，余研求数年，未得其要。丙戌岁，以王事入闽，迂道武夷，偶遇家道人，始得其奥。后以奔走南杜未遑成帙，集诸家之秘旨，泄达化之微机，定吉凶如烛照，数计得之者，幸勿轻视！蒋大鸿述。”《八宅天元赋》为《传家阳宅得一录》收录的阳宅名著。

②　此节内容为校者所加。

精阔大之局，阳基威严，不散乱则不见阔大，不紧束则不见线脉，二者相反而实相成也。

宅龙论地水神裁，尤重三门八卦排。只取三元生旺气，引他入室是胞胎。一门生旺两门囚，少有嘉祥不可留。两门交庆一门休，大事欢欣小事愁。须用门门都吉位，合家福禄永无忧。三门先把正门量，后门房门一样装。别有旁门并侧户，一通外气即分张。设若便门无好位，一门独出始为强。

言阳宅门气。

一勺子曰：门门都吉位固好，一门独出必不可少。

门为宅骨路为筋，筋骨交连血脉匀。若是吉门无恶路，酸浆入酪不可斟。内路常兼外路看，宅深内路抵门栏。外路迎神并界气，迎风界水两重关。

言阳宅路气。（言门路气脉相连，趋生避克之法一如水龙。）

一勺子曰：迎神，是直来、曲来之路。界气，是横上、低上之路。

更有风门通八气，墙空屋阙皆难避。若遇祥风福顿臻，若遇煞风殃立至。

言阳宅风气。

一勺子曰：墙空，即隅空。八风，是窍者。祥风吉，煞风凶，最快且速。

矗矗高高名峤屋，楼台殿宇同一评。或在身旁或遥应，能迴八气到家庭。峤压旺方能受荫，峤压凶方鬼气侵。

言阳宅峤气。

一勺子曰：峤星有山谷、平阳之异，有远近、高低之分。在身旁宜煞方，当远应宜生方。压旺受荫，压凶鬼侵，是指遥应者。

冲桥冲路莫轻猜，须与元龙一气排。冲起乐宫无价宝，冲起囚宫化作灰。

言阳宅冲气。

一勺子曰：冲桥冲路，要排元龙。冲乐是宝珠，冲囚下火坑。

宅前逼近有奇峰，不分衰旺皆成凶。抬头咫尺巍峨起，泰山压倒有何功。

此言阳宅逼气。

村居旷荡无拦锁，地水兼门一同取。城巷稠居地水宽，路衢门峤并司权。

言乡村、城市阳宅之异。

一勺子曰：旷野造房，一地、二水、三门、四空隅。城市造房，一路、二空隅、三峤星、四门。盖宅内以空隅、内路为重，宅外以大路、水峤为尊，城市、乡村皆然。兼收者故妙，而失者不发。尽反者，立生败绝。

一到分房宅气移，一门恒作两门推。有时内路作外路，入室私门是枢机。当辨亲疏并远近，抽爻换象出神奇。

言阳宅分房。

一勺子曰：家主兴衰以卧房为主。生旺气，层层引入到内，虽处里宅，出入亦多亨泰。死煞气，若层层入内房，纵居生旺宅中，反主迍邅。亲疏，以贴近、脱离分别路行门峤也，当其近而凶者愈凶，吉者大吉；若在远则凶者稍迟。或无得吉者，大缓而不应矣。

论房神祠理最严，古人宫室庙为先。夫妇内房尤特重，阴阳配合宅根源。

言神祠，（内房）寝室（归重于宅主）。

一勺子曰：夫妇内房论气以门路为主，论首趾以《宪书》三元合婚之式为尊，盖承先启后，发财育丁之地，尤为要紧也。夫夜气长存本于孟书，其理最真最正，即孔子“东首受生”之意。要知“东首”两字是活的，当参以天时，合以生宫，方得其义。推之于物，鸡豕牛羊犬马禽兽、井灶钱谷，各有生方，各得其地，则无有不蕃育者，一失其性，未有不绝，或者其理捷于影响，此阴阳配合之说也。

八宅因门坐向空，三元衰旺定真宗。运遇迁流宅气改，人家废兴巧相逢。

言八宅以门（朝向）而定（吉凶），不取坐向（而论休咎）。（此）即“气口反为初”之义，而归重于三元衰旺，（迁移入宅之时，改移修造之运而辨得失），故坟宅有（彼此）随时兴废（之不同）。

一勺子曰：宅运之成乘，不问人事之迁移，而人事之迁改正可焉。宅运之成弃，以人所当废，即住废舍；人所当兴，即居兴房。巧相逢乎，是有天焉。

此是周公真八宅，无着大上流传的。天医福德言安非，只好游年定时日。逢兴鬼绝更昌隆，遇替生延皆困迫。太岁煞神若加临，祸福当关如霹雳（一说“祸福要开如不二”）。门内间或有宅神，值神值星交互测。此是游年剖断机，不合三元总虚掷。

（力辨生、延、鬼、绝之非。）

辨小游年翻卦（之非），必准三元，（必以挨星之得失），乃断吉凶。

一勺子曰：间间有宅神是也，要合三元以断之。若不合三元，纵延、生、天、福，反多凶败；六、五、祸、绝，愈见发祥。非《周书》空法之不验正，言八宅书之未的耳。

九星层进论高低，间架先天卦数推。虽有书传都不验，漫劳大匠用心机。

辨层进九星、间架卦数之非。

一勺子曰：先天卦数不止推阳基，亦止好推阳基其不验者，非书传之不验，亦大匠之心机徒劳耳。

山龙宅法有何功，四面山围亦辨风。或有山溪来界合，兼风兼水两相从。善论来龙休论结，结龙成穴不成宫。纵使皇都并郡会，只审开阳不审龙。俗言龙去结阳宅，此是时师识见庸。待取阳基酿家福，山居不及泽居雄。

言山中宅法。

一勺子曰：山居人偶且朴，得三代遗宜之意者，以山气混沦是不破之天也。泽居人智且巧，有虚文诈伪之风者，以水气荡漾有泾渭之辨也。泽居雄乎而山居乃厚矣。

阴基荫骨及儿孙，阳宅氤氲养此身。偶尔侨居并客馆，名堂香火有神灵。关着三元生旺气，吉凶如响不容情。透明此卷天元宅，一到人家识废兴。

言阳宅荫生人视阴地较速。（凡有栖身，不可不察。）

一勺子曰：阳宅之成表关人身之命运，吉凶如言也，宅运有时兴废之数，人生有一得一失之命，其巧相逢而恰相值者即上天时予时夺之权也，古仙必不轻示人者，此民可使由之，不可使知之，吾于此道亦云。

附：阳宅三格辨①

云间　蒋平阶中阳子　著

人生祸福之数，阴宅居其半，阳宅居其半。若祖墓不沾凶气，一遇吉宅，辄至显荣。若住宅正属衰危，虽有佳城，亦难发达。阳宅之不可不重如此，我为辨之，亦有三格：一曰井邑之宅；二曰旷野之宅；三曰

校者注　①　此节内容为校者所加。

山谷之宅。

一勺子曰：余尝见阴宅最吉，阳宅极凶，而不发达者，即稍发亦多迍邅。又见祖墓平常，阳宅吉利，而得显荣者，且凶咎全无半点。阴宅荫骨及儿孙，阳宅氤氲养此身。人生祸福，阴宅居其半，阳宅居其半，而阳宅尤重。

井邑之宅，或居城郭，或居市廛，万井烟火，重闉比户，地脉朝向，大略相同，而考其吉凶，判然各别。此其为用，街巷道路为先，方隅门风为次，而水局又次之。盖车马人迹，咽咽阗阗，响振尘飞，无非动气，此其嘘枯吹生，焰逼影捷，不同岑寂之乡。若更独得水局，舟榜交横，必为出格之宅。得其元（运）者，百万骤至，卿相立跻，盖此宅也。

一勺子曰：城郭市廛，车马人迹是大动气，如北直、山东，咽阗尘飞，故以街巷道路为先也。舟榜横交，江浙苏常，致乃咿呀，鼓浪舞棹，故以水局为尊也。盖一阴一阳，总取得元，富致百万，贵跻卿相，何难之有？

旷野之宅，以水为主，而风门、方隅次之，道路又次之。若大江大湖，则其应亦大；在小溪小涧，则其应亦小。此与平原龙法，体格合一，而微有细大之殊。专擅一方，气钟于特。若元运绵长，奕世承祧，子姓不替，盖此宅也。

一勺子曰：大江大湖其应大，小溪小涧其应小，故收气厚者为大风，受水深者为大水，此风水有大小之别。若专擅一方，气钟于特，则山聚水归，奕世承祧。夫收十里山水有十里规模，收百里、千里山水，有千里、百里气象，又当分别。

山谷之宅，以风为主，而余皆次之。盖其风靡空而下，障之者万寻，而漏之者千仞，窍穴鸣条，排山拔木。其吹祥也，发不旋踵；其吹咎也，殄无余迹。非真得真元之气，我不欲居也。呜呼！我安得三元不替之深山窟穴，而世庇其休乎？鸡犬桑麻，与世迥殊，搬于仙都，盖此宅也。

一勺子曰：山谷之风要来去分别，反覆明析。其摩空而下，漏之者千仞，是高处下来之气；障之者万寻，排山拔木，是反来覆到之气。故陡崎之峰无风下而能使风住，坦平之颠引风到而不能必风止。总有吾辈运用之妙，顺时取一毛少差，吉凶反掌，不可不慎！

凡此三宅，皆择堂气开舒、水泉平行之地而筑之，而不关于龙脉之结聚。世人以为龙脉结成阳宅，此说非也。即大而郡邑，更大而京师，亦擅气局，非关龙脉，其所谓势聚而已，气聚而已！岂有金针玉线，缠绵络绎而入我之户牖哉？

一勺子曰：俗言龙去结阳宅，此是时师书见皇；纵使皇都并郡会，只审开阳不审龙。势聚则势到，气聚则气止，为何关乎脉络之金针飞渡哉？

盖山龙之气，一缕灵光，如花房含露，香味细滑，但与人之骨髓相薄，不堪遍洒于堂阶户阈。凡阳宅之所收者外气而已。山川风物，挹览光华，云奔雷转，其作用在土泉之表，非求之地络之阴。

一勺子曰：阳宅之所收者外气而已！此语醒世千古大梦，非真地仙不知此，非真天仙化人，亦不确解此。今世所讲论者，四凶四吉之名目，而不精察其根柢之所居何地也，其作用在土泉之间，有作法，有用法，有一定法，有转动法，收外气布凭依而收，非空可收者。

至于翻卦游年，此占年之小数，非定宅之正经。

一勺子曰：翻卦游年，只可占年而非真吉。真山可以预植福基者，而首主来宾矜以小数为重，无奈其扞造全无准验何。

苟知杨、曾真八宅之旨，则概可贯矣，皆昔人未发之义，予特为辨析，以告世之工作相宅者。

一勺子曰：真八宅亦从八门、八方讲求，而非生、延、害、祸之粗，实有生、延、祸、害之精者寓焉。

从师随笔

会稽姜垚汝皋甫 著
胡伯安 藏　曹秋泉 校

姻戚某氏，其家广延地师，十余年得一地，堂局极美。康熙二十三年甲子扦，时在一运，系壬山丙向。葬后不一年，全家患疫死，子姓争产，讼事至今未息。杜陵夫子来，登山观之，笑曰："地固美，惜犯'反吟伏吟'，葬之，祸至无日矣。"

垚问："珠宝、火坑之别？"师曰："通则为珠宝，不通为火坑。而或轻或重，正在珠宝、火坑之间，在人心悟而已。谚云：'我葬出王侯，人葬出盗贼。'同一山水，在辨之早也。"

垚问："纳内甲之法与挨星合否？"师口："是一是二，今之所谓纳甲不过言其体尔，用玄空方是真纳甲。"

我师在魏相国家中得秘笈，诸法皆能了了，独于"北斗打劫"未载，故注《天玉经》，不敢明白载明。一日告余："北斗打劫，即坎离二卦"是也。余穷思深究，知用坎者与巽、兑成三般卦，用离者与乾、震成三般卦。再问之，先生微笑，仅谓："子可与言道矣，思过其半矣。"

甲子年，杜陵夫子为刘姓卜寿藏，图中注明："甲申后二十年，除力士、五黄加临外，年年可葬，惟不可兼巳亥，兼则气不纯。"余询师，何故？但笑而不答。（则按："甲申后二十年"，二黑主运，乾巽当旺。"不可兼巳亥"者，盖兼则二黑入中故耳。）

丙寅年，复为余家卜一地，图说亦如是。固询之，师曰："子学尚不足以语此，以待来年。"

戊辰年，杜陵夫子又游越，余又询之。师曰："兼，则宜用"坤壬乙诀"；不兼，下卦可耳。"余始恍然。自后，余从事《奥语》，开山有斧矣。惟《奥语》仅言十二山，且非字字可以起星，其他十二山总未能得其口诀。时我师将葬亲于余姚，无资购地，余以二千金报之。使者归，授余以“子癸并甲申口诀”二十八句，乃知“子癸甲申贪，卯乙未坤壬巨，辰戌乾亥巽巳武，酉辛丑艮丙破，午丁寅庚弼”。来书谆谆告戒，谓：“此秘中之秘，惟子可以知之，慎勿泄漏一二也。”余得此诀后，乃注《奥语》。

庚午年，《奥语》告成，杜陵夫子又来越，谓余注“识掌模……”二句，未免显露，乃改正之。

“城门”一诀，可以意会，不可言传。今二运有葬酉山卯向，以艮方有水作城门。杜陵夫子以同元可用，因此气无异中宫之气，亦犹城门也。然余思之“八国城门锁正气”，当用八国为然。

杜陵夫子谓：“杨圣倒杖之法，并无第二法门，不过知元运旺于何宫，在何宫葬之，则自然之阴阳已得，何必再用罗盘！”

杜陵夫子谓：“最难识得者是天心！然天心在我掌中，我欲如何，天心便如何。此所谓‘人力胜天’也。”

江浙近日伪法日出，最奇者为“起星之法”，自《辨正》出，始有王道可循矣。师嘱余作歌以正《平砂玉尺》之伪，歌中仅言装卦，未言挨星也。

向首天盘一字入中，谓之“囚”。囚则为祸甚烈，胜于上山下水。我乡赵姓一地，巽山乾向，元至正四年葬（二运）。葬后出尚书二人，科甲迄今未绝。此等山向，气运最短，何以如此绵长？怀疑既久，同师相之。师曰：“前面有水放光，此囚不住也，反作悠久论。”

“凡到山到向之地，则向星天盘之字入中为囚。双星会合向首，则以向盘飞星到山之字为入囚。”此杜陵夫子所恒言也。

杜陵夫子每谓：“今日伪学所持之蒋盘，在起星一层，除‘坤壬乙、艮丙辛、巽辰亥、甲癸申’十二字外，‘子禄、丑弼、寅辅、卯禄、巳文、午弼、丁辅、未禄、庚辅、酉弼、戌文、乾文’，无一字合法。指为余所定，妄矣！”

一日，从杜陵夫子游，饥甚，见一老者，道貌岸然，向乞食焉。入其书斋，置罗盘于几上。老人见之，未通姓氏，即驳此盘之误。老者乃持一盘出，曰："此蒋先生盘也，其用法惟吾知之，奈天律有禁，不可妄传也。"余询老者，何处见蒋，答曰："昔年官吴中，执贽为弟子，此盘先生所亲授者也。"师大笑不止。余年少，不能忍，乃曰："此即杜陵先生也。"老者力诋余之谬。时，师手中执柏乡相国所书便面，始通姓氏，且与余家有年谊，杀鸡为黍而肃客焉。席间，谈当时为人所绐情形，状甚懊丧。次日，相其所卜墓兆，所扦者咸误于"星卦混合，故葬后家道日见萧条"云。老者乃随师来余家，信宿始归，师授以"颠颠倒"一诀。

余同门，丹阳张孝廉仲馨，号"野溪"，师授以"天星选择"，谓之曰："峦头不佳，理气不合，天星亦无用。峦头，本也；理气，末也；天星，末之又末也。"

夫子寡言笑，一日谒黎洲，黎洲未之奇也，我师从不二谒。黎洲自卜寿藏，我师时在余姚，遣其子百家持图，请我师鉴定。师即信手书数千言，反复论其地之不合时宜。黎洲见之，曰："何蒋生之深于《易》哉!"次日，访师于寓次，坚请卜地。时欲归云间，固辞焉。

我师尝谓："得吾术者，时时当凛天律之可畏，宜效金人之三缄，不漏片言。如有狂妄子弟，妄诋吾术，其人必有阴恶，汝辈万勿计较，姑听之可也。"

一日，余从夫子在昌安门外，见某家下葬。土工皆曰："蒋先生来矣。"主人问："蒋为谁?"土工皆曰："地仙也。"地师数辈，咸嗤以鼻，谓主人曰："即'天机不可泄漏'之蒋大鸿也。"若辈见我师，曰："如此好地，天之所与也，不费汝泄漏天机。"主人并夸其地龙穴山水之美。师唯唯。土工有识余者，默告之曰："地系丑未兼艮坤，前三年蒋先生为人葬一地，用丑未山向，今其家日见兴隆。内中有一地师，欲抄蒋先生老文章，拟用单向，主人与其余地师皆不敢，聚讼纷纷，始兼三度。"师归，余告之。师曰："主人死矣！犯五黄、力士，焉得不损人丁?"葬后未五日，主人堕马死。（则按：二运己亥年丑山未向，坐上犯五黄力士。缘是年年星二入中，五到艮亥子丑之年，力士亦在艮故也。）

沈孝子，东关人，亲死下葬，地师为之立辰戌兼乙辛山向。夫子与余过此，孝子抚棺大哭，其状甚惨。师询观者，知其孝行，为之立乾巽向。葬后十年，孝子以商起家，积资十余万，生子数人，皆容貌魁伟，聪明过人。葬时，为上元甲午年春。（二运。）

乙酉（二运）春，先生为商姓葬一地，用艮山坤向。余等私议，以为上山下水，且犯他害（即反伏吟），不知何故，用此失时之山向！窃问师，师微笑，但言："日后君辈看其如何，可也。"未数年，商姓丁、财、贵三者皆备。是年冬，又为王姓扦一地，亦用此山向，而王姓家道亦日见兴盛。余再三问之，师但笑而不答，未知此何术也？（则按：二运，艮坤、坤艮全局合成三般卦，故吉。）

师曰："坤壬乙一诀，经人妄改，已数十种。盖此诀河洛与生成之数变化而成，今术士乌能知其奥？知此诀，非大圣大贤、大智大慧者不可。然此等人，犹非得有真传不可。如《奥语》'劝君再把星辰辨，吉凶祸福如神见'，《天玉经》'五星配出九星名，天下任横行'。惟此法见心术端，方可偶一泄漏，子其识之。"（今此诀改窜者益多矣。）

师又云："更有妄人，将《奥语》十二字亦窜改矣。大旨举《外传》而言，每卦翻出，无论兼与不兼，皆以星起，不以卦起，真是群盲评古。"（卦起与星起不可混而为一。）

地理精纂

江阴　杜振逵　藏

理气立命说

理以数言，舍数无以知天之理也；气以运言，舍运无以知地之气也。因天之理，乘地之气，而立命乎其间矣。自伏羲辨阴阳，画八卦；黄帝作甲子，分三元；河出图，洛出书，而理数与气运遂为天地万物立之命而莫能外。夫元会以混沌，阖辟为始终，荒远难稽，存而弗论已。

若三元分运，一百八十年，周而复始，犹一岁之有四时十二月，一日之有昼夜十二时，易知简能，岂可习焉不察？人生自少至老，皆以岁计，故立命于初生之时、日干支，而穷通验焉；人死则乘化而归尽，不可岁计，故立命于初葬之运、数理气，而荣落占焉。然则化者之有命，与生者同乎？曰：否！生者皆动物，本乎天者亲上，贵贱穷通，皆天之所命；化者如植物，本乎地者亲下，盛衰荣落，则不尽天之所命也。膏腴之地，虽隆冬布种，不遇天时，一旦寒尽春回，勾萌毕达；硗瘠之区，纵方春播种，其生不蕃，寒碛胡沙，夏无青草，何者？地之气不齐也。

人之生天地中也，犹婴儿之在母腹也，一呼一吸，一动一息，无不与天地之气相通。子孙之嗣，父祖后也，犹木之有根，水之有源也。根深则叶茂，源远则流长，自然之理也。堪舆者，天地之总名也。堪为天道，舆为地道，学者顾名而思义，灼然见天之理著乎上，地之气应乎下。其道并行而不背，则庶乎知命之君子矣。

河洛用中说

天地之道，一动一静而已。非静则本体无据，非动则功用不彰。河图：一六共宗，二七同道，三八为朋，四九为友，五十居中。天数五，地数五，五位相得而各有合。

河图者，洛书未分之象也，静也，而动寓其间。天得一以清，地得一以宁。一者，中也。是故圣道执中，王道建中，中之为用大矣。试尝以洛书数衍之，一入中则六居一位，七居二位，八居三位，九居四位，一、二、三四皆生数。生者，物之始，故用一而各得其合焉。九入中则四居九位，三居八位，二居七位，一居六位，六、七、八、九皆成数。成者，物之终，故用九而亦各得其合焉。

五为皇极，皇极居中，顺则静而为伏吟，逆则动而为合十。是河图实寓洛书之用，总括运、数之始终，即飞星入中之所由昉也。夫地道本静，而乘以天时，则静中一动，运盘以当运之星入中，义取当旺者贵。山向未立，太极未分，故不论阴阳，顺飞九宫焉。逮山向既立，太极已判，则必辨阴阳，分顺逆，何也？地盘为体，八卦成列，象在其中矣。运盘为用，因而重之，爻在其中矣。故阴阳必从运盘定焉。天地之气，阳为舒而阴为敛；四时之序，阳主进而阴主退。进者，顺也，阳是以顺焉；退者，逆也，阴是以逆焉。

当元正向，取令星必用逆，仿大易逆数之例也。向必用逆，山或用顺者，山以数往，向以知来；数往者顺，知来者逆也。九宫合十，不畏反伏。河图五十居中，洛书纵横十五，不用十而用五，无非十也。自令星入中起运，观其阴阳逆顺，乘以山、向两盘，所谓“参伍以变，错综其数”也。静盘为地，运盘为天，山、向盘为人，配三才而立极也。凡三变而观其会通，所谓“爻象动乎内，吉凶见乎外”也。阴阳之变，何以不从卦而从爻？吉凶之机，何以不观运而观山向？运所同也，向所独也，卦犹公也，爻乃私也。山为体而向为用，令星各归山、向，甚善矣！二者不可得兼，则舍山而取向。形势以龙为祖，理气以水为宗，山主静，水主动，理气之道，纯乎用而已矣。

九宫配斗辅说

尝考北斗七星，魁四星曰“璇玑”，杓三星曰“玉衡”，又为“帝车”，取运动之义。一曰“天枢”、二曰“天璇”、三曰“天玑”、四曰“天权”、五曰“玉衡”、六曰“开阳”、七曰“瑶光”，而贪、巨、禄、文、廉、武、破，其别名也。

古之言天者，如甘德[①]、石申[②]、巫咸[③]诸家，《大象旁通》、《别

校者注 ① 甘德：战国时齐国人（一说楚国或鲁国）。生卒年不详，大约生活于公元前4世纪中期。战国时期著名天文学家，中国天文学的先驱之一，是世界上最古老星表的编制者和木卫三的最早发现者。他著有《天文星占》8卷、《岁星经》等。后人把他与石申各自写出的天文学著作结合起来，称为《甘石星经》，是现存世界上最早的天文学著作。书里记录了八百颗恒星的名字，其中一百二十一颗恒星的位置已被测定，是世界上最早的恒星表。书里还记录了木、火、土、金、水等五大行星的运行情况，并指出了它们出没的规律。《甘石星经》的内容多已失传，仅有部分文字为唐《开元占经》等典籍引录，从中可以窥知甘德在恒星区划命名、行星观测与研究等方面有所贡献。甘德还以占星家闻名，是在当时和对后世都产生重大影响的甘氏占星流派的创始人，他的天文学贡献同其占星活动是相辅相成的。

② 石申：生卒年不详。又名石申父、石申夫或石申甫，战国中期魏国天文学、占星学家，开封人，是以其姓名命名月球背面的环形山的中国人之一。著有《天文》八卷（西汉以后此书被尊为《石氏星经》）、《浑天图》等。《天文》八卷与甘德的《星占》八卷，合称《甘石星经》，《甘石星经》在中国和世界天文学史上都占有重要地位。石申、甘德的研究成果为历代天文星相家所重视，在正史的天文志类中，引用了他们大量的研究成果。月球背面的环形山，都是用已故的世界著名科学家的名字命名的。其中选用了五位中国人的名字（其他四位分别是祖冲之、张衡、郭守敬、万户），因为石申对天文学研究作出了杰出贡献，所以他的名字也登上了月宫。以石申命名的环形山，位于月球背面西北隅，离北极不远，月面坐标为东105°、北76°，面积350平方公里。石申是天文学家，也是占星家，当时天文学与占星学本来就是一体的。与其他占星家相比，石申的天文学贡献无疑是最大的，在世界天文史上有着特殊的地位。正因为他对天文学有杰出的贡献。所以他的名字登上了月球。

③ 巫咸：上古名医、商王戊辅佐。传说他测定过恒星，是个占星家，被视为中国最早的天文学家。一作巫戊，卜辞称咸戊。据说他长于占星术，又发明筮卜，当是神权统治的代表人物。以巫祝之方法愈疾，反映当时巫术与医道结合于一身的情况。从太甲至太戊，中经七世，国势渐衰。他与伊陟协力，整饰政事，治国有绩，使商朝一度中兴。巫是担任上帝与下帝之间媒介任务的人。《吕氏春秋·勿躬》：“巫彭作医，巫咸作筮。”《楚辞》记有“巫咸将夕降兮”。王逸注为“巫咸，古神巫也”。在古代，巫是一个崇高的职业。相传黄帝出战时，要请巫咸作筮。据说巫峡之名便来源于巫师巫咸。据《尚书》记载，巫咸是商太戊帝身边的一位贤臣。他的儿子巫贤，在太戊帝孙子祖乙登基后，任宰相，也有贤臣之誉。而甲骨文中有咸戊。故有学者认为巫咸或即商王太戊之大臣。传说巫咸是鼓的发明者；据说他是用筮（一种草）占卜的创始人。关于巫贤，据《尚书·君奭》云：“在祖乙时，则有若巫贤。”可知巫贤是商王祖乙时期担任上帝与商王之间媒介任务的大巫。商王朝时，担任上帝与下帝（商王）之间媒介任务的，除了巫，还有卜、史、祝。这些人势力很大，国家政事大小，都要征得他们的同意。如果他们不同意，即使其它统治者同意了，事情还是不好办。这是因为他们要卜问的至上神——天的权力太大，它可以支配人世间的一切。

录》[1]等书，备录各星之所主掌，而详其吉凶。北斗者，七政之枢机，阴阳之本源也，运乎天中，临制四方，均五行，达四时，定纪纲，出号令。而魁四星中，又别有四星，曰“天理”，为之元气，造化万物者，地理因乎天理，故堪舆家用以配九宫，定吉凶焉。

斗一星曰“贪狼”，又曰“正星”，主阳德。为本、为天、为帝魁之首也、为文章魁首。坎一者，正北方之卦也，天一生水之始也，故贪狼居之。

其二曰“巨门”，又曰“法星”，主阴刑。为地、为后、为土、为宫室田园。坤二者，地也，母后也，万物皆致养焉，故巨门居之。

三曰“禄存”，又曰“令星”，主律令。为中祸、为火、为徭役。其于小人也，为贼，动而不居者也。动万物者，莫迅乎雷，故禄存属震三焉。

四曰“文曲”，又曰“伐星”，主天理。为水、为政治，号令天之权也。观乎人文，而化成天下，风以动之也，故文曲属巽四焉。

五曰“廉贞”，亦曰“杀星”，主中央。盻四旁，杀有罪，为土、为火、为刑罚。中央者，皇极也。圣人建中立极，御四方讨有罪，故系之以廉贞焉。

六曰“武曲”，亦曰“危星”，主仓库。为水、为金、为分别贤佞。乾者，君也，西北方之卦也。战乎乾，用武之地也，故系之以武曲焉。

七曰“破军”，亦曰“部星”，又曰“应星”，主兵。为金、为财帛，行军视其所指，宜向不宜背。兑者，正秋也，肃杀之气也，故系之以破军焉。由是而七星全矣。

斗杓开阳之旁，有辅星，为丞相助斗。成者艮，东北方之卦也，万

校者注 ① 《别录》：书目名，中国第一部有书名、有解题的综合性的分类目录书，共二十卷，西汉刘向撰。把众书的“录”汇集起来，别为一书，所以称为《别录》。汉成帝时，刘向受命参与校理宫廷藏书，校完书后写一篇简明的内容提要，后汇编成《别录》。著录图书六百零三家，计一万三千二百一十九卷，分为六大部类、三十八种，每类之前有类序，每部之后有部序，叙录内容包括：书目篇名，校勘经过，著者生平思想，书名含义，著书原委，书的性质，评论思想，史实，是非，剖析学术源流和书的价值。部序之前、类目之后皆有统计，全书最后还有总计。其子刘歆据此序录删繁就简，编成《七略》。《别录》唐代已佚，今据《汉书·艺文志》可考见其梗概。

物之所成终，而（所）成始也，故受之以辅。

而斗之左，又有上辅、少辅，其右则为上弼、少弼。离，南方之卦也，圣人南面（而）听下，向明而治，必有赉予良弼者，故受之以右弼终焉。

罗经辨

昔黄帝战蚩尤，作指南车，罗经之所自昉也。堪与之道，由来久矣。古人备物致用，示其当然，不言其所以然。后之人学焉，不得其要领，则往往造为邪说，互相聚讼。有谓罗经但宜用十二支，不宜配八干四卦者，此就地辨方，不以之致用可也。

若夫罗经之为用，本洛书奇偶之数，宫析九而爻各为三，则必合天、地、人三才，而达其经权常变。何也？山水取地理元运，乘天时而卜兆者，人事也。干为天，支为地，卦则与天地合撰而为人，三者阙一，则为不备。

卦分三爻，爻之象何以成？四正为奇，天之数也，天与地合，天包乎地，故两干配一支焉；四隅为偶，地之数也，地与人合，地载乎人，故两支配一卦焉。

爻之义何由定？正者方之常，地之经，本乎静者也，一君而二民，地为之主，故爻居中焉；隅者方之变，人之权，本乎动者也，执两而用中，人为之主，故卦居中焉。

然则天遂退处于无权乎？非也。方隅之中，地与人既各得其位，皇极之中，则天心默运焉。独戊己居之，故方书有以戊己为都天之说，盖成位乎中而运乎八方，刚健中正，天之道也。由是合三才而为一太极矣。三才定位，两仪俱陈。一、三、七、九，阳也。阳卦多阴，其数与奇配，故一阳二阴，阳先而阴后。二、四、六、八，阴也。阴卦多阳，其数与偶配，故一阴二阳，阴先而阳后。

至若河图为先天定数，水北、火南、木东、金西，四方之正位；洛书乃后天参变，则有乾、坤、艮、巽之四隅。先天定数，纯乎天者也，人不得与焉；后天参变，纯乎人者也，天亦不得与焉。而要皆不离乎地，故三才参用。四正无八卦，四隅无天干。四正秉气之纯，壬子癸、丙午丁、甲卯乙、庚酉辛，五行不杂，方以类聚也；四隅秉气之兼，则五行不专，物以群分也。艮之寅兼木，坤之申兼金，而从坤艮则皆以土论，巽之辰巳兼火土，乾之戌亥兼水土，而从巽以木论，从乾以金论，臣从君之令也。

九宫全体，土独居三，金木各居二，水火各居一，则又何也？河图之数，五十有五；而洛书之用，四十有五，析之以九，各得五数。较一六与二七，水火之数不足于二；较三八与四九，木金之数不足于三。惟五、十为土，其数独盈三五。盖五行之质土最厚，而金木皆实，水火为虚。凡物之数，谦则进，盈则退。进者长也，退者消也。水、火、木、金居一、居二，谦也，将进也；土独居三，盈也，将退也。寅、申、巳、亥，木、金、火、水之气初长，于乾、坤、艮、巽而各为母，所谓精气为物者，进也；辰、戌、丑、未，水、火、木、金之气潜消，于巽、乾、坤、艮而皆为土，所谓游魂为变者，退也。是皆造化自然之理，经常之道也。

世之执罗经，谈堪舆者，不求诸河洛理数，而求诸穿凿不经之邪说，是犹盲人辨色，聋者聆音耳！况经常之道若大路，然数不过九，卦不过八，爻不过三，星不过斗、辅，气不外阴阳消长，理不外生克盈虚，用不外天、地、人三才，上、中、下九运，放之则弥六合，卷之则退藏于密，“人谋鬼谋，百姓与能”者也，乃日用而不知，可慨焉夫！

经　辨

古经《奥语》云：“甲癸申，贪狼一路行；坤壬乙，巨门从头出；巽辰亥，尽是武曲位；艮丙辛，位位是破军。”四语相传最古，堪舆家不得其旨，谬解纷纷，甚且妄添四语，造为伪法。不知此乃古人总括三元而微示其妙用，四语已足包罗，岂容复赘？盖六十年为一元，每运分二十年，起元必自一始，起运必自甲始，一、二、三为上元之分运，六甲五子皆同气，甲乃震之初爻，癸申乃坎与坤之末爻。

举“甲癸申”而一、二、三见焉，一白贪狼为三元之首，又为本元之首，欲收上元旺相之气，必由贪狼以次递及；欲收一白运旺相之气，亦必由贪狼以次推行，故曰“甲癸申，贪狼一路行”。一、二、三既各有正运，即各有令星，当令而用事者，收旺相之气在坐山，利旺相之用在对向，坐山既收旺气，对向必取令星。

指二黑运为例，故曰“坤壬乙，巨门从头出”。若乃中元之四、五、六运，一串三连，气象不免局促，而皇极居中不动，无迹可寻。或谓：坎纳戊，离纳己，有“戊一己九”之说；或谓：戊寄艮，己寄坤。或谓：上元戊寄于艮，己寄于坤；中元戊寄离，己寄坎；下元可随意寄坎离与艮坤者，实则河图之一六、二七、三八、四九。如一运一入中，八国缺一，五即寄之。五运五入中，山、向飞星之盘挨得之星，内中缺一，即寄五也。前言贪狼、言巨门皆颠倒，其爻参错，其数浑。

举一、二、三之方位，而每运各有正向，犹未之及，此言以巽辰亥为坐山，即四、五、六运之正向，其序秩然不紊，而或以武曲为向，或以武曲为山，则武曲实为中元用事之主，故曰“巽辰亥，尽是武曲位”。正向既定，而阴阳逆顺犹未明辨也。

以下元七运为例，七入中，一白壬子癸到艮八，艮变为阴；二黑未坤申到离九，丙亦变为阴；九紫丙午丁到兑七，辛仍为阴而不变，用逆则令星必到本位。七运以艮丙辛为山向，皆得令星破军之用，故曰“艮丙辛，位位是破军”。古人隐而不发，以待学者善悟。岂料后之人不求甚解，易涉歧趋哉？今特尽情揭出，诚默识而会通之。理气之术，更无余蕴，而邪说伪法，或几乎息矣！

则先谨按：立向之道，单向、兼向二者而已。单向名“下卦”，盖以卦为本位，故山、向飞星之入中，悉依固定之数，逢一用一，逢九用九是也。兼向则名为“起星”，亦称“变卦”，盖以爻为单位，不为固定之卦所拘。由于河洛生成变化而成，故世目“坤壬乙诀”为挨星秘中之秘，缘以星替卦，别有条例存也。学者阅“子癸并甲申”口诀，当知二十四山中应寻替者，计十有三字，余十一字兼而不变，无替可寻，与下卦同其挨法。此诀虽莫详起例之由来，而兼向挨排之能事尽矣。昔姜汝皋得此诀于蒋杜陵，后始注《青囊奥语》。然惮于师戒，纽于秘守，微露端兆，莫由探索，致后世名师如温明远其人，犹不免以解下卦之说，傅会起星秘密之谬，良可慨焉！

今是篇立论，察其词意，以“甲癸申”为一、二、三运，依次递收上元旺气于坐山，作“一路行”解，而以取得对向令星，释“从头出”，更泛言武曲为中元山、向用事之主位，末举七运立艮丙辛山向，合“位位取得破军”。令星之妙，以明“阳顺阴逆，流行之所在”作如是解，非不秩然有序，言之成理，惜与逐爻寻替之诀，格格不相入，亦犹温明远氏之以下卦解起星耳。顾以“经辨”名篇，夫亦深思明辨，发为创解，期有裨于后学，用心亦足多矣。然非所论于起星条例，学者用替，仍以“子癸并甲申”一诀为依归可也。

出卦辨

地有生成之向，出卦者用法仍以本卦为主，在丁作离论，在未作坤论，言三元卦气者，往往谓“出卦”，则地之秉气不清，目为弃材，不知天地之气，“变动不居，周流六虚”，取用者惟变所适，斯得之矣。《系辞传》曰：“帝出乎震，齐乎巽，相见乎离。”则震与巽，巽与离，相为周流也。又曰：“艮，东北之卦也，万物之所成终，而所成始也。”所成终，右与坎无间；所成始，左与震无间也。推之“致役乎坤，说言乎兑，战乎乾，劳乎坎”，是八卦之气无不相通也。

出卦之向十有六，各有时措之宜。《经》曰：“巳丙宜向天门上，亥壬向得巽风吹。”是巽可兼离，乾可兼坎，故卦气运运不同，而流行之气亦随之而异，合时则吉，背时则凶。且生成出卦之地，亦具天然之堂局，细心斟酌，移步合形，其朝应及六宫山水，必归本卦。何也？风水形势，必须左右停匀，前后配合，方见清纯不杂，否则位置失所，无所取裁矣！

所谓出卦者，盖以理气而就本然之情势也。彼泥罗盘卦爻以绳地者，固拘执鲜通，而泥元运进气以绳向者，又谓一运必作丁兼未向，乃为上元兼辅；力贯三元八运，必作未兼丁向，乃为八白兼紫，预迎进气，不问地之本向，专以出卦为贵，尤为邪说谬解，则是过犹不及，执中无权，犹执一也。堪舆之道，差之毫厘，谬以千里，不得不极为辩之。

生克吉凶篇

主克客，为克出；客克主，为克入。

主生客，为生出；客生主，为生入。

生入者旺，克出者亦旺；生出者休，克入者囚，比肩者和。

生入者，发福迟而久；克出者，发福速而暂。

向上宜克出，旺财；忌克入，并忌生出。向之吉凶，应验速也。

山上宜生入，旺丁；忌克入，不忌生出。山之吉凶，应验迟也。

先至者为主，后来者为客。

分地与运而观，则地盘为主，运盘为客。

分运与山、向而观，则运盘为主，山、向盘为客。

分山与向而观，则山上飞星以山盘为主，向盘为客；向上飞星以向盘为主，山盘为客。

辨其生克之出入，以山、向、运递生地盘为最佳。若旁六宫，无须辨主客，即不重运盘，专取山、向盘挨到之星，并看吉凶生克。

九星各有吉凶，又各有因时之吉凶，山、向上尤为紧要。

盖生入者，星之吉凶可不问，吉星生我固加吉，凶星生我亦不害其为吉。

克出者亦然。吉则我能用其吉，凶亦无所蒙其凶也。

若生出、克入、比和，则全在星之吉凶上看。

我生及比和之星果吉，则克家有子，同道为朋。我生及比和之星果凶，则比匪致伤，养虎贻患。

至论克入，克我之星，吉则纵被欺凌，而君子不为已甚；凶则我原屈服，而小人叵测中藏。

故生出、克入、比和，咸当辨“星”之吉凶，且须辨“时”之吉凶耳，非若生入、克出之得以置而不问也。

山向山水篇

山管山，水管水。山主人丁，水主财禄。山盘飞星，论山不论水，吉星要放在山之特起处。而向盘飞星，论水不论山，吉星要放在水之聚会处。《经》曰："山上龙神不下水，水里龙神下上山"是也。

山盘看峰峦、桥梁、邱阜，向盘看来源、汪洋、水口，飞星吉处遇之则吉，凶处遇之则凶。

向盘吉星有水，须山盘来生则加吉，来克则吉亦减。然来克而有水无山，其克尚较轻；山盘吉星有山，亦宜向盘来生，若来克而有山兼有水，其克较重。

山、向盘论山水，要父母配父母，顺子配顺子，逆子配逆子，兼山向用兼山水，单山向用单山水。

如作午丁向，以巽巳、坤申、乾亥、艮寅、酉辛、卯乙山水为纯清，而以辰戌、丑未、甲庚山水为错杂，丙上水口为败财，丙上峰峦为劫杀。

若作丙向，即以辰戌、丑未、甲庚山水为纯清，而以乾坤、艮巽、卯酉、寅申、乙辛、巳亥山水为错杂。午上见独水孤峰，为败财劫杀，最凶。凡遇横过之水，本无收拾，立向迎来而避去向去水，主退财，大忌。

则先谨按：立午向、丁向，忌丙上水口；立丙向，忌午上独水，此即"空位忌流神"之义。向司招摄之化机，水乃财禄之主宰，向水一卦三爻，名为"三阳"，当无不谐。若本爻无水，而独见他爻，则驳杂已极，纵有令星到向，而吸收之水，非声应气求之所同，宜乎旺财之适以败财耳。八国山水之求端于同元，从可推矣。

主佐屈伸篇

上元一白主事，以八为佐；中元六白主事，以一八为佐；下元八白主事，以一为佐。是即上元兼辅，下元兼贪，中元贪辅并兼之正旨也。

中元气象局促，所以要并兼贪辅，向盘上当令及用事之星为众水所宗，固宜旺水来朝，或之玄曲折而出，而辅佐之星，亦必特地有一枝纯清之水，汇到明堂。譬如京都首善之区，宗庙百官之美富，自不待言，而天下省会之所，亦必民物丰盈，府库充实，方显得薄海升平。此三元不败之局，主佐用法，各适其宜之，有以致之也。

一运以贪狼为令星，令者旺也，贪狼旺则巨门、禄存相；

二运以巨门为令星，巨门旺则禄存相；

三运以禄存为令星，文曲为进气；

四运以文曲为旺，廉贞、武曲为相；

五运以廉贞为旺，武曲为相；

六运以武曲为令星，破军为进气；

七运破军旺，辅弼相；

八运辅星旺，右弼相；

九运右弼为令星，贪狼为进气。

周而复始，循环不穷，亦主佐之义也。凡旺、相，皆本运之吉星。

一、二运以五、七为杀气，三、四运以七、九为杀气；

五运以二、九为杀气，六运以二、三为杀气；

七运以二、三、四为杀气，八运以三、四、五为杀气；

九运以四、五为杀气。

凡杀气，皆本运之凶星。所谓“往者屈也，来者伸也”。至若一运中之九紫，三运中之二黑，五运中之中三碧、四绿等类，不过功成者退，不得谓之杀也。

造化休咎篇

九星以一、六、八白为三吉，二黑、三碧小凶，五黄、七赤大凶，四绿、九紫有凶有吉，其本体然也。

五行造化，各有休、咎之征，休征者何？

一、四同宫主科名，号“青云得路”，有文笔砚池水，鼎元之兆也。

一、六合为水，主催官，遇旺水秀峰，官居极品也。

六、八为武库，亦主财帛，利武库及异路功名。

八、九为辅弼相辉，田园富盛，而子孙蕃衍也。

咎征者何？紫、赤相加，回禄之灾也；黑、黄交错，家长有凶也。

八逢三、四，损由小口也；一加二、五，伤及壮丁。

四逢六，为肝病轻，成痼疾重，且夭折也。

六会九，为肺疾，衰则血症，盛必火灾也。

三、七逢，盗贼相侵，讼凶而病厄。

四、七临，文章不显，呕血而早夭。

二逢四，咎当主母；三逢六，患在长男。

二妨三，而五妨四，博奕好饮，田园废尽。

四、九合为金，与本体木火不协，无益而有损。

二、七合为火，乘杀气遇凶山水，鸟焚其巢也。

受克而奇偶相配，如八逢三与一逢八，咎轻；受克而奇偶相敌，如三逢七与四逢六，咎重。

大抵休、咎由生克而来，以飞星同宫相遇为准，而山、向上休、咎更为真切，又当辨生克出入之吉凶，辨受克受生之虚实。若旁六宫，必山水并见，观其形势之善恶。倘山水俱无，或有山无水，有水无山，则玄空生克吉凶，亦不足凭。然道无不体，理无尽藏，此时略见一斑。欲求精微玄妙，必先熟透易理，于飞星变动中，参诸先、后天不变不动之方位，观其象而玩其占，乃能无微不显。

山龙遇高峰、大水，平龙遇桥梁、墩阜，及水口汪洋、罗星、捍门等类，看在何宫何爻，即以所在之运盘上星入中，分阴阳逆顺，挨至山、向上及所在之宫，系属何星，是何造化，然后知此山此水之吉凶，乃一定而不易。此山、向盘之外，再加山水飞盘，乃因地制宜，乘时利用之法，其理最为微妙也。

避就篇

《系辞传》曰：“刚柔相推，变在其中矣。”是即阴阳逆顺之说也。又曰：“刚柔者，立本者也；变通者，趋时者也。”是即避就之说也。

凡遇旺相平坦之地，先看何宫有切近旺水，何方有特异秀峰，即将山、向挨星就之。旺水必挨到向盘吉星上，秀峰必挨到山盘吉星上，谓之“就生而避杀”。

再看旺水、秀峰在何卦爻，辨父母子息之顺逆，立向要各从其类。如在两爻相兼处，便立兼向。倘山水在逆子爻，而山向必欲就父母，便就立穴之上下左右，为斟酌移步，可便易位，谓之“避杂而就纯”。

此皆因寻常之地，本无定向，亦无定穴，故专就理气为避就。若大地融会精神，全在结穴处，而向又其情之所专属，则丝毫不可移易也。然亦别有避就之法，今设有两地于此，其善相等，则就其合元、运者用之宜矣。

设有一地，形势非不尽善尽美，而乘元运年月之凶，竟不能解救，或俟二三年、五六年旺运主事时用之，此“以局待运，非时不葬”之义，即“避衰就旺”也。

倘年、运相距较远，待之无可待，则不如择一旺相地，合元、运者用之，亦可取效。总之，理气有三重飞星，吉凶以向为重，当令取用以水为重，水以交会处为重。就其重而取之，得一当元吉星临照有情旺水，自能发福，此守约之道也。

参变篇

先取当运之星入中，以次顺飞九宫，谓之“运盘”。

次取运盘向上星入中，分爻之阴阳逆顺，飞布九宫，谓之“向盘”。

再取运盘山上星入中，分爻之阴阳逆顺，飞布九宫，谓之“山盘”。

假如一运以一白入中，运盘六白到壬子癸，即作戌乾亥论。壬变为戌，便是阴爻用逆；子癸变乾亥，便是阳爻用顺。凡戊己所到，阴阳原无定位，或以戊为阳，己为阴。父母之爻，创为半阴半阳，而立向必左右相兼，方分逆顺。此乃惑于伪法，谬解纷纷，不得不极为之辩。

爰五黄所到，以入中起运，某字之阴阳为阴阳。盖五黄通本元之气，即运星之化嬗也。皇极居中，阴者逆，阳者顺。顺则静而为伏吟，逆则动而为合十。此乃学者不可不知。

至兼向之法，父母与顺子，阴阳相比，兼之最多者至三度；至逆子，与父母阴阳相背，则无所取焉。

跋

《沈氏玄空学》重编既竣事，则先敢谨缀数语，述其梗概，以为阅者诸君告。则先生也晚，不获及侍沈公，而幸蒙公之嗣君瓞民先生，收诸教诲之末。得于俗说弥漫中，获闻杨、曾心传正法，斯固由于先生之乐育为怀，而要亦善继沈公昌明绝学、振聋发聩[①]之遗志焉尔。则先尝闻诸先生曰："理气之学，《辨正》启其端，未泄其奥。自《玄空学》出，始发其秘而显其用。"海内同好，知其说于古人精深之旨阐发为多，争以先睹为快，于是原书印行，遂不久告罄。后之求者，多抱向隅，不续梓之，是乌乎可？且先子著述，散见于笔记中，为原书所遗漏者，亦复不少，不增辑之，又乌乎可？

壬申初夏，同邑朱丈嘉琳，有鉴于此，谋醵资[②]重印。以告先生，先生曰："此吾愿也，蓄之久矣。"时先生方清理沙田，主政浙局，不暇躬自纂辑，爰命则先役其劳，且告之曰："玄空学说，虽先子多所阐发，而世之秘本亦颇有足采者，子其图之，俾诏来学。"

则先既闻命，固粗识先生志义所在，而得托附以为宠。然自问于河洛真谛，瞠乎其后，苟引伸颂叹之无当，反使沈公之说，晦而不彰，得毋惧获罪于先哲乎？先生曰："子毋恐，余总其成，若有所补阐，余当权衡而去取之。"

则先乃唯唯承命，着手增辑，分类校录，酌量补删，越半年蒇事，分《自得斋丛说》为一、二卷，以增辑玄空、天心、紫白、三元伪法等

校者注 ① 振聋发聩（kuì）：发出很大的响声，使耳聋的人也能听见，用来比喻用语言文字唤醒糊涂麻木的人。聩：天生耳聋，引申为不明事理。清·袁枚《随园诗话补遗》第一卷："此数言，振聋发聩，想当时必有迂儒曲士以经学谈诗者。"

② 醵资（jù zī）：筹集资金。同"醵赀"。醵：凑钱喝酒。出自《燕下乡脞录》。清·陈康祺《燕下乡脞录》卷十六："秀水朱氏曝书亭，久废为桑田……嘉庆间，阮仪徵视学按临，醵赀重建。"孙中山《革命原起》："予乃招集当地华侨同志会议，勖以大义。一夕之间，则醵资八千有奇。"

篇故也。《二宅秘断》因系沈公详注，列为第三卷。则先亦窃识其意于行间，然非有所发明，夫亦申明其提要而已。四卷为江迁叟《下卦挨星》。江氏昔年曾著有《速葬文》劝世，先生以其词旨晓畅，易于领解，改名《玄空浅说》，今并入之。同门申君筌诗，以江氏挨星仅及下卦，而江浙俗师偏喜兼向分星定卦之义。沈公《起星篇》虽言之綦[①]详，犹恐学者忽视，混星、卦为一谈，因有《三元九运起星立成图》之继起，演图系说，举以示人。俾与《下卦挨星》互相辉映，亦庶几裨学者尽挨星之能事。先生弁其端，于诸家谬解，多所论辟，兹列为第五卷，而则先摭[②]述之《玄空辑要》附焉。则先述而不作，非敢掠美，凡所称引，半多得诸师友间秘藏之余蕴，剽取见闻，加臆度为说，或为列表，以便初学之参考而已，不足以语高明也。末卷仍为《玄空古义》，无所更迭，仅于《紫白诀下篇》增“沈公遗注”一段。及“时日紫白”，改采淮安杨君锡祺所订正之新表而已。此就原版论也。姜汝皋《从师随笔》，久为世珍秘。友人江阴杜君振逵所藏《地理精纂》，亦名师杰作。二书虽篇幅无多，俱师承善本，以向未梓行，特辑而殿诸卷末，以公于世。此本书重编之概况，则先秉命于先生之所为也。

惟是则先末学无文，谬任纂辑，虽循江氏遗规，得先生之训迪，然管窥蠡测，间有缀述，愧无补于玄理，惧有背乎奥义，所望阅者诸君，恕其庸陋，而教以所不逮，此则先所馨香祷祝者也。兹编付梓，朱丈嘉琳首发其端，而尤以苏吴周丈渭石赞助之力为多。例得并书，是为跋。

民国二十二年　岁在癸酉夏正人日　再传弟子余姚王则先谨识

校者注　①　綦（qí）详：非常详细。綦：非常，很，极；青黑色。

②　摭（zhí）：选取，摘取，拾取；搜集；挑剔。汉·扬雄《法言·问明》：“摭我华而不食我实。”《汉书·扬雄传》：“往往摭《离骚》文而反之。”

附录一

插泥剑

[清] 蒋大鸿　著

蒋氏平阶家刊善本

插泥剑寻龙真诀说

地理之道，以龙穴为本为宗，葬亲求地尤当择师为上矣。若然苟非非其人，为害不浅。古云得吉地不难，得明师难。今日得明师，明日得吉地矣。但名师多名于后世，而不名于当时，其中有理数存焉。

如南昌托辜长老（著有《入地眼》书传世）为友葬剑脊龙，被雷劫之灾。永康刘氏，丰城范氏，皆明师也。同时均聩，且遭谤于世，是道岂可轻泄耶？盖龙穴乃天造地设，生成之妙，不可假一毫勉强。为地师者，不得以己之所憎而不与，亦不得己之所爱而轻与，惟体天眷有德之言，以行其术，自能为福于世，而无遗谪矣。天地有生成之龙，即有生成砂水；有生成之龙穴砂水，必有生成之福人受用。

谚曰："福人等福地，人死地开花。"此言信不诬矣！昔杜后无齿，配周王而郎生；钩戈手拳，匹汉王而自解。此以见物各有主也。况天下大地，深藏不露，鬼神所守，以待有德，无论俗眼，不能识之，即识之亦何敢妄用，而轻泄哉。

诀曰：

大凡怪穴有蹊跷，龙更十分奇；认得龙神的的真，怪穴始堪针。

龙若真时穴更真，扦之吉自生；龙不真兮少真穴，莫把天机胡乱觅。

真龙藏掩穴奇怪，俗眼何曾爱；天真地秘鬼神司，时辈岂能知！

明师解得玄机诀，珍重不敢说；恐君缘福或轻微，指出反惊疑。

（至言至理，世人皆中此弊。若不惊疑，则世间大地皆若辈用之，后世尚有发福之地载）。

龙在山各有形，星体要分明；方圆尖秀不相伦，见者必须斟。

金木水土皆堪取，无福休轻与（不言火者，以五行中，火星多不结地也）；泥分五色取红黄，葬后必荣昌。

一龙到头只一穴，坟多真气泄；一点灵光仔细看，人羡地中仙。

恐见真龙人不识，故泄天机秘。

龙虎交抱有儿孙，外护始相亲；干支爻象不淆混，发富何须问。

朝拜重重见贵人，韦布到龙廷；旗鼓层层排左右，光前更裕后。

三叉水口锁罗星，积玉又堆金；觅祖求宗寻正脉，诸星讵能杂。

不见煞曜是真龙，奇花满地红；宝贵龙神大帐寻，作墓福非轻。

行龙瘦削更杂乱，立穴多贫贱；砂水明堂簸又斜，离散走天涯。

四山高压人丁少，英年难寿考；阳来阴受是真机，阴来阳穴栖。

贴身龙虎如蝉翼，门内多祥瑞；个字中抽三合明，财帛自丰盈。

砂明水秀人皆见，安坟福有限；形如金屋贮阿娇，此地出贤豪。

龙虎擎拳来抱穴，子孙多拂逆；龙在平阳结队行（余少习地理，行遍大江南北，星体易求，真龙难得），廊庙有名臣。

湾环之水悠悠去，金玉常常聚；开合迎送认须真，名师始可称。

不问吉凶即立穴（无怪今日地师之多也），枉把人财觅；散漫无收气不全，莫恋远峰峦。

生成星体不开口，到此须回首；行遍山原眼界宽，仙路许登攀。（不遇明师指点真诀，何能得其路乎?）

更能元运挨星熟，妙术称奇绝。

插泥剑元运挨星真诀说

挨者，比也。星者，紫微垣外之贪、巨、禄、文、廉、武、破、辅、弼九星也。杨公以九星配峦头之形，故用九星以明峦头之气。挨者与峦头相比相并，而立而行也。此法乃玄女授赤松子秘文，赤松子授黄石公而作《青囊经》。黄石公授张子房，子房得传而作《赤庭经》。虽有书而无真诀，遂失传焉。厥后葛稚川游王屋山，亲遇左宫仙太乙真人授书三卷，上皆蝌蚪文字，葛公不识，真人戒曰："天机玄妙，慎勿轻泄!"归以锦囊贮之，忽一夕，雷电晦明，遂失首卷，二、三幸存，书名《浑天宝照》，内寓看龙认气秘诀。晋郭璞得葛仙人口诀，演出《葬经》与玄空妙法。唐杨益得此术，远遁江湖，依其法，立"江东掌诀"，以授黄妙应。复恐失传，根源无考，又作《天玉》、《宝照》诸经，以授曾公安，其中颠倒排星，雌雄相配，认峦头取向水，一本先、后天卦之作用。大玄空五行，今人不知其妙法，妄立穿山透地七十二龙，分金坐度，于是伪法纷然，真法日隐。蒋子虽有注书之劳，究竟真未明，欲宣其义，而反昧其义。幕讲师亲遇仙人口授真诀，遂作序，发明玄空奥旨，挨星秘诀。复传秘旨，以定四十八局之祸福吉凶，与《玉函经》、《玉钥匙》、《摇鞭赋》相为表里，而地学之三元三运，遂昭然若揭。《天玉》之"开天辟地定雌雄，翻天倒地对不同。十二阴阳一路排，一个排来千百个，坎离水火中天过"之义，亦彰彰可考矣。

诀曰：若夫星有九而先用贪狼者，盖天数生于一，地数生于二，一、二为天地阴阳之大父母，排星得之，富贵极品。首运用贪狼立极，取夫妇相恋，水火既济，则"龙从火里逍遥出，虎在波中放浪行"。论星象则一八相生，语卦义则坎离交媾，此甲癸申三山之立，宜于一运坎龙也。

既有旺龙，必有旺水。二运排巨门于水口，一生二，作本龙之库，曰巨门，乃持守者也。壬丙之武曲，官旺之向，水口有巨门，《经》故曰："龙要合向向合水，水合三吉位。"一、二为龙水去来之天关、地户，得天得地而成位乎其中，故曰"三吉"。

"山中生我水中长，性情真荡漾；水中生我山中行，鳞甲壬飞腾。黄壤青黎垂禹贡，衰旺宜珍重；绿文青宇阐元机，知者是仙师。"此坤壬乙三山宜在二运也。

一合二而成三，三无体，以一、二为体，万物发端肇始，虚而成实，故为禄存。禄者，天地之所以政养；存者，以无体而存有体也。纯阴杳冥，存无存有为阴极阳生之象，此星为地体，为坤卦，而中藏生气。

“乾遇巽时为月窟，玄机自我出；地逢雷处起见天根，阴极则阳生。天卦下临地卦中，向向合玄空；地卦翻临天卦位，山山吉神会。”此子未卯三山宜在三运也。

二二为四，得地之阴而无阳，纯阴多水而荡漾，故曰：“文水之之泫湾绕，而去故曲曲”。此星只宜在向上作过脉。若向上挨到，主生人聪明好色，贵显多淫，人丁大旺，而有母明父暗之嫌。

“辞气光芒射斗牛，风雅歌好逑；豪华斗酒诗千首，莺语藏花柳（此未当元运而遇水之文曲）。得元得令为英俊，夙把经纶蕴；归真返朴赖巨门，兴国作干城（土能制水而又当元，故出人正直不阿，非泛滥无归之比）”。此戌乾巳三山宜在四运也。

二二加一为五，厚地成天，位居九数之中，内外生成界，为至尊之所，故为廉贞。廉者，静也；贞者，定也。静定而后居中，得中皇之正气，挨星山、向遇之，必主损丁破财，而遭回禄之灾，以位尊威重，不可犯也。仙师于此运，故将前十年寄巽，后十年寄乾，以避其威。

五加一而成六，为成数之始。分三才而两之，包罗万象，无往不利。故曰：“武曲”。武者，所向捷也。

“老总戎运筹帷幄，麟阁标名；大将军揽辔边关，雁门著姓。文经武纬，用彰山水之奇；执笔操戈，克显钟灵之秀。”此辰巽亥三山应排在六运也。

五加二成七，五为至尊，二以纯阴加之，有下犯上之象，故为七煞破军。破军者，破中黄之气而有煞象也。

“斗柄周旋，见天机之奥妙；洛书定位，征地德之含宏。山宜旺而得旺，室有簪缨；水宜零而逢零，家多粟帛。”此艮丙辛三山宜排在七运也。

挨星用七（北斗只有七星，八、九两运用辅弼者，在中宫相近也），而八、九二数居中宫，左右号曰辅弼，辅在廉之左，其卦属艮，火土气脉相类。廉贞位中，不能随运转移，故以辅代廉职，主政于八运。

“皎洁一湾新月，虎啸潭中；轻盈满树奇花，龙游岭上。去死就生，独见巍巍之峙；将宾作主，惟瞻浩浩之流。”此寅庚丁三山故配在八运也。

九运右弼，居北斗之右，其卦属离，与廉贞易位，代贪狼之职。

“贪狼属震为长子，开九运之先声。弼星属巽为长女，收三元之功效。星辰在天形在地，动静宜合气；挨排临水复临山，祸福尽相关。从兹永具灵根，讵有阴差阳错；自此全参妙谛，何难倒海移山。精神操于一掌之间，元奥辟于毫厘之际。”此午酉丑三山排在九运，以终天、地、人三元之卦义也。

总诀曰：

坐正朝零语不明，遗误祸非轻；
纵然识得零和正，雌雄要捉定。
龙差局错穴情乖，变出火坑来；
天星地曜能推布，认得桃源路。

插泥剑九星总论

一运之星，何以必在贪狼？盖天一生水，始于坎北，为发源之处，阳赖阴生，一气交通之根，源基于此也。《经》所谓“朱雀发源生旺气”是也。

艮属巨门，一阳极于上，至是而止，水于是乎归缩，山于是乎涵萃，山水聚会之处，如玄牡之门，真阳出入之所，灵秀所钟之地，故此星去来皆吉也。

北斗七星打劫之法，以巨门之二守龙库，破军之七守局库，为二七离宫相合之法，用此立向收水，方为全局。打劫者，北斗七星挨到水口。凡立穴之处，四围若有煞曜，屹为营垒，取北斗以破其军，破即打也。劫者，劫此水口内尊贵之物，皆为我之龙向所有，故曰“劫何以能为龙穴所有，离宫相合，则为我有矣”。

诸书不传之奥，数语分明。得此书者，珍藏谨守，方不负传者之意。插泥剑者，不惟解得玄空奥旨，且于九星命名之义，昭然不紊，真元运家之模楷也。非缘福亡厚者，安得此妙法哉？

合离宫者，向首也。大玄空三卦合龙、合向、合局、合水，皆取象坎离。为先天日月合璧，后天水火中天过也。故凡龙穴向上，皆属离宫，不必一定离之在南，坎之在北也。且二十四山之中，九星五行不一，而有戊己黄婆为之调合，自能金木相亲，水火相恋，则挨星运用之妙，已窥其堂奥矣。堪舆之道，此为真衣钵，真薪传，予非好为辩论也。（虚蒋子注书，辞意朦混，恐其自误之人，贻害不浅，故志此以醒迷。）

诗曰：

有书无诀是青囊，讵别山光与水光；
作此挨星真妙法，乾坤满地桂花香。
千金秘诀玉函经，点破天中七个星；
江左凡师未有见，会知不得授非人。
五行颠倒一行师，伪法平砂世莫知；
泄破天机真奥旨，人间有路到云衢。

文成器《天机要语》

（正统挨星法，见载于杨公《天机要语》。）

一二三兮七八九，山情水意两相守。
七八九兮一二三，山情水意两相关。
五黄寄巽两边堆，坎离寄旺八神归。
巽位连天水收地（水口排在地卦也），
乾宫连地水收天（水口排在天卦也）。
上中下各六十年，推余一百八十全。
中兼上下三元旨，五百余年掌上轮。
天星地曜由人布，三元不败局能成。
断定四吉与四凶，古今来往总相同。
随元随局参正变，阴阳关窍不毫差。
更加宫照大与小，远近亲疏法九妙。
中有黄婆意气亲，南北东西为一片。

先天卦临后天中，后天卦对先天面。

（真机鼓荡，生气弥沦，非仙法孰能有此?）

龙神山水不相伦，排星又宜零正辨。

当元得运为正神，失元失运是零神。

正用山龙零用水，万里河山一掌分。

顺行乾宫逆行巽，玄空妙法语分明。

诸法无如此法贵，无形山水能相对。

（若云此法非贵，何习辅星水法，长生水法，此法之人色人，取富贵添丁聚财，竟无一言之效。）

急来入此访明师，悟彻玄空方不愧。

河车运转法轮高，须明换象与抽爻。

有缘得此号仙家，宝之秘之勿轻泄。

千言万语难全忆，只要飞宫记得牢。

《天机要语》为玄空真传秘决，上有誓言："子孙传用，深藏宝秘，无在师前立誓，断断不可轻言传授，致违盟誓以遭天谴。"所以世人难得一见，其九宫挨星法，是用排山掌，以先天乾一、兑二、离三、震四、巽五、坎六、艮七、坤八加后天盘挨排，以所用山家入中宫，顺局从中宫往乾宫起布乾一，逆局从中宫往巽宫布乾一，排到龙上是先天离，水口上是先天坎，此为坎离交媾。所谓"二十四山双双起"者，即后天方位龙水排先天坎离媾精，顺逆两局也。

文成器曰：地理之理，即无极而太极之理也。诸书言理气形势之用，即天根、月窟之谓也。智者不肯道，愚者不能言，其道遂流于术数之中，而不重于世，非不重也，未有真传也。则玄空妙法，既失真传，而伪书伪法，流遍于世。奸诈之徒，反执伪书，为天真地秘之宝，神钦鬼敬之奇。论笃色庄，其言巧以惑众听，且自于能点穴矣，能探运矣，能取富贵如反掌。夫既能点穴矣，能探运矣，能取富贵矣，何所葬之坟，尚多无富无贵哉？从可之其术伪，其所读之书亦伪，于是伪书日布，伪法日彰，以讹传讹，使大道昏如长夜，世受其害，惨若兵戈。蒋子虽能著书，徒费唇舌，无一言切于玄空，则读《青囊》之人，无门可入，遂舍难而趋易，元运之不明，其天心之使然耶？抑人世之无福耶？试思：天不满西北，地不满东南，天地且留缺陷，人事胡可万全？即《玉函经》、《玉钥匙》、《天机钤诀》、《插泥剑》、《幕讲青囊序》、《幕讲秘旨》、《元运跋》、《河洛摇鞭赋》等书，能明言其法，而萃于一时，则天地之精英，终不泄矣。

后有志者，能求得诸书，晨夕参阅，朝暮钻研，领会玄空奥旨，造福人间，是亦不幸中之一幸也，能无望哉！

（插泥剑全卷终）

附录二

地理正诀大玄空字字金

[晋] 郭　璞　本义
[唐] 杨　益　辑
[清] 蒋大鸿　编次

字字金第一

盖言此书，先贤编出，其中理气，条分缕晰；
辨正原文，有言责无，今传与后，切勿轻泄。

此言此书是先贤造出，其中道理分分明明，已得之人不可轻传后人也。

邪书肆起，地学不明，各宗师授，莫辨渭泾；
我作此书，暗室一灯，楷模后学，字字万金。

此言作《字字金》一书之由，因易以惑人，皆由邪说异端，为祸最烈，此书一出世，千年来暗室得一明灯之光，确然明白，可以为后学之法式也。

戒学者遵律第二

要求真诀，盟神受戒，毋为财动，毋挟仇害；
择主以交，惟德是赖，求之不诚，留福以待。

此言此书真诀，不许轻易传人，必须神前受戒，方许传也。已得真传，又当择主而交，若求地者无诚心，不妨留待有德之人，切不可轻指示与人也。

轻指好地，造物所忌，于天之怒，遭雷击死；
福善祸淫，乃天之理，如觅佳城，栽培心地。

此节戒人不可轻点吉人之地与人，吉人受吉地，恶人受凶地，此乃天地福善祸淫之理。若自已精于此道，不择善恶之家，轻指吉地，必须受天谴！

山水配合第三

玄空妙诀，惟看雌雄，山与水对，阴与阳通；
九星流转，彼此相逢，坎离交媾，一气浑融。

此言杨公玄空大卦之诀，不过看雌雄而已。然《青囊序》则以为“天下诸书对不同”者，何也？盖“雌”即先天之离，山是也；“雄”即先天之坎，水是也。山与水对，则雌雄相会，而阴阳之气通矣。流转兼顺逆行，言九星即紫白之星，九宫排山掌是也。阴在于此，阳必在彼；阳在此，阴必在彼。顺逆排来皆逢坎离交媾之妙，故在阴阳本是二气，而坎离所以一交之后，则二气畅为一气，有“生生不已”之妙。杨公看雌雄之法，如非先天之至精，其孰能与于此矣！

先看金龙，坎离定位，乾坤父母，钟毓最贵；
一雌一雄，相为经纬，空中体认，心神领会。

蒋氏云：“金龙，气之无形者”也。龙本非金，而曰金龙，以其先天乾阳金气所生，故谓之金龙，即先天坎离是也。先天八卦乾坤为父母，六子皆其所生，《易》曰：“坎再索而得男，故谓之中男。离再索而得女，故谓之中女。”明者见之而知。坎之全图皆阴，独中一爻乃索自乾父，而得之者，则此一爻乃阴中之阳也，是真阳。离卦全体皆阳，独中一爻乃索自坤母，而得之者，则此一爻乃阳中之阴，是真阴也。夫此真阴、真阳为月窟、天根，天地万物无一不具，即无物下交，故曰“天根月窟闲来往，三十六宫都是春”。盖谓坎离一交，则天根月窟相与来往，而三十六宫欣欣然有震动之感，即发生之意，故曰“都是春”也。但震、坎、艮卦中之阳爻为天根，巽、离、兑卦中之阴爻为月窟，杨公看阴阳宅，首先用此立其诀曰：领会有微焉者矣。

大玄空故曰天机妙诀也。蒋公以为，真从空中讨出真消息。

其真龙归藏，其气内聚，动则气生，不动乃死；

随元变方，随方变气，舍此求之，岂合玄机！

此言从真龙归宿之中指出“动不动”来，元运一临，则金龙动而生气郁勃，葬者得乘生气，不出三载，即可见功，故葬贵及时为上也。若元运未临，或元运已过，虽逢吉地，而勉强扦之，亦苗而不秀，秀而不实，未见有速发，其中奥义，须得真传口诀，自可领悟也，故曰“读破万卷，不如明师一点”矣。

阴阳差错，其祸无穷，审龙如此，观水亦同；

配合无谬，运到兴隆，阳顺阴逆，以窥化工。

此言示人辨阴阳差错之龙，不可误用也。凡龙、水字位出卦者，谓之阴阳差错，如癸丑、丁未、乙辰、辛戌之类，名曰“阴差”。如亥壬、寅甲、巳丙、申庚之类，亦是出龙之卦。但此八条是八神，乃合一六同宗，二七同道，三八为朋，四九为友之旨，故可用。其中亦要审龙为之，虽用之，久后未免螟蛉之患。若前八条，十六神，则为管龙，切不可用也。如到头入首遇此等字位，虽有法作，福力亦轻，不比共同路两神也；山水纯吉者，福力重也。至于阴阳顺逆，为挨星之秘矣。

坎离水火，实具五行，阴施阳受，万物始生；

取以看地，钟毓可凭，泄天之秘，鬼神亦惊。

此言杨公所传“坎离交媾”之理，以先天之真阴阳，实具五行之全也。在人有此，则能生育男女；在地有此，则能毓贵钟贤。故先言此节，以为辨驳诸家谬说张本。

格龙卦第四

阴阳得配，相见为难，八神四个，其一宜攀；
得以配合，毓贵钟贤，是秘妙诀，切宜细研。

此节示人审龙、立向之诀也。《青囊序》曰："阴阳相见两为难，一山一水何足言。"蒋氏以为立玄空大卦，一山不论一山之阴阳，而论与此山相见之阴阳；一水不论一水之阴阳，而论与此水相见之阴阳，是以至精至妙，非净阴净阳所可同年而语也。愚按此解亦诤论言之，未见其分明也。其实山水之阳，宜从配合上观其相见之义。山之阴者，配乎山之阳，如辰戌丑未配甲庚丙壬是也；水之阴者，配乎水之阳，如乙辛丁癸配寅申巳亥是也。如此则阴阳相见，可以毓贵钟贤，故不必从"四个一"讨出真消息，何由得知以挨九星哉？以下乃细细分出夫妇真配合来，学者不可不尽心会悟也。

子午卯酉，乾坤艮巽，为父为母，宁不相见；
此真配合，精力旺健，四个之一，虽微亦显。

此言父母阴阳之相见也。子午卯酉，四正卦也；乾坤艮巽，四隅卦也。四正卦属阴，为母道焉；四隅卦属阳，有父道焉。以母配父，真得阴阳之正配，岂有嫌山水之杂哉！《宝照经》曰："子午卯酉四山龙，坐对乾坤艮巽宫。"以"四个一"观之，却合对配之义。且以一六共宗推之，又确是相对相当，无一毛之差也，然则配合之义，不亦显然矣。

甲庚壬丙，辰戌丑未，阴阳相见，此为一类；
依龙立向，亦堪消水，旁通一路，父母之位。

此言山上龙神不下水，故分出八神为一美也。如甲庚丙壬入首，即立辰戌丑未山向，而乾坤艮巽又是山龙之父母，故可以消水旁通，此一路无碍，其余便难。

乙辛丁癸，寅申巳亥，阴与阳见，配定二类；

龙固合向，向亦合龙，父母可兼，莫寻别位。

此言以水里龙神不上山也。如乙辛丁癸入首，即立寅申巳亥山向，所谓合向也，此又配定一类，可以相见者也。子午卯酉乃水龙之父母，可以兼行水路，不出寅申巳亥而出子午卯酉，亦是一家眷属，但不可更入甲庚丙壬之位，及乾坤艮巽之宫，以致水山挟杂也。

节节清纯，三元不替，预知福力，一节一代；

祸福颠倒，杂山杂水，其辨入微，其灵如鬼。

此言龙之行度若得清纯不杂，如子午卯酉接入乾坤艮巽，则行配合之度也。又朝子午卯酉结穴，水之去来又在乾坤艮巽字位，是龙、向、水俱得父母之力，发福悠久，可以断为三元不替之风水也。然此乃罕有之地，非其人未易遇也。《宝照经》曰："一代风光一节龙。"又曰："孟山须要孟山连，仲山须要仲山接。"盖有后山后一节，纯一不杂之龙，则一代发福，而行度又得夫妇配合，可称为上等吉地矣。

玄空之妙，四个取一，阴与阳交，阳与阴合；

阴阳文媾，二气浑合，生生不穷，允推良法。

此言玄空之法，所以无弊，世人可遵守也。

四偶四正，谓之父母，其余子息，左右夹辅；

父母力大，统涵诸子，区而别之，一山一水。

此言二十四山，以四隅四正为父母，其余十六山皆是子息。论龙行力量，当以四隅四正为力大；论其作用，又当分别山水而不可有杂也。

山自管山，水自管水，不相为谋，山水异路；

立眷成家，各宗父母，倘有差错，如仇嫉妒。

此言山水已不相谋，则其所趋之路，亦不容混杂。山以四隅为父母，水以四正为父母，而所宗亦别其所以然之，故只因山自管山，水自管水，故流神一杂，则如逢敌，定然遭祸矣。

论宫行度第五

子午卯酉，是为天元，乙辛丁癸，乃其所生；
同共行路，有合无嫌，四隅立向，配偶宜然。

此以下三节，皆发明《宝照》天地人三元之作法也。子午卯酉，父母爻也；乙辛丁癸，子息爻也。四正为水之父母，四阴干为水之子息，故共路同行，有合无嫌也，故四正兼四阴干行龙，而立向亦取四隅为得配合之正合。《宝照经》曰："子午卯酉四山龙，坐对乾坤艮巽宫。"言坐而向可知也。

乾坤艮巽，天元之宫，辰戌丑未，乃其所钟；
携带同行，情谊自融，立向论配，四正乃从。

此言四隅行龙立向之法也。四隅为山之父母，四阴爻为山之子息，故父母携带子息，同行情谊，自是交融，不必定以阴阳分别夫妇也。若四隅行龙，而立向则取四正为得配合之，正在《宝照经》云，甲庚丙壬为四正向，乃是接得辰戌丑未之句，非接乾坤艮巽之句，学者不可读错经文。

辰戌丑未，地元宫起，与谁同行，父母而已；
甲庚丙壬，夫妇相比，阴阳配合，立向所取。

此言地元之龙立向也。辰戌丑未四阴支，不宜单行，而共路同行者只有四隅父母而已，若乙辛丁癸则是水龙，一杂是煞，不可同行者也。至于甲庚丙壬四阳干，乃是山龙正配，立向所取成其一家眷属也。若立四隅山向，虽是山管山而非正配，恐怕丁少，故不若四阳干之尤善也。

甲庚丙壬，亦是地元，倘其出脉，不可有兼；
左右皆杂，只爱单行，辰戌丑未，觅配为缘。

此言甲庚丙壬四阳干亦是地元龙，但此四龙只好单行出脉为吉，若兼左右皆杂多龙有煞，故立向而取辰戌丑未为得配合之正也。

寅申巳亥，人元独步，骑龙走出，不受人辅；
兼来便杂，世罕能悟，乙辛丁癸，配向一路。

此言人元之龙立向也。寅申巳亥四阳支只宜单行，不可兼左右，若离山龙未免带煞，故《宝照经》曰“寅申巳亥骑龙走”，不言夫妇，可悟此四龙之爱单行矣。至于立向则取乙辛丁癸四阴干为得阴阳之正矣。

乙辛丁癸，人元是水，傍母同行，独行不美；
巳亥可向，寅申亦配，一雌一雄，两情交会。

此言四阴干行龙立向也。乙辛丁癸原是水龙，不宜单行，只宜兼父母同行，方有力量，故《宝照经》曰：“乙辛丁癸单行脉，半吉之时又半凶。”盖此四龙乃是阴干，其骇柔弱，不能有为，若非依傍父母，何以能福荫生人哉？至于立向，则取寅申巳亥，惟得雌雄交会之正也。

量山之法，在于审脉，观其行度，随其曲折；
男女可分，微茫亲切，地元人元，不宜有杂。

此言量山之法，非有尺寸可凭也，不过观龙度节数，随其曲折变化，若能分清地元、人元，不杂卦气，则一节管一代。《宝照经》曰：“一代风光一节龙”是也，定在两界分处下罗经，此理之一定也。

入首卦第六

次察血脉，以审来龙，到头八尺，真气内充；
气止水交，堂聚其中，揣摩穴法，以窥化工。

此节示人察血脉，以审来龙，于到头八尺为紧要，所谓入首看毬檐也，其顶必圆，即乘金也，其水必在前面交合，即微茫界合，所谓相水也。堂，即小明堂也，即合杂之谓。凡地结穴，必然有此，无此则假穴。

穴法虽多，不外如此矣。

共路两神，宜忌有杂，只论到头，审清来脉；
阴错阳差，其神带煞，水亦可救，认水立穴。

此节示人认到头一字诀也。从到头一节以看共路之两神，如子癸、午丁、卯乙、酉辛，四正卦之纯者也；壬子、丙午、甲卯、庚酉，四正卦之杂者也。丑艮、未坤、戌乾、辰巽，四隅卦之纯者也；艮寅、坤申、巽巳、乾亥，四隅卦之杂者也。两神纯则吉，两神杂则凶。何谓阴差、阳错？如癸丑、丁未、乙辰、辛戌是也。又如寅申巳亥、甲庚丙壬八龙，只宜单行为纯，若双行便杂，皆是龙神带煞，有结（穴），福力亦轻，但来山带煞水亦可救。假如甲卯行龙带煞，若立艮山坤带丑未，则夫妇相配，又出水未坤，辰巽入口，乃成一家眷属，何患其杂？何患其带煞？即人不知，蒋氏所作变通之理，徒执一端，以为口实，亦见其不知是也，愚按此说，正是《青囊序》曰“去水来山尽合情”，即是发福之地，可以互相发明矣。

剖别山水，先看到头，乘气之法，细细推求；
此处不错，富贵可谋，此处若错，喜变为忧。

此言行龙以到头一节为必要，从到头以辨入穴，不杂山杂水，而立向又合四个一，又得阴阳相见之义，其水又合玄窍，可为上吉发福之地也。

千嘱万嘱，到头括目，罗经照定，或兼或独；
山龙水龙，各有眷属，分清水路，自然发福。

此节言之总收上章，意凡地与龙配向，只看到头一节，此处出脉，有兼则立向亦宜有兼，如若无兼，则立向亦宜无兼，此真口诀也。以龙配合山向，亦要山归山一路，水归水一路，方成一家眷属，尤为紧切，不易之法。若城门水口又与龙向共成一般卦，则是富贵结全龙，永远发福者也。

依龙立向第七

支神出脉，干神立向，有兼无兼，亦从脉辨；

脉从干出，向以支上，从支从干，审脉决断。

此言示人，认龙立向之诀，来山或干或支，从无一定，则立向从干从支，亦无一定。有兼无兼，脉是天生，定者立向，即从脉以辨别出，则人心合天，而立宅安坟，自然吉庆，岂有差谬哉？

前兼后兼，天玉宗旨，审龙立向，辨山辨水；

连珠不放，四正而已，其余山向，配合为美。

此节发明《天玉》“前兼，后兼”之说也。子午卯酉支兼乙辛丁癸干，在支前，故曰“前兼”，即水龙之谓也。乾坤艮巽兼辰戌丑未支，在后隅，故曰“后兼”，即山龙之谓也。前兼龙立前兼向，以成一家眷属，即水龙立水向。后兼龙立后兼向，即山龙立山向，以成一家眷属，所谓山管山兮水管水也。联珠不相放者，如子癸龙结卯山酉向，午丁结酉山卯向，酉辛龙结午山子向，卯乙龙结子山午向，此不合四个一而合联珠格也，亦是前兼龙神前兼向，但非联珠格也。至于后兼龙神立后兼向，则有不能尽同者，兼乾坤艮巽其星顺行，辰戌丑未其星逆走，虽是共路两神，而挨排九星，则阳顺阴逆，以看四吉四凶之飞临，不能比而用之，故《天玉经》曰：“排定阴阳算”也。其余寅申巳亥与甲庚丙壬皆要取四个一以立向，然后山归山路，水归水路，名真夫妇配合矣。

挨星秘诀，阴阳两路，阴阳顺逆，入首起数；

以视入穴，是何星主，随元管局，谁能解悟！

此言挨星之妙诀也。从来者天机之秘诀者，不肯轻示与人，余为子孙作家传之宝，不得不明言之。《天玉经》曰：“分定阴阳归两路”，此是四正之左皆阴星也，四隅之左皆阳星也。阳则顺挨九星，阴则逆挨九星，皆从入首一节推算，以观何星挨到穴中，便是此穴之星主。如系元运飞临四吉之星，则此穴之星可能有福；如系元运飞临四凶之星，则此穴之星又转为祸矣。星随气变，皆随元运以为转移，此乃随元管向之谓也。假如亥龙入首，亥是武曲，乃中元之龙，以四吉、四凶论之，则武曲并入下元为党，作下元龙论。亥是阳星，其法顺挨，结癸山丁向，则癸乃是破军入穴，以癸山之星为主，此不以癸为贪狼，而以癸为破军，是下元当令星入穴，岂不发甚者乎？癸山丁向坐破军向巨门，则丁是巨门，为上元当令之星，乃是下元四吉之向星，若得水朝，则水神又是上元当令之四吉，为下元之四凶，所谓零堂正向须知好是也。

杨公《滴滴金》（又称《天宝秘诀》）曰："一二三兮九八七，山情水意两相合"是也。（杨公《滴滴金》全文："一二三兮九八七，山情水意两相合。七八九兮一二三，山情水意两相关。五兼乾巽两边推，坎离寄位八神归。巽位属天水收地，乾宫连地收天水。上中下各六十年，推余一百八十全。中兼上下三元春，五百余年掌上轮。断定四吉与四凶，古今来往总相同。盛而复衰补救微，随元随局变通之。有缘得此号仙家，阴阳关窍不毫差。更加宫照大与小，远近亲疏法九妙。神而明之存乎人，传心传眼要分明。宝而秘之勿轻泄，一漏天机靡遗子。"）癸山是坎一，丁向水朝是九紫，非山情水意两相合乎？出水乙卯三碧也，亥六白也，丁九紫也，此为三六九局，坎离交媾矣，又从水口乙卯位逆起九星，即九星双起雌雄异也。雌者先天之离，即来山起九星，以审入穴者也。雄者先天之坎，即水口起九星，以审入口者也。今癸山丁向，水口乙卯，破军坐穴，已合下元当令之星，右水倒左出乙卯，盖挨九星飞临，则坤申、辛酉、午丁，破辅诸一派，俱归明堂入口矣，岂非九星双起雌雄异，玄关真妙处乎？如出水辰巽，则又从水口顺起九星，则非逆挨，山山不同，位位有异，所谓五行颠倒颠也，宝珠、火坑由此而别。如此用元运，乃是精于用元运者，岂徒执庚酉辛、丑艮寅、丙午丁，便以为合下元运气者，所可同语也。噫，亦难言矣，今举癸山丁向为例，余仿此。

水口卦第八

要看城门，真龙驻足，众水交会，真气内蓄；

狮象龟蛇，禽星特出，无此贵格，不须寓目。

此节示人认城门之诀也。城门者，水口也。真龙已驻足于此乡，住留不行则正结矣。众水交会，由远而近，自外而内，其中必有一条水在穴星下流出者，即元神血脉水也，从此水寻进去，其城门必有禽星把守，但禽星不止四种，此亦大约言之，其左右两边则无好堂局耳。若有真龙正结之所，其父母山必巍然成一座星辰，以下接出，穴星亦必特异，此主从之别也。执此求之，可以得真龙正结之穴，再以前朝证之，必无差误矣。

城门一诀，岂待外来？龙水交会，内气兜收；

锁得元精，不至旁流，合得三般，一段尽搜。

此节示人，从众水交会之处认城门也。三般卦以坎为水口，即城门也，此处要认得清在水口上挨九星，便知四吉、四凶之飞临何宫矣。

城门妙诀，原论挨星，阳顺阴逆，九宫飞临；

四个之一，逐位流行，四吉四凶，以辨水神。

此言城门之诀，原从水口起挨星也。诀曰："贪狼子癸与甲申，壬卯未坤乙巨门。巽乾辰巳戌亥六位皆武曲，辛酉丑艮内破军。寅午庚丁四位上，右弼四星迭次临。"从此诀挨去，经隔四位以看，四吉四凶之星，飞临何宫，以审入口之星。吉位会吉，凶位是凶，其法《宝照》已详言之，而未指出如何挨法，今乃明言指示，泄漏天机。

《天玉经》曰："九星双起雌雄异。"雌者，先天之离，来山是也；雄（者），先天之坎，水口是也。从来山起九星，以观入穴之何星；从水口起九星，以看入口之何星，辨其吉凶，所谓"吉凶双起雌雄异，玄关真妙处"也。其法俱是经隔四位以起挨星，阳顺阴逆，阳则左旋，阴则右转。四正之左皆阴，乙辛丁癸是也；四隅之左皆阳，寅申巳亥是也。或山或水，皆用此法门矣。

又看流神，不可差分，去路固重，来路亦论；
一毫有杂，祸悲踵门，龙水坐向，厥重惟均。

此言脉路不可有杂也。去路水口，来路入口，但坎离交媾之妙，只论去路之水口，以配来山，可定向首入口之水，则《经》无明文，此乃明示之，曰“厥重惟均”，可见皆不可杂山杂水，以致混杂，皆因双起九星，而观元运飞临，当令星，吉者则吉，凶者不凶也。盖当令星，如上元贪、巨、禄，中元文、武，下元破、辅、弼，以四吉、四凶论之，则上元贪、巨、禄、文，下元武、破、辅、弼是也。中元文、武，分属上、下元矣。

流神利害，元气为之，有吉有凶，乃其所司；
特朝一点，招摄灵奇，凝聚局内，速发何疑！

此言明流神，所以能为福祸者，皆以元运为之耳。其法，以上元一白司令，则以九紫水朝，所谓紫白交辉也，然又当看元运飞临之星是何星，如上元一白为贪狼飞临，若得贪、巨、禄到九紫宫，是锦上添花，富贵速发可期矣。

步水之法，与山不同，专论卦气，测其吉凶；
倒看元运，别有化工，山静水动，一西一东。

此言步水之法，要在倒用之妙，以西作东也。山静从地，故其方位不变；水动从天，故其方位倒看。今人试在水边立脚，其人之影必然倒竖，观者可以悟水法，以西作东之妙理矣。

山静水动，从地从天，一覆一仰，相反照然；
倒水步云，其理非偏，参透此旨，可以探玄。

此言，明天地之覆仰，则可明山水之相反，以为用也。

来宜衰方，去宜从死，衰即是旺，死亦非死；

上元八九，下元一二，四吉四凶，倒用玄机。

此言观水之法，来去都要衰死之方，但水之衰，即山之旺也；水之死，即山之生也。其窍倒用元运，所谓五行颠倒颠也。

只看本运，不参局堂，审定八方，以察水路；

克入为吉，曲折相顾，去来不清，定遭嫉妒。

此言水运只以本运为主，如上元九八七六，下元一二三四，每卦三位，如乾宫来水，作巽宫推算，不比山法，图可参书，书可参图也。山法取生入，水法取克入，所谓相反以相成也。若来水与山法同运，便生凶祸矣。

明堂三局第九

卦立三般，筠松妙诀，一共四七，二连五八；

三九与六，永为定格，两路相交，颠倒顺逆。

此言指出三般卦来，可见杨公之心也。一共四七，此般卦也；二运五八，又一般卦也；三九与六，又一般卦也。杨公立此三般卦，以范围天下之山水，所谓简而能统矣。两路，指顺逆行言，阳则坎离顺布，以离为来龙，以坎为去水；阴则坎离逆布，亦以离为来龙，以坎为去水。两路相交，则得坎离交媾之妙矣。三般卦不拘何一卦，都是如此布法，即《青囊》云："二十四山双双起"是也。山是来山，非坐山也，指入首龙脉，双双起坎离，阳顺阴逆，从九宫排山掌以布之，颠倒排来皆得其相交之妙也。语云："颠颠倒，二十四山有珠宝"是也，噫，亦微妙之至矣。

是用九宫，分定厥位，求端于天，妙乎对待；

用以倒排，其序莫昧，左旋右旋，玄空最贵。

此节指出三般卦如何立法。蒋公云"要口授心传"，不肯轻示与人，但用九宫排山掌也。位，是一卦三山之位，如一坎壬子癸是也。求端于天者，求坎离交媾之端，于先天八卦之内，而得对待之妙也。倒排者，江南龙来江北望也，如九宫丙午丁之龙，倒从九宫掌诀内，望北方，一坎起乾字推算也。序，是先天八卦之序，以乾一、兑二、离三、震四、巽五、坎六、艮七、坤八是也。莫昧者，其序不可紊也。假如推算丙午丁之龙，从北方一坎起乾字，顺数八卦之序，顺飞九宫，以看坎离何宫，在之便起作某局论也。一坎起乾字，则兑在二坤，离则三震，震在四巽，巽则中宫，坎在六乾，艮在七兑，坤在八艮，乾又在九离，此是顺布坎离，而得其所泊之宫，并得三六九之局也。又从八艮起乾字，逆飞九宫，顺数八宫之次序，以看坎离交媾之情，则兑居七兑，离在六乾，震入中宫，巽居四巽，坎居三震，艮居二坤，坤居一坎，乾又居九离，而得三六九局，其余二般卦亦如是推算。《天玉经》曰："惟有挨星为最贵，泄漏天机秘。"若非得此《青囊》之诀，何以能辨清乎？

江东江西，江南江北，九宫推出，倒排之法；

元机妙兮，鬼神莫测，以遗后人，岂容轻泄？

此项《青囊》之说，以证口授心传之不差谬也。末四句极言赞美，望人不可轻泄之意。

北斗七星，如何打劫，九宫定位，七星跋涉；

破军所临，巧取其穴，环而布之，坎与离合。

（按：打劫另一义，上元劫中元，中元劫下元。离宫真打劫，坎宫次之，乾、震更次之。）

此节发明《天玉》北斗打劫之法，以见其无异于三般卦也，但其微有不同者，下二节说明。九宫排山掌定位者，定九宫之位也。七星者，贪、巨、禄、文、廉、武、破是也。跋涉者，流转挨排也，其法从本宫起贪，次巨、次禄、次文、次廉、次武、次破，止来破军所临之位，而累算三次，以得一四七、二五八、三六九等局。《经》曰"离宫要相合"，所谓与坎离之宫相合也。

先天倒排，七星顺挨，倒须隔位，顺由宫推；
以求坎离，三卦与偕，同宫山水，须要分开。

此言三卦用先天卦序，以求坎离之交媾，倒排父母以荫龙位，若七星顺挨九宫，即从本宫之位顺数七星，以求坎离尤为直捷。三卦者，三般卦也。与偕，谓相同也。但三般卦每宫之两旁皆有山水，子息相见，每不相宁，故谓之打劫，以山水异性不为混相用，直须要分开为用。山有山之夫妇，水有水之夫妇，各自为配，各宗父母，以成一家眷属，而后可免打劫之患矣。

七星顺序，本宫推起，每宫三位，有山有水；
相见不宁，打劫争忌，高人分用，契合玄机。

此节言山水所以契合之故，每卦两旁皆有山水之分，而阴阳相见之，则山有山之阴阳，水有水之阴阳，必要同类，始许相见，不然难免打劫争夺之祸，故先贤看河图"一六共宗"之旨，则八神所以取四个一，将山水配合之正，所谓山管山、水管水者，所以山主人丁，水主财禄是也，必要山归山一路，水归水一路，自龙向水，与及后山节节之龙，皆要不杂，方是全美，所谓富贵结金龙也。可见三般卦所求之坎离，尚是统言其交错之情，此乃于坎离交媾之中，仍分山水以为取用，而九星亦由此挨，细针密接，无毛发之差，故蒋公宜为第一法门之人也。

玄空大卦，不外三般，天心已合，立向何难；
水来归水，山来归山，一家眷属，允契玄关。

此言纯之最难者，扦点的穴是也。的穴则天心合矣，天心已合，立向以须取四个一以为准式，永无差移。水来归水一路，山来归山一路，亦由此以契合玄关之妙，此万古不易之良法也。

局管初年，祸福立见，消息堂气，观其出面；
只要纯净，不宜交战，暗流亦同，明流愈显。

此言局之关系祸福，不待日久以后验，惟从出面之字位，审其纯杂，故曰“来脉明堂不可偏”也，即上节论来路入口之意耳。纯则有吉，杂则有凶，若以挨星观元运之飞临，以断吉凶，以观之应矣，明流有光，暗流有影，一例断法。

九宫挨星第十

来山去水，挨星最贵，此处一差，宁不为累；
今人审运，殊属愦愦，泄漏玄机，惊神泣鬼。

此言恐俗师之妄说元运，明气运虽分山中下三元各占方位，但知三元分占之分，不知九星飞临，山山不同，位位有别，左旋右转，变化不测，岂可执定死板之所藉口哉！此章指出来山去水之法，泄漏天机矣。

零神正神，亦观所遇，装正扒零，审运而已；
四吉装正，扒零则忌，四凶扒零，装正不喜。

（按：“旺星装在向上，衰星装在水上”，即合也。）

此言零正之分，只在得运失运辨之而已，然地立向在于配龙，亦要配水，此是永远不移者，非随元运以为转移也。四吉四凶装正扒零，在龙运一时言之，非谓阴阳二宅可以随人之意改移，以图目前之利。学者须知，此是指初卜造葬之时，言合得零堂正向者即发，非指他日运去，又复另易向法也。

来山去水，原分两局，不同而同，一气连属；
知此运用，始能造福，造化在手，功效神速。

此言来山去水虽是各起九星，而非截然不同，故龙要合向，向要合水，则“不同而同，一气连属”矣。假如，上元壬癸子、未坤申、甲卯乙、辰巽巳，作来山之四吉，阳顺阴逆，以挨九星，即丙午丁、丑艮寅、庚酉辛、戌乾亥，作去水之四吉，阳顺阴逆，以挨九星。来山是阴星，去水必是阳星；来山是阳星，去水必是阴星。《宝照经》曰：“阴若无阳定不生，阳若无阴定不成。若得阴阳相配合，儿孙天府早登名”是也。

二十四山皆是如此，故挨九星，以观气运之飞临，而当运之四吉必要相逢，然后可以发达。《宝照》又曰：“九星流转要相逢”，乃是如此，此用元运之玄机也，人所知者罕矣。

五行生克，取用贵明，流神克入，来脉要生；
凭运分别，生克始清，一有混杂，如行败荆。

此零正作用在大玄空排出，每运入中之法也。

此言上文零正之作用也。上元，山之气运在一坎、二坤、三震、四巽，水之气运在九离、八艮、七兑、六乾。山运取生入穴中，水运取向上克入，即零神、正神之作法也。零正无一定，凭上、下元之气运而定，故观山玩水，相反适以相成，生克之用，亦因之而变化不测，此五行所以有颠倒之妙也。

挨星不到，其位即空，流神冲破，衰败无穷；
阳卦损男，阴卦损女，先天卦断，后天参用。

此言挨星不到之法。位，即为空亡，切忌流神冲破其位，来固莫犯冲动，去口尤忌冲破，一经冲破，家道必然衰败，阳卦定主损男，阴卦定主损女。要分阴阳，以断老少，就先天卦位言之方准，盖理气从先天，方位从后天故也。若专用后天方位断之，验者少矣。

今举壬山丙向为式。打圆图者，挨星也；三角图者，父母也，可以旁通一路也。次空者，虽挨星不到，但是他人父母，其凶次于正空也。其位空，则从先天卦位分别老幼以断之，年分则从三合以断之，无不准验。内层后天二十四山，外层先天二十四山也。

向中放水，亦取克入，流神之通，倒看乃的；
克即是生，生入不吉，欲知方位，四个之一。

此言向中放水之法，亦取零神克入乃吉也，其方位总以四个一为准。如子午山向，放巽水出吉，或放午水之类。盖流神乃是倒看，其克入即是生入，以克为主，其理甚玄。杨公《滴滴金》曰：“一二三兮七八九，山情水意两相合。九八七兮一二三，山情水意两相关。”此言山运上元一二三，水运九八七，下元山运七八九，水运一二三也，此非山水倒看之一证乎。

三元气运第十一

三元气运，分别衰旺，衰死莫修，生旺宜速；
逢时知士，随元安放，运若未到，空劳梦想。

此示人用元运之法也。运分衰旺，非可长据；气有生死，岂容妄为？若逢及时得运之地，即宜速扦，不可错过，若运未动而妄动妄作，不独不能发富贵，且为灾祸之应，所谓福未到时祸先到也，可不慎哉！

衰运之坟，千万莫修，煞气惊动，一门立休；
百祸相侵，神尽难救，勿动为吉，寻吉补助。

此节戒人不可妄作也。大凡用元气者，要识得移宫换象之法，然后五行颠倒之机，若执九星之实位，便自矜以为能用元运，而不知其变化多端，移宫换象则吉者，非吉而凶者，真凶，岂无准验？及其不验，又疑蒋氏所说之不是，而不知自己先无学问，未得真传之处也。如元运关系，分上、中、下元，九星占定方位，以别生死衰旺矣，然后移宫换象观之，则又有不同者，如今下元甲子运到庚酉辛方，若是辛酉龙入首，即从入首起九星，辛酉阴位逆九星，辛酉为破军，从辛酉挨到穴上，如结申山寅向则为左辅入穴，作下元论矣。看新地即葬即发，若旧坟修动，即修即发，谓“吉凶生乎动也”，此不以申为贪狼，而以申为左辅，岂非移宫换象乎？若结巳山亥向，则不以巳为文曲，而以巳为贪狼，即贪狼入穴作星主，是上元穴论矣。

移宫换象之法，较之夫妇配合不杂山水，更为精密，可见五行颠倒，山山不同，又不是九星占定实位，乃是九星飞临之宫，此宫一移，其象即变，岂容执定方位？故曰：“识得五行颠倒颠，便是大罗仙。”甚哉！阴阳颠倒之不易识也。如今下元管局，不拘何龙，先从九星占定之方，观其何字入首，从入首一节，阳顺阴逆，其九星挨去，观其何字位入穴，便为穴星。若是衰死字位，即为煞位飞临，临穴千万不可修动，倘若惊动煞气，不待太岁冲动，而灾祸即至，不可救矣。盖煞气虽临，不经动作，其祸尚缓，一经修动，其祸立应也。为人子孙者，宜另寻得运之地，以按续之，则祸福双行，有其福力胜者，则其祸不见，所以佑助也；其福力薄者，则其祸亦少，所以云补救也。噫，至此之说，则夺神功，改天命，造化在手矣，彼时师专是知己哉。

得运之地，如种及时，速种速发，特理之宜；

人生在世，七十古稀，得运灌荫，乃沐荣施。

此言得运之地，如播种及时之发生，分外发达之速，亦人不可不务此已。自古以来，七十之人，世所罕有，寻吉地者，若不及身受其福荫，徒为子孙之计，作牛马之劳，岂不大辜负乎？先民有言曰：“求其之福荫，恐其大而远，不若小而速。”可谓至言，况小福力者易求，大福力者难寻，其中有数，岂可强求？智者知之。

运分三元，一元六十，山上排龙，入首毋失；

审气分元，以窥入穴，顺逆挨定，须叶三吉。

此言三元气运，一元六十，如上元，一坎、二坤、三震司令，以贪、巨、禄为三吉；中元，四绿、五黄、六白司令，以文、廉、武为三吉。但廉入中宫，其镇八方，以文曲并入上元四吉星恰矣。六白与下元破、辅、弼三吉，共作四吉星用，故上元四吉贪、巨、禄、文，下元四吉武、破、辅、弼，各有当令之星，而五星配出九星名，则又九星先并五星各位，然后经四位挨去，以阴配阳、阳配阴，故曰：“五星配出九星名”也，可见此五星不独金、木、水、火、土之五星，即于九星中，贪、巨、武、破、弼亦五星也。

诀曰：“贪狼子癸与甲申，壬卯未坤乙巨门。六位巽乾皆武曲，辛酉丑艮丙破军。寅午庚丁四位上，右弼四星迭次临。”此是分明将九星并作五星也。余又推其所以然，则是将共路两神为夫妇之星并为一路，以便旋飞，其甲庚丙壬与寅申巳亥之神，不可共路为夫妇，则仍旧分属，此“无极子授蒋子挨星图”，所以二十四山方位，只有贪、巨、武、破、弼之五星，而无禄、文、廉、辅之四星也。至于廉入中宫，不与九曜同飞，则二十四山皆如是法，即《天玉经》曰：“五行位中去一位，仔细秘中记”也。审气分元以观入穴顺逆挨定，须叶三吉，上文已言详矣。

主运固明，余运不衰，四吉四凶，就安去危；
若合玄空，运发如雷，阴阳得配，一例同推。

何谓主运？如上元一白坎水司令，甲子、甲戌二十年，以壬子癸三山得一白旺气，二黑、三碧、四绿，作余运论。然山之方位作用，要看年月日时气运飞临，以生死衰旺以定生克。如上元甲子起一白，乙丑到九紫；中元甲子起四绿，乙丑到三碧；下元甲子起七赤，乙丑到六白。并飞九宫，以求值年星。已得值年星，即移此星入中宫，顺飞八方，以看坐山之生死衰旺。

假如今下元乙丑年，庚山甲向，取八月十七日丁酉、壬寅时，课是乙丑、丙戌、丁酉、壬寅，合三奇贵格，一气生入，吉课也。又查气，乙丑到乾，即将六白入中宫顺飞，七赤到乾，为金临金乡。坐山得元运飞临之旺气位，又查子午卯酉为上元，正月起八白，二月到七赤；若辰戌丑未为中元，正月起五黄，二月到四绿；寅申巳亥为下元，正月起二黑，二月到一白，并逆飞九宫，以求值年月星，如得值月星，亦移此星入中宫，顺飞八方。今丁酉日已交寒露节，乃九月管事。正月起五黄，二月到四绿，逐位排去，九月到六白，则六白又是值月星，即将六白入中宫，顺飞八方。七赤到乾为金居金星，得气运之月。又飞临旺位，寒露属夏至阴遁处暑后之甲子，为中元。起三碧逆运逆飞丁酉，又是六白值日也，即以值日星入中宫，逆飞八方，七赤到四巽，为金居木位，我克者为财，亦吉。夏至阴遁丁酉日，甲子起九紫逆运，逆算乙丑到艮，逐位轮飞六十花甲，壬寅到七赤，则年月日时皆得生旺之气矣。此就安去危之大略也。仍要本令宫观之七政飞躔宫度以断吉凶。若合大玄空水山配合得雌雄交媾之法则，是锦上添花，富贵可立而待矣。

九星双起，其法甚秘，来山去水，雌雄互异；

阳顺阴逆，山水一理，水辨来源，山辨入气。

此言九星双起之法也。来山是雌，即先天之离从来山起九星，以辨入穴之何气是何星主，以定吉凶。水口即先天之坎，从水口九星以辨来水之入口是何星主，以定吉凶。但四吉、四凶山水不同，山以一二三四为上元之四吉，以六七八九为上元之四凶；水以六七八九为上元之四吉，以一二三四为上元之四凶。下元亦如是论。故山之九星与水之九星起法不同是如此者也。至于二十四山分阴阳，即四正属阴，子午卯酉也，逆挨九星；四隅属阳，乾坤艮巽也，顺挨九星，则山水从此分矣。

到头一节，须论生旺，上元一白，二三同党；

四巽一宫，中元所管，并作四吉，上元同看。

此节示人审运之法，只以到头一节为主，其余便不能拘定矣。一坎、二坤、三震、四巽，为上元之四吉；六乾、七兑、八艮、九离，为下元之四吉，从到头一节审定。如得元运生旺，则从此节起九星，阳顺阴逆，隔四位挨去，以看何气入穴，合得四吉便发福可期，然上文已详言之矣。(龙穴向均历四位挨之)，由本位起算挨地卦。

元卦三位，一二同坠，四卦生旺，九十年内；

山脉值此，定然富贵，四卦所值，分定年位。

此言气运之年数各有所定也。如上元，甲子、甲戌二十年属一坎，甲申、甲午属二坤，甲辰、甲寅属三震；中元，甲子、甲戌二十年属四巽，甲申、甲午属五黄，但中五无方位可行，分寄坎离。《滴滴金》曰："五运乾巽两边推，坎离寄位八神归"是也。如甲申、甲午二十年分属上、下两元，统归四吉之向，共各有九十年，山脉值此四吉，可以断他富贵发福。山脉值此四凶，亦可断他招祸犯凶，只有分定年位方准。又按分年占断之法，人多从向上字位定之，屡验。如壬山丙向，则以丙午、丙申之类吉凶断之，但是如此推算必验。

值年之卦，其力愈显，同队之卦，亦堪欣羡；

阴阳两度，取用活变，精而求之，其义非浅。

此言审运之法，如遇值年之卦，其力固专，即是同在四吉之内，而非值年之卦，亦可取用。但阴则逆挨九星，阳则顺挨九星，占定实位，故吉凶活变不能执一，其妙义亦深微而难知矣。

寻龙认峡第十二

峡前峡后，亦可寻龙，干身分出，数节气钟；

借干缠护，巧夺化工，自成堂局，福力攸荣。

此节示人峡前峡后寻龙认穴之法也。必要在干龙身上分出数节，有起有伏，分牙布爪，虽作干龙护卫，然山势如此亦自成一枝好龙，精气钟毓如此，必有好穴星可以发福也。但寻龙之法须分别此龙是何五行，如木星寻节芽开口，金星得水泡之类，其四面包裹转借干龙以作缠护，所谓近水楼台先得月是也，此等枝龙结作，发福甚速，亦易可求也。

凡为凹缺，为祸最烈，不拘方位，逢之即灭；

不拘元运，逢之即绝，阴基阳居，都怕此孽。

此言凹缺之为祸甚大也。今有邪说倡言凹缺在元运生旺之方为吉，在元运衰死之方为煞，而不知其凹缺有凶无吉也。邪说误人不浅，故此言以示兼戒之意也。

砂法之秘，在于化曜，要在盘内，十干探讨；

荫贵权印，刑囚难保，向上分经，串出乃好。

此言消砂之法，不独论生、旺、奴、泄、煞，又要论十干化曜以定吉凶，其法以向上分经串出十天干，审其如何化曜，如天干下之金木水火土星，化荫贵权印禄等曜甚吉，如化刑囚等曜甚凶，但吉星值生、旺、奴三方则如锦上添花，凶曜值泄、煞方则如落井下石，最验者也。

理法已明，期势宜辨，一言蔽之，特来开面；
凡目所见，不离这件，观形察势，团聚可羡。

此言以“特来开面”四字在形势上论，可谓言简而意周矣。凡龙、穴、砂、水、局五者，有一不特来开面，便是花假，故凡目力之所见皆要开面，皆有特来之情，乃见其真，否则定是假格也。

形家之言，汗牛冲栋，形止气蓄，一言足诵；
砂交水会，由远而近，主仆分明，太极有晕。

此言形家之堂惟《青囊经》“形止气蓄”一言，足以说尽形势之龙、穴、砂、水也。真龙归宿之后，砂必交，水必会，自远而近之砂、水必交会，或左右参差不定而交会，则一致结之，主仆必然分明，众大特小，众低特高，四顾诸山与结山之山，必然特意以成主人体统，立穴之处必有太极晕，饱中认饥，饥中认饱，如此则龙真穴的，取下之土亦必纯美。此书说峦头只有三节，以汗牛充栋之书无不包之矣，非高明之人，其孰能知之矣？

贵贱认龙，吉凶辨砂，不正恶状，煞身忘家；
返背迫压，破碎磋跎，皆指凶祸，勿见为佳。

此言砂局形状之美恶，穴前左右不可不审也。

贫富论局，亦论得水，局圆水抱，朝拱亦美；
最怕刈脚，冲射尤忌，反背倾斜，不见为贵。

此言贫富论水论局。水以抱为美，局以圆为贵，拜朝为佳，要用砂拦，不拘高低，高则为案，低则为贴脚，有此方不冲穴，不然岁久穴中必定入水，此逆朝不如横抱之尽善。至于凶恶之状，其祸甚烈，不可以方位之佳为溺爱，谓无患矣。

山洋别法第十三

山法洋法，各有专家，比而用之，其乱如麻；
量山步水，宗旨毋差，我今区别，造福无涯。

此言山法、洋法作法不同。平洋与水相似，辨别方位以西作东，以南作北，倒用元运。惟山法审运则方位不变，其详载《归厚录》，熟读之，可以得水龙审运之法也。

洋法坐空，水绕归后，不用砂关，只要水抱；
以水为龙，水绕福厚，堂宽势高，渐高乃妙。

此言平洋水龙结穴，以坐空为妙，不用砂作关护，只爱有水抱转归后面，前明堂渐高，于穴后方不嫌迫压之病矣。

洋贵得水，勿贪秀峰，前高后低，高要双容；
后低非漕，灵秀所钟，左右平抱，高迫则凶。

此言最得平洋穴法局势也。前面固要高，若过高亦不美；后面固要低，然过低为水漕亦不成穴，必生凶祸。左右两砂只以平抱为得法，若过高则迫，过低则旷，皆不吉也。“前高”二字，指面前之砂言，盖逆水涨潮也。

又有平陆，非洋非山，法宜详究，扦穴尤难；
高处之穴，阳极阴生，此为交媾，妙理可参。

此言平岗之龙结穴也。凡山法坐实朝空，洋法坐空朝实，此其相反者，理所当然。至于平岗不离于山，又近平洋，则扦穴妥当，岂不为难？高处立穴两句，最得平陆龙立穴秘诀，盖平陆一派纯阳，一逢高脊，则阳极而阴生。阴阳一交穴不在此，扦点而又何易取乎？故《玉髓经》云：“平岗龙穴法，必取高处。”蔡牧堂先生以此为经也。不可兼露孤受风吹，以失其穴情也。

束气包裹，与山同法，坐空朝满，与洋同诀；
浅深凭界，左右凭夹，逆朝用案，横龙贴脊。

此言平陆龙穴法也。可谓言简而义尽矣。

分元辨运，乃与洋同，倒用玄机，推算有功；
倒看方位，以西作东，上元下元，四吉四凶。

此言气运方位与洋法同推，详载《归厚录》，亦是以西作东。上元以先天乾卦统三阳卦，下元以先天坤卦统三阴卦，分作四吉、四凶。在后天九宫掌轮法，下元一二三四为四吉，上元九八七六为四吉也。

纳气吉凶第十四

墓气从地，宅气从门，门旺路吉，出入亨通；
财丁两盛，其乐融融，门旺宅衰，亦不为凶。

此言阳宅之法以门为主。门若当令，路又吉方透进，则能引旺气入宅，是以有财丁两盛之喜。门旺宅居衰地，亦主兴发，不招凶祸。今按此衰旺二字，俱指元运上说也。

宅旺门旺，连发可决，宅旺门衰，其法乃歇；
若见水光，救败亦捷，水位宜衰，元机尽泄。

此言宅之坐方与门比较，则门为重也。如下元七赤主运，庚山甲向，行艮门，则宅门两旺；若行巽门，乃宅旺门衰矣。水以衰作旺，如衰位之门虽不吉，若见水光，又足以救败。此为元运法也。

人烟稠密，巷路宜详，巷中不吉，况在衰方；
急宜隔截，隔蔽不妨，若受冲煞，人口必伤。

此言巷煞之为祸甚烈也。凡有巷冲来便不吉，而又在衰方，其害愈烈。宜有土墙隔绝，以为遮蔽，不见冲煞便好；若受冲煞，必损丁灾害之祸。一头冲进来，则在巷低居住之人必遭凶祸，其祸甚烈，谓之赶煞进来也。

平原旷野，四山远隔，不怕风吹，只怕阴煞；
田垄水圳，切忌冲脉，不拘方位，总归凶烈。

此言平原不怕风吹，只怕田垄水圳冲来之煞，不拘方位，一有犯此便招凶祸也。

乃有峤星，高楼峻阁，回风通气，随方反扑；
百步之内，毋执常说，精求元运，知旺知煞。

此言峤星有回风通气之奇也。如乾方有高楼，百步之内变作巽气返来，是不以乾为乾，而以乾为巽也。其余仿此类推。若百步之外则气不能变矣，仍作乾气，挨来八卦皆然，学者须知耳。

山营之宅，四山皆近，固要开阳，又分动静；
动则出头，静乃平顶，回风通气，出头处认。

此言山居之宅与平原之宅又不同也。人只知宅有动静之别，而不知局有动静之分。若四山皆平顶，谓之静局；四山有一、二处高峰，谓之动局。即从其高峰处观其回风通气之义，亦与百步之内论其变，百步之外气不变。此论元运之生、死、衰、旺，非生、旺、奴、泄、煞也。

以上诸篇，务宜细研，潜心究穷，先天后天；
道明理达，始是真缘，可以无罪，可以为贤。

此言以上所录各章，细心研究，道理明达之日与人建祠筑坟，庶可无罪告于天下也。